DELPHINE.

TOME I.

DE L'IMPRIMERIE DE CRAPELET.

DELPHINE,

PAR

Mme LA BARONNE DE STAËL;

ÉDITION REVUE ET CORRIGÉE,

TERMINÉE PAR UN NOUVEAU DÉNOUEMENT, ET PRÉCÉDÉE
DE RÉFLEXIONS SUR LE BUT MORAL DE L'OUVRAGE.

Un homme doit savoir braver l'opinion,
une femme s'y soumettre.
MÉLANGES, de Mme Necker.

TOME PREMIER.

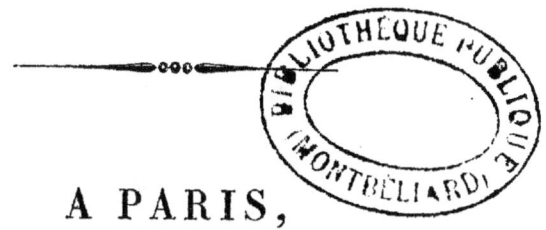

A PARIS,

CHEZ TREUTTEL ET WÜRTZ, LIBRAIRES,
RUE DE BOURBON, N° 17;

A STRASBOURG et à LONDRES, même Maison de commerce.

1820.

AVERTISSEMENT

DE L'AUTEUR,

POUR CETTE NOUVELLE ÉDITION.

IL y a plusieurs changemens dans cette édition, mais le plus important de tous, c'est la conclusion, qui est entièrement nouvelle. Je me suis rendue aux observations qui m'ont été faites sur le dénoûment qui existoit d'abord. On m'a dit qu'il rappeloit les événemens de la révolution, au milieu d'une situation tout idéale. On m'a dit que ce dénoûment n'étoit pas l'effet immédiat des caractères, et qu'il ôtoit au roman de *Delphine* le mérite qu'il a peut-être de ne contenir que des circonstances amenées par les sentimens, et qui ne peuvent être considérées comme l'effet du hasard. Ces réflexions m'ont convaincue; et quoiqu'il ne soit pas dans les usages de l'amour-propre de faire une si grande concession à la critique, *Delphine* est réimprimée dans cette édition avec un dénoûment entièrement nouveau, et je prie les écrivains anglois et allemands qui ont bien voulu traduire ce roman dans leur langue, d'adopter, pour la traduction, le changement que j'ai fait dans l'original.

Cependant, comme je crois que l'ancien dénoûment de *Delphine* avoit un avantage, celui de retracer avec quelque force les circonstances déchirantes qui accompagnent la mort de ceux qu'on fait périr pour des opinions politiques, j'ai conservé ce morceau dans une anecdote nouvelle intitulée *Charles et Pauline* (1), qui se trouve aussi dans cette édition; enfin j'y ai de plus ajouté quelques réflexions sur le but moral de *Delphine*.

---

(1) Cette nouvelle ne s'est point trouvée dans les manuscrits de ma mère; et j'ai même tout lieu de croire qu'elle n'a jamais été achevée. (*Note de l'Éditeur.*)

QUELQUES RÉFLEXIONS

SUR LE BUT MORAL

DE DELPHINE.

Ce n'est point une apologie de *Delphine* que je veux écrire, il faut qu'un livre se défende lui-même : on est souvent injuste pour les personnes, on ne l'est jamais à la longue pour les ouvrages. La calomnie défigure à son gré les opinions et les sentimens qui composent l'existence privée d'une femme, et peut ainsi remplir d'amertume une vie sans défense ; mais les écrits étant aussi publics que les critiques dont ils deviennent l'objet, le combat est moins inégal ; et je crois fermement que ni la bienveillance ni la haine n'ont jamais fait le sort d'un ouvrage : le cercle de la faveur ou de la défaveur est si petit, en comparaison de l'imposante impartialité du temps et de la justice éclairée des hommes livrés à leurs impressions naturelles! Mais il m'a semblé qu'en montrant le but que je m'étois proposé dans *Delphine*, je pourrois présenter quelques réflexions utiles sur la véritable moralité des actions humaines et les jugemens que la société porte sur ces actions. Cette espérance m'a déterminée à traiter ce sujet.

C'est une question intéressante à se proposer que de savoir pourquoi la société en général est infiniment plus sévère pour les fautes qui tiennent à une trop grande indépendance de caractère, à des qualités trop peu mesurées, à une âme trop susceptible d'enthousiasme, que pour les torts de personnalité, de sécheresse et de dissimulation. Puisque la société est ainsi, il faut en chercher la cause ; et sans se perdre en déclamations contre l'injustice des hommes, examiner par quelle association d'idées ils sont conduits à un tel résultat. Chaque individu pris séparément vous dira qu'il aime infiniment mieux rencontrer un caractère tel que celui de *Delphine*, sensible, imprudent, inconsidéré, qu'un caractère égoïste, habile et froid ; et cependant la société ménagera l'un, et poursuivra l'autre sans pitié. La raison de ce contraste entre les opinions de chacun et de tous, c'est, je crois, que chaque homme en particulier trouve de l'avantage dans ses rapports avec ceux qui ont, si je puis m'exprimer ainsi, des torts généreux, une bonté sans calcul, une franchise imprévoyante; mais la société réunie prend un esprit de corps, un désir de se maintenir telle qu'elle est, une personnalité collective enfin, et ce sentiment la porte à préférer les caractères égoïstes et durs dans leurs relations intimes, lorsqu'ils respectent extérieurement les convenances reçues, aux caractères plus intéressans en eux-mêmes, quand ils s'affranchissent trop souvent du joug que l'opinion veut imposer. Une morale parfaite s'accorde avec tous les genres d'intérêts que peuvent avoir les individus et la société, parce que la morale dans sa pureté est tellement en harmonie avec la nature de l'homme, que les puissans comme les foibles, les particuliers comme les corps, les esprits médiocres comme les esprits supérieurs l'approuvent et la respectent. Il n'en est pas de même des qualités naturelles; elles ont beaucoup moins de régularité que les vertus, et quand elles ne sont

pas guidées par des principes très-austères,
elles causent plus d'ombrage à la foule des
gens médiocres, que des défauts négatifs, pré-
servateurs de soi-même, mais qui ne troublent
point cette législation des convenances à l'a-
bri de laquelle se reposent les préjugés et les
amours-propres. On a dit que l'hypocrisie
étoit un hommage rendu à la vertu ; la société
prend cet hommage pour elle, et, comme toutes les autorités, elle juge les actions des hommes seulement dans leurs rapports avec son
intérêt. Il y a aussi dans les caractères d'une
franchise remarquable, tels que celui de Delphine, dans ces caractères qui n'admettent ni
prétextes ni détours pour les témoignages
et l'expression des sentimens nobles et tendres, une puissance singulièrement importune à la plupart des hommes. Plusieurs es-
sayent de traduire par une vertu ce que leur
intérêt leur inspire, et mutuellement on se
passe tous ces sophismes, espérant bien tromper à son tour, pour récompense de s'être
laissé tromper ; mais quand il arrive au milieu
de ce paisible et doucereux accord un caractère inconsidérément vrai, il semble que ce

qu'on appelle la civilisation en soit troublée et qu'il n'y ait plus de sûreté pour personne, si toutes les actions reprennent leur nom, et toutes les paroles leur sens. Enfin la supériorité de l'esprit et de l'âme suffit à elle seule pour alarmer la société. La société est constituée pour l'intérêt de la majorité, c'est-à-dire des gens médiocres : lorsque des personnes extraordinaires se présentent, elle ne sait pas trop si elle doit en attendre du bien ou du mal; et cette inquiétude la porte nécessairement à les juger avec rigueur. Ces vérités générales s'appliquent aux femmes d'une manière bien plus forte encore : il est convenu qu'elles doivent respecter toutes les barrières, porter tous les genres de joug; et comme il y auroit de l'inconvénient pour le bonheur de la société en général à ce que le plus grand nombre des femmes eût des sentimens passionnés ou même des lumières très-étendues, il n'est pas étonnant qu'à cet égard la société redoute tout ce qui fait exception, même dans le sens le plus favorable.

Le caractère de Delphine, les malheurs qui résultent pour elle de ce caractère prouvent précisément ce que je viens de développer. Je n'ai jamais voulu présenter Delphine comme un modèle à suivre ; mon épigraphe prouve que je blâme et Léonce et Delphine, mais je pense qu'il étoit utile et sévèrement moral de montrer comment avec un esprit supérieur on fait plus de fautes que la médiocrité même, si l'on n'a pas une raison aussi puissante que son esprit ; et comment avec un cœur généreux et sensible, l'on se livre à beaucoup d'erreurs, si l'on ne se soumet pas à toute la rigidité de la morale. Il faut un gouvernail d'autant plus fort qu'il y a plus de vent dans les voiles. On demandoit à Richardson pourquoi il avoit rendu Clarisse si malheureuse : *C'est*, répondit-il, *parce que je n'ai jamais pu lui pardonner d'avoir quitté la maison de son père*. Je pourrois aussi dire avec vérité que je n'ai pas dans mon roman pardonné à Delphine de s'être livrée à son sentiment pour un homme marié, quoique ce sentiment soit resté pur. Je ne lui ai pas pardonné les imprudences que l'entraînement de son caractère lui a fait commettre, et j'ai présenté tous ses revers comme en étant la suite immédiate.

Mais la moralité de ce roman ne se borne point à l'exemple de Delphine: j'ai voulu montrer aussi ce qui peut être condamnable dans la rigueur que la société exerce contre elle; et, quoique je vienne de développer avec impartialité les motifs de cette rigueur, je crois que dans les grandes villes surtout les jugemens que l'on porte sur les actions et les caractères n'ont pas pour base les véritables principes de la moralité. La première des vertus, la plus touchante des qualités, c'est la bonté; il me semble que nous avons un tel besoin de la pitié les uns des autres, que ce que nous devons craindre avant tout, ce sont les êtres qui peuvent se résoudre à faire du mal, ou même ceux qui ne sont pas impatiens de soulager la peine, dès qu'ils en ont le pouvoir. Or pour condamner une action, pour plaindre, approuver ou blâmer un caractère, il me semble qu'il faudroit toujours se demander quel rapport a cette action ou ce caractère avec le principe de tout bien, la bonté. Je sais qu'une personne imprudente peut faire du mal sans le vouloir, mais il est si facile de la ramener, mais on est si certain de son repentir et de son besoin de réparer, qu'il est impossible d'assimiler ce genre de tort à la moindre action réfléchie qui auroit pour but d'affliger qui que ce fût. Il me semble que toutes les pages de *Delphine* rendent à la bonté le culte qui lui est dû, et sous ce rapport encore il me semble que cet ouvrage est utile; car après une longue révolution, les cœurs se sont singulièrement endurcis, et cependant jamais on n'eut plus besoin de cette sympathie pour la douleur qui est le véritable lien des êtres mortels entre eux.

Il est si vrai que la première qualité des hommes est la bonté, que dans les grandes crises de la destinée, lorsque le malheur fait taire et l'amour-propre et l'envie, ce qu'on cherche d'abord c'est la touchante qualité qui apaise les fureurs de l'homme et conserve dans son cœur quelques rayons de la miséricorde éternelle. Qui n'a pas éprouvé, dans les temps orageux où nous avons vécu, que notre premier regard jeté sur un homme puissant étoit pour démêler dans sa physionomie une expression de bonté? et parmi des juges silencieux, une sorte de douceur dans les traits ou d'attendrissement dans les regards nous désignoit d'avance notre semblable. Ce que tous les hommes éprouvent dans le malheur, les âmes tendres le sentent habituellement ; il n'est point pour elles de prospérités qui les rendent invulnérables, et dans les momens les plus heureux de leur vie elles savent combien aisément la pitié pourroit leur devenir nécessaire.

C'est donc dans la bonté et la générosité, dans ces deux qualités qui se tiennent par les plus nobles liens et dont chacune est le complément de l'autre, que consiste la véritable moralité des actions humaines, savoir résister aux forts et protéger les foibles : *Parcere subjectis et debellare superbos.* Ces anciens mots renferment tout ce qu'il y a de divin dans le cœur de l'homme. *Que mon fils soit bon et fier*, peuvent dire les mères, *et l'indulgence du ciel couvrira le reste!* mais l'indulgence des hommes n'est pas si facile à obtenir, et quelquefois la puissance de la société lutte contre les meilleurs mouvemens naturels. Souvent un homme est méconnu pour ses qualités même ; plus souvent une femme est perdue par un sentiment d'autant plus vrai qu'elle étoit moins maîtresse de le cacher, d'autant plus généreux qu'elle y sacrifioit tous les intérêts de sa vie ; et celle qui, assise en paix au milieu de son cercle, se sera permis d'accuser le malheur, verra sa considération augmentée par l'impitoyable preuve de sévérité qu'elle aura nonchalamment donnée. Ce sont ces bizarres contrastes des jugemens de l'opinion que le roman de *Delphine* est destiné à faire ressortir ; il dit aux femmes : ne vous fiez pas à vos qualités, à vos agrémens ; si vous ne respectez pas l'opinion, elle vous écrasera. Il dit à la société : ménagez davantage la supériorité de l'esprit et de l'âme ; vous ne savez pas le mal que vous faites et l'injustice que vous commettez, quand vous vous laissez aller à votre haine contre cette supériorité, parce qu'elle ne se soumet pas à toutes vos lois ; vos punitions sont bien disproportionnées avec la faute, vous brisez des cœurs, vous renversez des destinées qui auroient fait l'ornement du monde ; vous êtes mille fois plus coupable à la source du bien et du mal, que ceux que vous condamnez.

Il y a parmi les personnes qui vivent dans l'obscurité beaucoup de vertus souvent bien supérieures à toutes celles qu'accompagne l'éclat; mais il y a aussi une espèce de gens médiocres qui sont le vrai fléau des esprits remarquables et des âmes imprudentes et généreuses : ils tendent leurs fils imperceptibles pour enlacer tout ce qui prend un vol élevé; ils s'arment de leurs petites plaisanteries, de leurs insinuations qu'ils croient fines, de leur ironie qu'ils croient de bon goût, pour rabattre l'enthousiasme de tous les sentimens nobles ; la morale elle-même perd dans leurs discours son caractère de générosité et d'indulgence; elle n'est qu'un moyen de blâmer amèrement les inconvéniens de quelques qualités, mais ne sert plus à exciter dans le cœur aucun genre d'émulation pour ce qui est bien. Ah! qu'il n'en est pas ainsi des personnes parfaitement vertueuses et sévères pour elles seules! quel repos l'on goûte auprès d'elles, lors même qu'elles vous blâment! On se sent corrigé par la main qui vous soutiendra ; on sait que si l'on n'est pas d'accord en tout, on s'entend du moins par ce qui constitue véritablement une bonne et généreuse nature, et je ne craindrois pas de dire à ces âmes privilégiées que Delphine leur est inférieure, mais qu'elle vaut souvent mieux que le reste du monde.

On a écrit qu'il n'étoit pas vraisemblable que Delphine pût résister à l'amour de Léonce, en se livrant autant qu'elle le fait à un sentiment condamnable. Je pense sans doute, et Delphine même le répète plusieurs fois, que sa conduite ne doit point être imitée, et c'est parce qu'elle a donné cet exemple qu'il faut qu'elle soit punie; mais je crois cependant qu'il y a dans le caractère de Delphine un sentiment qui doit la préserver, ce sont les sacrifices même qu'elle a faits pour celui qu'elle aime. Il est doux de dédaigner tous les avantages de la vie, en respectant sa propre fierté, de se compromettre aux yeux du monde sans cesser de mériter l'estime de son amant, de le suivre, s'il le falloit, dans les prisons, dans les déserts, d'immoler tout à lui, hors ce qu'on croit la vertu, et de lui montrer dans le même moment que l'univers n'est rien auprès de l'amour, mais que la délicatesse triomphe encore de cet amour qui avoit triomphé de tout le reste. Ce sont des sentimens exaltés, romanesques, et qu'une morale plus sévère doit réprimer; ce sont des sentimens pour lesquels il est juste de souffrir, mais pour lesquels aussi il est juste d'être plainte; et les romans qui peignent la vie ne doivent pas présenter des caractères parfaits, mais des caractères qui montrent clairement ce qu'il y a de bon et de blâmable dans les actions humaines, et quelles sont les conséquences naturelles de ces actions.

Le caractère de Matilde sert à faire ressortir les torts de Delphine, sans cependant détruire l'intérêt qu'elle doit inspirer; et sous ce rapport encore, je crois ce roman moral. Matilde n'a point de grâce dans l'esprit ni dans les manières; son caractère est sec et sa religion superstitieuse; mais par cela seulement que sa conduite est vertueuse et ses sentimens légitimes, elle l'emporte dans plusieurs occasions sur une personne beaucoup plus distinguée et beaucoup plus aimable qu'elle. Si j'avois fait de Matilde une femme charmante et de Delphine une femme haïssable, la morale n'avoit rien à gagner à la préférence qu'auroit méritée Matilde; car l'on auroit pu se dire avec raison qu'il n'est pas de règle générale que toutes les épouses soient charmantes et toutes les maîtresses haïssables : mais si une femme dépourvue d'agrément balance l'intérêt qu'on ressent pour Delphine, par la simple autorité du devoir et de la vertu, je crois le résultat de ce tableau très-moral. Si j'avois supposé des vices à Matilde, j'aurois avili ses droits; si je lui avois donné beaucoup de charmes, je prêtois à la vertu une force étrangère à elle : mais lorsque Matilde, avec des défauts et point de séduction, trouve un appui si puissant dans la seule arme de l'honnêteté, et que Delphine, malgré toutes ses qualités et tous ses charmes, se sent humiliée en présence de Matilde, est-il possible de mieux montrer la souveraine puissance de la morale ?

Ce n'est pas tout encore : si j'avois placé la scène dans un des pays où les mœurs domestiques sont le plus en honneur, l'exemple auroit eu moins de force ; mais c'est au milieu de Paris, dans la classe de la société où la grâce avoit tant d'empire, que Delphine est impitoyablement condamnée. La plus amère punition d'une âme délicate qui a commis une faute, c'est la rigueur exercée contre elle par les personnes les plus immorales elles-mêmes. Ceux qui ont abjuré tous les principes trouvent de la protection parmi leurs semblables. Il y a entre ces sortes de gens un langage qui les aide à se reconnoître; mais les caractères naturellement vertueux, lorsqu'ils dévient de la route qu'ils s'étoient tracée, sont l'objet d'un déchaînement universel, et leurs ennemis les plus ardens sont ceux que leurs vertus mêmes avoient humiliés.

Les malheureux succès de l'immoralité, dont il existe quelques exemples, ne se rencontrent presque jamais parmi les femmes. La puissance de la société donne tant de ressources aux hommes, les intérêts compliqués dont ils se mêlent leur offrent tant de détours, qu'il en est quelques-uns qui ont su échapper à la punition de leurs vices; mais les femmes sont mises, par l'ordre social, dans la noble impossibilité de se soustraire aux malheurs causés par les torts. Il me semble que le roman de Delphine développe de plusieurs manières cette utile vérité.

Il étoit nécessaire au but moral que je m'étois proposé que le caractère de Léonce fût, à beaucoup d'égards, en contraste avec celui de Delphine; car si, comme elle, il avoit été indépendant de l'opinion, comment auroit-elle senti les inconvéniens de son propre caractère? Elle ne pouvoit être punie que dans le cœur de celui qu'elle aimoit : n'est-ce pas là qu'il falloit la frapper? Au milieu de toutes les injustices, de tous les revers, si l'affection de l'objet qui nous est cher restoit profonde, sensible, enthousiaste, par quel malheur seroit-on atteint! mais ne falloit-il pas montrer que l'amour ne règne presque jamais seul dans le cœur des hommes, et que leur affection s'altère quand on la met souvent aux prises avec des circonstances défavorables. Sans doute c'est à un homme qu'il appartient de braver la calomnie et de protéger contre elle la femme qu'il aime; mais c'est précisément parce qu'il a la responsabilité d'une autre destinée, qu'il s'inquiète davantage de tout ce qui peut la compromettre. Il ne faut à une femme, pour être heureuse, que la certitude d'être parfaitement aimée. L'homme qui fait le sort, la gloire et le bonheur des objets qui l'entourent, s'occupe nécessairement de tout ce qui peut influer sur leur avenir.

Des personnes dont je considère beaucoup les jugemens, parce qu'ils sont fondés sur des motifs respectables, ont trouvé que dans la peinture du caractère de Léonce j'avois l'air de trop honorer une grande erreur des institutions sociales, le duel. Sans chercher à discuter ce qu'il ne me convient pas d'approfondir, je dirai que voulant représenter Léonce comme craintif devant l'opinion, il falloit nécessairement qu'un autre genre d'audace relevât son caractère, et qu'une hardiesse, même imprudente, servît à lui faire pardonner une timidité quelquefois misérable ; d'ailleurs, il est utile d'apprendre aux femmes qu'en bravant les convenances elles ne se compromettent pas seules, et que l'homme qui les aime, s'il attache du prix à l'opinion, cherchera, même inconsidérément, tous les moyens de se venger des attaques dirigées contre leur réputation. Je suis loin, cependant, d'approuver le caractère de Léonce en entier ; puisqu'il est destiné à faire le malheur de Delphine, il doit nécessairement avoir de grands torts ; mais je crois que

Léonce, tel que je l'ai peint, pouvoit être vivement aimé. Un caractère plus analogue à celui de Delphine auroit sans doute mieux convenu pour former une union bien assortie, mais il y a quelque chose d'orageux dans les passions, qui s'accroît par les inquiétudes mêmes que devoit exciter Léonce.

Un homme susceptible, ombrageux, et cependant doué d'une âme forte et courageuse, un homme dont le caractère vous présente à la fois un appui contre les autres, et un danger pour votre propre bonheur, s'empare vivement de l'imagination des femmes. Les hommes aiment à éprouver pour les femmes la douce émotion qu'inspire la foiblesse et la douceur; les femmes veulent admirer et presque redouter cet être protecteur qui doit soutenir leurs pas tremblans. La chevalerie nous a représenté les hommes aux pieds des femmes, obéissant à leurs ordres, se prosternant devant elles; ce sont des formes brillantes dont il faut conserver toute la grâce; mais il est peut-être vrai qu'il n'y a point de passion dans le cœur des femmes, si elles n'éprouvent pas pour l'objet de leur amour une admiration, un respect qui n'est pas exempt de crainte, et des sentimens de déférence qui vont presque jusqu'à la soumission. Or, il me semble que les défauts mêmes de Léonce sont de nature à produire ce genre d'impression. Malheureusement les causes qui inspirent l'amour ne sont en aucune manière des garanties de bonheur : il y a dans ce sentiment des illusions toutes magiques, des peines qui redoublent l'affection, des torts qui n'éclairent point sur les défauts de ce qu'on aime. Tant que la surprise n'a point cessé, tant que le charme n'a point disparu, tant que l'objet de ce sentiment est resté pour vous un être surnaturel, l'âme agitée n'est point capable de juger ce qui lui conviendroit à la longue, ce qui pourroit lui donner une destinée, un repos tranquille et durable. Je ne dis point qu'un sentiment si tumultueux rende heureux ceux qui l'éprouvent, mais je crois que quand il existe véritablement, tels sont ses caractères, et qu'un homme semblable à Léonce est singulièrement fait pour inspirer cette passion, et pour rendre malheureuse celle qui s'y livre.

Les femmes règnent en souveraines dans les commencemens de l'amour, et l'on ne peut pas exagérer, même dans les romans, tout ce que la passion inspire à l'homme qui craint de n'être pas aimé; mais quand la tendresse d'une femme est obtenue, si le lien sacré du mariage ne donne pas aux sentimens un nouveau caractère, ne fait pas succéder à la passion toutes les affections profondes et douces qui naissent de l'intimité, il est certain que le cœur qui se refroidit le premier, c'est celui des hommes; il ne leur est pas donné, comme à nous, d'avoir avant tout besoin d'être aimé: leur sort est trop indépendant, leur existence trop forte, leur avenir trop certain, pour qu'ils éprouvent cette terreur secrète de l'isolement, qui poursuit sans cesse les femmes dont la destinée est la plus brillante.

L'amour de Delphine est plus parfait que celui de Léonce; cela doit être, puisqu'elle aime et qu'elle est femme. Il n'est pas vrai que les hommes soient trompeurs et perfides, comme le disent les vieilles romances; mais il est vrai que si Delphine avoit refusé de rompre ses vœux, Léonce l'en auroit plus aimée. Le changement qui s'opère dans le cœur de son amant, au moment où elle est prête à lui faire un si grand sacrifice, est, ce me semble, le plus triste, mais le plus moral des exemples. La mystérieuse alliance des biens et des maux de la vie est ainsi conçue : il ne suffit pas d'être sensible, bonne, généreuse; il faut savoir triompher des affections les plus tendres ; il faut pouvoir exister par soi-même. La Providence, sans doute, a voulu que nous fussions capables d'efforts. Les meilleurs mouvemens de l'âme, quand on s'y livre entièrement, sont la source de beaucoup de peines. La raison de cette triste vérité ne nous est pas connue; mais on doit en conclure, cependant, qu'il existe un mérite supérieur à la bonté même : c'est la force guidée par la vertu. L'empire sur son propre cœur est plus saint, plus religieux que les qualités naturelles les plus aimables. Les pauvres humains n'ont pas mérité sur cette terre le bonheur qu'ils auroient goûté, s'il eût suffi de s'abandonner à une âme douce et tendre, pour recueillir tous les plaisirs du sentiment et toutes les jouissances de la morale.

Il étoit utile, je le crois, de fixer la réflexion sur une combinaison nouvelle, sur l'effet que produiroit au milieu du monde une personne comme Delphine, civilisée par ses agrémens, mais presque sauvage par ses qualités. Rien de si facile, rien de si commun que de montrer les malheurs attachés à la dépravation du cœur; mais c'est une morale d'un ordre plus relevé que celle qui s'adresse aux âmes honnêtes elles-mêmes, pour leur apprendre le secret de leurs peines et de leurs fautes. Il y a une misanthropie pleine d'humeur, qui n'est que le résultat des revers de l'amour-propre; mais comme les hommes ne sont jamais ni aussi méchans qu'on le dit, ni aussi bons qu'on l'espère, il faut tâcher de connoître d'avance la route qu'ils prendront pour nuire de quelque manière à tout ce qui s'écarte de la ligne commune, et s'accuser soi-même autant que les autres, non à cause des qualités distinguées qui attirent l'envie, mais à cause des torts qui lui donnent les moyens de vous attaquer. Enfin, je le crois, il existe dans le monde une classe de personnes qui souffrent et jouissent uniquement par les affections du cœur, et dont l'existence tout intérieure est à peine comprise par le commun des hommes; je crois que Delphine doit être utile à ces sortes de personnes, surtout si elles joignent à de la sensibilité l'imagination active et douloureuse qui multiplie les regrets sur le passé et les craintes pour l'avenir. On ne sait pas assez quelle funeste réunion c'est, pour le bonheur, qu'être doué d'un esprit qui juge, et d'un cœur qui souffre par les vérités que l'esprit lui découvre. Il faut un livre pour ce genre de mal, et je crois que Delphine peut être ce livre. La plupart des ouvrages ne traitent que des sentimens convenus, ne représentent qu'une sorte de vie extérieure, que les actions et les pensées qu'on doit montrer, que des caractères rangés, pour ainsi dire, par classes, les bons et les mauvais, les foibles et les forts; mais le cœur humain est un continuel mélange de tant de sentimens divers, que c'est presque au hasard que l'on donne et des consolations et des conseils, parce qu'on ne connoît jamais parfaitement ni les motifs secrets, ni les peines cachées; aussi la plupart des êtres distingués ont-ils fini par vivre loin du monde, fatigués qu'ils étoient de la banalité des jugemens, des observations et des avis qu'on leur donnoit en échange de leurs idées naturelles et de leurs impressions profondes.

La plaisanterie, qui de nos jours a perdu de sa grâce sans avoir perdu de ses inconvéniens, s'attaque maintenant à tous les sentimens forts et vrais, qu'on est convenu de dénigrer sous le nom de mélancolie, de philosophie, d'enthousiasme; que sais-je, l'une des formules reçues, l'une des modes littéraires du moment. Autrefois on étoit si délicat sur le bon goût des manières et des écrits qu'il suffisoit à l'amusement de plaisanter sur le ridicule des formes vulgaires ou des expressions communes; à présent qu'à cet égard tout est confondu, la plaisanterie est dirigée contre le sentiment et la pensée même : il semble qu'il n'y ait qu'une chose à faire de la vie, c'est de se livrer au genre de jouissances que la fortune peut donner, et de consacrer les facultés de son esprit aux moyens d'acquérir cette fortune. On appelle rêverie tout le reste, et l'on voudroit créer un bon ton nouveau, qui pût donner un air provincial aux affections profondes et aux idées généreuses.

Il y a pourtant dans la société des personnes, et ce ne sont pas les moins aimables, qui réunissent beaucoup de gaîté dans l'esprit à beaucoup de mélancolie dans le cœur, et dont la plaisanterie a d'autant plus de grâce que leur caractère a plus de délicatesse. Dès qu'on est dans le monde, ce n'est guère que par la gaîté qu'on peut s'entendre et se plaire ; la tristesse d'ailleurs est le secret de l'âme, et ce seroit une sorte de profanation que de le confier aux indifférens : mais ceux qui se moquent si agréablement de l'imagination mélancolique, des pensées sombres que notre sort nous inspire, habitent-ils une autre terre que la nôtre ? Ne sont-ils point séparés des objets de leur affection, n'ont-ils jamais cessé d'être aimés, n'ont-ils pas enfin quelque idée confuse que la maladie, la vieillesse ou la mort pourra troubler un jour leur joyeuse insouciance ?

Comment réfléchir dans la solitude sans découvrir que tous les sentimens profonds ont une teinte de tristesse, et que l'homme ne peut s'élever au-dessus de l'existence physique, sans éprouver que le monde moral est incomplet, et que plus l'on développe son esprit et son âme, plus l'on sent les bornes de sa destinée ? Les passions religieuses, les passions ambitieuses sont toutes nées du besoin de remplir le vide de la vie.

Je ne sais si l'on peut en conclure que les hommes devroient aspirer à la dégradation ;

c'est une question inutile à traiter, puisqu'il n'est pas probable que tous s'accordent à chercher le bonheur dans cette route ; mais je ne crois pas que depuis le commencement du monde, on puisse citer un être distingué qui n'ait trouvé la vie inférieure à ses désirs et à ses sentimens. Tibulle, Horace, Voltaire, les poètes les plus cités pour leur philosophie voluptueuse ou légère, rappellent la mort au milieu de leurs plus riantes pensées, et jamais l'esprit et le cœur n'ont réfléchi sans trouver au fond de tout une pensée mélancolique.

L'amour, cette affection qui règne seule pendant qu'elle règne, réveille souvent dans notre âme des idées rêveuses et tristes ; on se retrace alors les peines inséparables de la vie humaine, mais sans en éprouver ni crainte ni douleur ; et tel est l'enchantement d'aimer que lorsque Tibulle souhaite de tenir en expirant la main de sa maîtresse, il ne voit plus dans la mort, dans cette pensée si redoutable pour l'homme isolé, qu'un dernier regard plein de tendresse, une expression d'amour plus touchante et plus sacrée.

Voilà, dira-t-on, quel est le vrai danger de votre roman ; vous n'y vantez que la jeunesse et l'amour; vous ne peignez pas la vie sous ses rapports sérieux et nécessaires ; vous dégoûtez de l'existence grave et froide que la nature destine à la moitié des êtres et à la moitié de la vie. Je répondrai d'abord que ce reproche doit s'adresser aux romans en général, plus qu'à celui de Delphine en particulier; les ouvrages dramatiques, quels qu'ils soient, cherchent dans le cœur les sentimens dont l'intérêt est le plus vif et le plus général ; mais il me semble que madame de Cerlèbe, mademoiselle d'Albémar, la famille des aveugles, tous les personnages enfin qui ne faisant pas le sujet principal du roman n'expriment pas le sentiment qui en est le nœud, peignent avec chaleur les plaisirs des sentimens qui conviennent à tous les âges. Je concevrois fort bien comment, au milieu de mœurs très-austères, on trouveroit dangereuses toutes les peintures de l'amour, quelque pures et quelque délicates qu'elles fussent; mais il me semble que dans notre pays et dans notre siècle, ce n'est pas l'amour qui corrompt la morale, mais le mépris de tous les principes causé par le mépris de tous les sentimens.

Puisqu'il est vrai que l'amour existe dans

le cœur, tout ce qui tend à l'élever et à l'en‑
noblir contribue à la dignité de la nature
humaine : les mariages les plus heureux,
même dans la vieillesse, sont ceux qui de
souvenirs en souvenirs retentissent jusqu'à
l'amour. On n'a jamais dit l'amitié filiale,
l'amitié maternelle : on a voulu que le mot le
plus tendre fût consacré au plus tendre des
sentimens ; l'amour de l'humanité, l'amour de
Dieu, toutes les affections fortes, semblent
avoir entre elles une analogie qui fait choisir
le même terme pour les exprimer toutes : la
puissance d'aimer est la source de tout ce que
les hommes ont fait de noble, de pur et de
désintéressé sur cette terre. Je crois donc que
les ouvrages qui développent cette puissance
avec délicatesse et sensibilité, font toujours
plus de bien que de mal : presque tous les
vices humains supposent de la dureté dans
l'âme. Les hommes les plus courageux sont
souvent ceux qui sont le plus aisément atten‑
dris ; le récit des actions vraiment touchantes,
vraiment généreuses, fait venir une larme
dans les yeux de celui que la mort ne sauroit
épouvanter. Il y a dans l'enthousiasme pour
tout ce qui est noble et bon quelque chose

de si délicieux, qu'on ne peut s'empêcher de prendre ces impressions pour le présage d'une autre vie ; et si notre âme n'est pas capable de les éprouver sans quelque mélange de sentimens terrestres, peut-être est-il permis de se servir de l'amour même, pour exciter dans le cœur cette énergie de sentiment qui doit le rendre capable un jour d'affections plus pures et plus durables.

Divers motifs m'ont engagée à changer le dénoûment de Delphine ; mais comme je n'ai point fait ce changement pour céder à l'opinion de quelques personnes, qui ont prétendu que le suicide devoit être exclu des compositions dramatiques, il me semble qu'il convient de rappeler ici qu'un auteur n'exprime point son opinion particulière, en faisant agir ses personnages de telle ou telle manière. Athalide se tue, dans Bajazet, Hermione, dans Andromaque, etc. ; et pour cela l'on n'a point dit que Racine approuvât le suicide. Quand Addison, l'un des plus respectables caractères qui aient existé, a fait la tragédie de Caton d'Utique, non-seulement il a cru qu'un tel sujet pouvoit être moral et beau, quoiqu'il se terminât par un suicide; mais de plus, il a fait précéder cette action d'un admirable monologue, qui contient peut-être les sentimens les plus religieux, les plus purs et les plus nobles qu'on ait jamais exprimés dans aucune langue. Delphine, élevée dans le christianisme, dit positivement qu'elle commet une grande faute en se tuant, et sa prière exprime, je crois, son repentir avec force. Il m'est impossible de comprendre ce qu'il y a d'immoral dans cette situation ainsi représentée.

Je ne sais dans quel écrit du dix-neuvième siècle on dit que *le secret du parti philosophique, c'est le suicide.* Il faut convenir que si une telle assertion étoit vraie, ce parti auroit choisi une singulière manière de se recruter. Je n'ai point prétendu, dans Delphine, discuter le suicide, cette grande question qui inspire tant de pitié à la fois pour la folie et pour la raison humaine; et je ne pense pas qu'on puisse trouver un argument pour ou contre le suicide, dans l'exemple d'une femme qui, suivant à l'échafaud l'objet de toute sa tendresse, n'a pas la force de supporter la vie sous le poids d'une telle douleur.

Il y a une sévérité de principes qui tient aux sentimens les meilleurs et les plus purs: l'enthousiasme des sacrifices, l'ardeur de se dévouer, l'amour de la perfection, inspirent cette sévérité, et ce sont souvent les âmes les plus tendres qui ont éprouvé le besoin de guider et d'exalter ainsi tout à la fois les pensées qui les agitoient; mais il existe un autre genre de sévérité, qui se montre souvent impitoyable pour la foiblesse et le malheur; celle-là n'est jamais, je crois, exempte d'hypocrisie. L'autorité de la religion est positive; mais l'influence de l'écrivain moraliste, quel que soit le sujet qu'il traite, appartient presque uniquement à la connoissance du cœur humain. L'austérité non motivée n'est que du despotisme, sans moyen de se faire obéir: il faut pénétrer dans les secrets de la douleur et reconnoître la puissance des passions, pour peindre avec force les peines amères qu'elles causent. Les triomphes que la raison a remportés sur le cœur ne sont pas tous de la même nature; il en est qui prouvent la foiblesse des sentimens qu'on a vaincus, plus que la force de la raison qui a obtenu la victoire. Il ne suffit donc pas d'établir la nécessité des sacrifices pour être vraiment utile aux caractères d'une sensibilité profonde; il faut leur montrer qu'on les comprend, avant d'essayer de les diriger; il faut avoir souffert, pour être écouté de ceux qui souffrent, et, comme Arie, avoir essayé le poignard sur son propre cœur, avant de déclarer *qu'il ne fait point de mal.*

Il me semble qu'en parlant de morale, les personnes vraies éprouvent une sorte de modestie, une sorte de crainte de se faire croire plus parfaites qu'elles ne sont, qui donne beaucoup de douceur à leur langage, et le rend ainsi plus persuasif. Les écrivains, comme les instituteurs, améliorent bien plus sûrement par ce qu'ils inspirent que par ce qu'ils enseignent. Les pensées délicates et pures, dans la vie comme dans les livres, animent chaque parole, se peignent dans chaque trait, sans qu'il soit pour cela nécessaire de les déclarer formellement, ni de les rédiger en maximes; et la moralité d'un ouvrage d'imagination consiste bien plus dans l'impression générale qu'on en reçoit, que dans les détails qu'on en retient.

FIN DES RÉFLEXIONS
SUR LE BUT MORAL DE DELPHINE.

PRÉFACE

DE LA PREMIÈRE ÉDITION.

Les romans sont de tous les écrits littéraires ceux qui ont le plus de juges ; il n'existe presque personne qui n'ait le droit de prononcer sur le mérite d'un roman ; les lecteurs même les plus défians et les plus modestes sur leur esprit, ont raison de se confier à leurs impressions. C'est donc une des premières difficultés de ce genre que le succès populaire auquel il doit prétendre.

Une autre non moins grande, c'est qu'on a fait une telle quantité de romans médiocres, que le commun des hommes est tenté de croire que ces sortes de compositions sont les plus aisées de toutes, tandis que ce sont précisément les essais multipliés dans cette carrière qui ajoutent à sa difficulté ; car dans ce genre comme dans tous les autres, les esprits un peu relevés craignent les routes battues, et c'est un obstacle à l'expression des sentimens vrais, que l'importun souvenir des écrits insipides qui nous ont tant parlé des affections du cœur. Enfin le genre en lui-même présente des difficultés effrayantes, et il suffit, pour s'en convaincre, de songer au petit nombre de romans placés dans le rang des ouvrages.

En effet, il faut une grande puissance d'imagination

et de sensibilité pour s'identifier avec toutes les situations de la vie, et conserver ce naturel parfait, sans lequel il n'y a rien de grand, de beau, ni de durable. L'enchaînement des idées peut être soumis à des principes invariables dont il est toujours possible de donner une exacte analyse : mais les sentimens ne sont jamais que des inspirations plus ou moins heureuses, et ces inspirations ne sont accordées peut-être qu'aux âmes restées dignes de les éprouver. On citera, pour combattre cette opinion, quelques hommes d'un grand talent dont la conduite n'a point été morale ; mais je crois fermement qu'en examinant leur histoire, on verra que si de fortes passions ont pu les entraîner, des remords profonds les ont cruellement punis ; ce n'est pas assez pour que la vie soit estimable, mais c'est assez pour que le cœur n'ait point été dépravé.

On se sentiroit saisi d'une véritable terreur au milieu de la société, s'il n'existoit pas un langage que l'affectation ne peut imiter, et que l'esprit à lui seul ne sauroit découvrir. C'est surtout dans les romans que cette justesse de ton, si l'on peut s'exprimer ainsi, doit être particulièrement observée ; sensibilité exagérée, fierté hors de place, prétention de vertu, toute cette nature de convention qui fatigue si souvent dans le monde, se retrouve dans les romans ; et comme on pourroit dire, en observant tel ou tel homme, c'est par cette parole, par ce regard, par cet accent qu'il trahit à son insu les bornes de son esprit ou de son âme ; de même dans les fictions, on pourroit montrer dans quelle situation l'auteur a manqué de sensibilité véritable, dans quel endroit le talent n'a pu suppléer au caractère, et quand l'esprit a vainement cherché ce que l'âme auroit saisi d'un seul jet.

Les événemens ne doivent être dans les romans que l'occasion de développer les passions du cœur humain; il faut conserver dans les événemens assez de vraisemblance pour que l'illusion ne soit point détruite; mais les romans qui excitent la curiosité seulement par l'invention des faits, ne captivent dans les hommes que cette imagination qui a fait dire que les yeux sont toujours enfans. Les romans que l'on ne cessera jamais d'admirer, Clarisse, Clémentine, Tom-Jones, la Nouvelle Héloïse, Werther, etc., ont pour but de révéler ou de retracer une foule de sentimens dont se compose, au fond de l'âme, le bonheur ou le malheur de l'existence; ces sentimens que l'on ne dit point, parce qu'ils se trouvent liés avec nos secrets ou avec nos foiblesses, et parce que les hommes passent leur vie avec les hommes, sans se confier jamais mutuellement ce qu'ils éprouvent.

L'histoire ne nous apprend que les grands traits manifestés par la force des circonstances, mais elle ne peut nous faire pénétrer dans les impressions intimes qui, en influant sur la volonté de quelques-uns, ont disposé du sort de tous. Les découvertes en ce genre sont inépuisables; il n'y a qu'une chose étonnante pour l'esprit humain, c'est lui-même.

The proper study of mankind is man.

Cherchons donc toutes les ressources du talent,

tous les développemens de l'esprit, dans la connoissance approfondie des affections de l'âme, et n'estimons les romans que lorsqu'ils nous paroissent, pour ainsi dire, une sorte de confession, dérobée à ceux qui ont vécu, comme à ceux qui vivront.

Observer le cœur humain, c'est montrer à chaque pas l'influence de la morale sur la destinée : il n'y a qu'un secret dans la vie, c'est le bien ou le mal qu'on a fait ; il se cache, ce secret, sous mille formes trompeuses : vous souffrez long-temps sans l'avoir mérité, vous prospérez long-temps par des moyens condamnables ; mais tout à coup votre sort se décide, le mot de votre énigme se révèle, et ce mot, la conscience l'avoit dit bien avant que le destin l'eût répété. C'est ainsi que l'histoire de l'homme doit être représentée dans les romans ; c'est ainsi que les fictions doivent nous expliquer, par nos vertus et nos sentimens, les mystères de notre sort.

Véritable fiction en effet, me dira-t-on, que celle qui seroit ainsi conçue ! croyez-vous encore à la morale, à l'amour, à l'élévation de l'âme, enfin à toutes les illusions de ce genre ? Et si l'on n'y croyoit pas, que mettroit-on à la place ? La corruption et la vulgarité de quelques plaisirs, la sécheresse de l'âme, la bassesse et la perfidie de l'esprit ; ce choix, hideux en lui-même, est rarement récompensé par le bonheur ou par le succès : mais quand l'un et l'autre en seroient le résultat momentané, ce hasard serviroit seulement à donner à l'homme vertueux un sentiment de fierté de plus. Si l'histoire avoit représenté les sentimens généreux comme toujours prospères, ils auroient cessé d'être généreux ; les spéculateurs s'en seroient bientôt emparés, comme d'un moyen de faire route. Mais l'incertitude sur ce qui conduit aux splendeurs du monde, et la certitude sur ce qu'exige la morale, est une belle opposition, qui honore l'accomplissement du devoir et l'adversité librement préférée.

Je crois donc que les circonstances de la vie, passagères comme elles le sont, nous instruisent moins des vérités durables, que les fictions fondées sur ces vérités ; et que les meilleures leçons de la délicatesse et de la fierté peuvent se trouver dans les romans, où les sentimens sont peints avec assez de naturel, pour que vous croyiez assister à la vie réelle, en les lisant.

Un style commun, un style ingénieux, sont également éloignés de ce naturel ; l'ingénieux ne convient qu'aux affections de parure, à ces affections qu'on éprouve seulement pour les montrer ; l'ingénieux enfin est une telle preuve de sang-froid, qu'il exclut la possibilité de toute émotion profonde. Les expressions communes sont aussi loin de la vérité que les expressions recherchées, parce que les expressions communes ne peignent jamais ce qui se passe réellement dans notre cœur ; chaque homme a une manière de sentir particulière, qui lui inspireroit de l'originalité, s'il s'y livroit ; le talent ne consiste peut-être que dans la mobilité qui transporte l'âme dans toutes les affections que l'imagination peut se représenter ; le génie ne dira jamais mieux que la nature, mais il dira comme elle, dans des situations inventées, tandis que l'homme ordinaire ne sera inspiré que par la sienne propre. C'est ainsi que, dans tous les genres, la vérité est à la fois ce qu'il y a de plus difficile et de plus simple, de plus sublime et de plus naturel.

Il n'y a point eu dans la littérature des anciens ce que nous appelons des romans; la patrie absorboit alors toutes les âmes; et les femmes ne jouoient pas un assez grand rôle pour que l'on observât toutes les nuances de l'amour : chez les modernes, l'éclat des romans de chevalerie appartient beaucoup plus au merveilleux des aventures, qu'à la vérité et à la profondeur des sentimens. Madame de La Fayette est la première qui, dans *la Princesse de Clèves*, ait su réunir à la peinture de ces mœurs brillantes de la chevalerie, le langage touchant des affections passionnées. Mais les véritables chefs-d'œuvre, en fait de romans, sont tous du dix-huitième siècle; ce sont les Anglois qui, les premiers, ont donné à ce genre de production un but véritablement moral; ils cherchent l'utilité dans tout, et leur disposition à cet égard est celle des peuples libres; ils ont besoin d'être instruits, plutôt qu'amusés, parce qu'ayant à faire un noble usage des facultés de leur esprit, ils aiment à les développer et non à les endormir.

Une autre nation, aussi distinguée par ses lumières que les Anglois le sont par leurs institutions, les Allemands ont des romans d'une vérité et d'une sensibilité profonde; mais on juge mal parmi nous les beautés de la littérature allemande, ou, pour mieux dire, le petit nombre de personnes éclairées qui la

connoissent, ne se donne pas la peine de répondre
à ceux qui ne la connoissent pas. Ce n'est que depuis
Voltaire que l'on rend justice en France à l'admirable littérature des Anglois; il faudra de même qu'un
homme de génie s'enrichisse une fois par la féconde
originalité de quelques écrivains allemands, pour que
les François soient persuadés qu'il y a des ouvrages
en Allemagne où les idées sont approfondies, et les
sentimens exprimés avec une énergie nouvelle.

Sans doute les auteurs actuels ont raison de rappeler sans cesse le respect que l'on doit aux chefs-
d'œuvre de la littérature françoise; c'est ainsi qu'on
peut se former un goût, une critique sévère, je dirois
impartiale, si de nos jours, en France, ce mot pouvoit avoir son application. Mais le grand défaut dont
notre littérature est menacée maintenant, c'est la
stérilité, la froideur et la monotonie : or l'étude des
ouvrages parfaits et généralement connus que nous
possédons, apprend bien ce qu'il faut éviter, mais
n'inspire rien de neuf; tandis qu'en lisant les écrits
d'une nation dont la manière de voir et de sentir
diffère beaucoup de celle des François, l'esprit est
excité par des combinaisons nouvelles, l'imagination
est animée par les hardiesses même qu'elle condamne,
autant que par celles qu'elle approuve; et l'on pourroit
parvenir à adapter au goût françois, peut-être le plus
pur de tous, des beautés originales qui donneroient
à la littérature du dix-neuvième siècle un caractère
qui lui seroit propre.

On ne peut qu'imiter les auteurs dont les ouvrages

sont accomplis ; et dans l'imitation, il n'y a jamais rien d'illustre : mais les écrivains dont le génie un peu bizarre n'a pas entièrement poli toutes les richesses qu'ils possèdent, peuvent être dérobés heureusement par des hommes de goût et de talent : l'or des mines peut servir à toutes les nations, l'or qui a reçu l'empreinte de la monnoie ne convient qu'à une seule. Ce n'est pas Phèdre qui a produit Zaïre, c'est Othello. Les Grecs eux-mêmes, dont Racine s'est pénétré, avoient laissé beaucoup à faire à son génie. Se seroit-il élévé aussi haut, s'il n'eût étudié que des ouvrages qui, comme les siens, désespérassent l'émulation, au lieu de l'animer en lui ouvrant de nouvelles routes ?

Ce seroit donc, je le pense, un grand obstacle aux succès futurs des François dans la carrière littéraire, que ces préjugés nationaux qui les empêcheroient de rien étudier qu'eux-mêmes. Un plus grand obstacle encore seroit la mode qui proscrit les progrès de l'esprit humain, sous le nom de philosophie; la mode, ou je ne sais quelle opinion de parti, transportant les calculs du moment sur le terrain des siècles, et se servant de considérations passagères, pour assaillir les idées éternelles. L'esprit alors n'auroit plus véritablement aucun moyen de se développer ; il se replieroit sans cesse sur le cercle fastidieux des mêmes pensées, des mêmes combinaisons, presque des mêmes phrases; dépouillé de l'avenir, il seroit condamné sans cesse à regarder en arrière, pour regretter d'abord, rétrograder ensuite, et sûrement il resteroit fort au-dessous des écrivains du dix-septième siècle, qui lui sont présentés pour modèle; car les écrivains de ce siècle, hommes d'un rare génie, fiers comme le vrai talent, aimoient et pressentoient les vérités que couvroient encore les nuages de leur temps.

L'amour de la liberté *bouillonnoit* dans le *vieux sang* de Corneille; Fénelon donnoit dans son Télémaque des leçons sévères à Louis XIV; Bossuet traduisoit les grands de la terre devant le tribunal du ciel, dont il interprétoit les jugemens avec un noble courage; et Pascal, le plus hardi de tous, à travers les terreurs funestes qui ont troublé son imagination, en abrégeant sa vie, a jeté dans ses pensées détachées les germes de beaucoup d'idées que les écrivains qui l'ont suivi ont développés. Les grands hommes du siècle de Louis XIV remplissoient l'une des premières conditions du génie; ils étoient en avant des lumières de leur siècle, et nous, en revenant sur nos pas, égalerions-nous jamais ceux qui se sont élancés les premiers dans la carrière, et qui, s'ils renaissoient, partant d'un autre point, dépasseroient encore tous leurs nouveaux contemporains.

On a dit que ce qui avoit surtout contribué à la splendeur de la littérature du dix-septième siècle, c'étoient les opinions religieuses d'alors, et qu'aucun ouvrage d'imagination ne pouvoit être distingué sans les mêmes croyances. Un ouvrage, dont ses adversaires même doivent admirer l'imagination originale, extraordinaire, éclatante, *le Génie du Christianisme*, a fortement soutenu ce système littéraire. J'avois essayé de montrer quels étoient les heureux changemens que le christianisme avoit apportés dans la littérature ; mais comme le christianisme date de dix-huit siècles, et nos chefs-d'œuvre en littérature seulement de deux, je pensois que les progrès de l'esprit humain en général devoient être comptés pour quelque chose, dans l'examen des différences entre la littérature des anciens et celle des modernes.

Les grandes idées religieuses, l'existence de Dieu, l'immortalité de l'âme, et l'union de ces belles espérances avec la morale, sont tellement inséparables de tout sentiment élevé, de tout enthousiasme rêveur et tendre, qu'il me paroîtroit impossible qu'aucun roman, aucune tragédie, aucun ouvrage d'imagination enfin pût émouvoir sans leur secours; et, en ne considérant un moment ces pensées, d'un ordre bien plus sublime, que sous le rapport littéraire, je croirois que ce qu'on a appelé dans les divers genres d'écrits l'inspiration poétique, est presque toujours ce pressentiment du cœur, cet essor du génie qui transporte l'espérance au-delà des bornes de la destinée humaine; mais rien n'est plus contraire à l'imagination, comme à la pensée, que les dogmes de quelque secte que ce puisse être. La mythologie avoit des images, et non des dogmes; mais ce qu'il y a d'obscur, d'abstrait et de métaphysique dans les dogmes, s'oppose invinciblement, ce me semble, à ce qu'ils soient admis dans les ouvrages d'imagination.

La beauté de quelques ouvrages religieux tient aux idées qui sont entendues par tous les hommes, aux idées qui répondent à tous les cœurs, même à ceux des incrédules; car ils ne peuvent se refuser à des regrets, lors même qu'ils ne conçoivent pas encore des espérances : ce qu'il y a de grand enfin dans la religion, ce sont toutes les pensées inconnues, vagues, indéfinies, au-delà de notre raison, mais non en lutte avec elle.

On a voulu établir depuis quelque temps une sorte d'opposition entre la raison et l'imagination, et beaucoup de gens, qui ne peuvent pas avoir de l'imagination, commencent d'abord par manquer de raison, dans l'espoir que cette preuve de zèle leur sera toujours comptée. Il faut distinguer l'imagination qui peut être considérée comme l'une des plus belles facultés de l'esprit, et l'imagination dont tous les êtres souffrans et bornés sont susceptibles. L'une est un talent, l'autre une maladie; l'une devance quelquefois la raison, l'autre s'oppose toujours à ses progrès; on agit sur l'une par l'enthousiasme, sur l'autre par l'effroi : je conviens que quand on veut dominer les têtes foibles, il faut pouvoir leur inspirer des terreurs que la raison proscriroit; mais pour produire ce genre d'effet, les contes de revenans valent beaucoup mieux que les chefs-d'œuvre littéraires.

L'imagination qui a fait le succès de tous ces chefs-d'œuvre tient par des liens très-forts à la raison; elle inspire le besoin de s'élever au-delà des bornes de la réalité, mais elle ne permet de rien dire qui soit en contraste avec cette réalité même. Nous avons tous au fond de notre âme une idée confuse de ce qui est mieux, de ce qui est meilleur, de ce qui est plus grand que nous; c'est ce qu'on appelle, en tout genre, le beau idéal, c'est l'objet auquel aspirent toutes les âmes douées de quelque dignité naturelle; mais ce qui est contraire à nos connoissances, à nos idées positives, déplaît à l'imagination presque autant qu'à la raison même.

J'en vais prendre un exemple au hasard; je le tirerai de l'incohérence des images, il sera facile d'en faire l'application aux idées contradictoires. Quand Milton agrandit à nos yeux le vice et la vertu par les tableaux les plus frappans, nous l'admirons; il ajoute à nos pensées, il fortifie nos sentimens : mais lorsqu'il représente les anges tirant des coups de canon dans le ciel, il manque à la raison qu'exige la nature de son sujet; il s'écarte de la conséquence qui doit exister dans l'invention, comme dans la vérité, et la raison blessée refroidit l'imagination. Pourquoi blâmons-nous dans les romans, dans la poésie, dans les ouvrages dramatiques tout ce qui n'est pas en harmonie avec les proportions admises, avec les fictions accordées? c'est par le même instinct qui nous rend importun le désordre dans le raisonnement.

Il y a en nous une force morale qui tend toujours vers la vérité; en opposant l'une à l'autre toutes les facultés de l'homme, le sentiment, l'imagination, la raison, on établiroit au dedans de lui-même une division presque semblable à celle qui, en affoiblissant les empires, rend leur asservissement plus facile. Les facultés de l'homme doivent avoir toutes la même direction, et le succès de l'une ne peut jamais être aux dépens de l'autre; l'écrivain qui, dans l'ivresse de l'imagination, croit avoir subjugué la raison, la verra toujours reparoître comme son juge, non-seulement dans l'examen réfléchi, mais dans l'impression du moment, qui décide de l'enthousiasme.

Je ne sais si ces diverses réflexions font l'apologie ou la critique de la correspondance que je publie. Je ne l'aurois pas fait connoître, si elle ne m'avoit pas paru d'accord avec la manière de voir et de sentir que je viens de développer. Les lettres que j'ai recueillies ont été écrites dans le commencement de la révolution; j'ai mis du soin à retrancher de ces lettres, autant que la suite de l'histoire le permettoit, tout ce qui pouvoit avoir rapport aux événemens politiques de ce temps-là. Ce ménagement n'a point pour but, on le verra, de cacher des opinions dont je me crois permis d'être fière; mais je souhaiterois qu'on pût s'occuper uniquement des personnes qui ont écrit ces lettres; il me semble qu'on y trouve des sentimens qui devroient, pendant quelques momens du moins, n'inspirer que des idées douces.

Ce vœu, je le crains, ne sera point accompli; la plupart des jugemens littéraires que l'on publiera en France, ne seront, pendant long-temps encore, que des louanges de parti, ou des injures de calcul. Je pense donc que les écrivains qui, pour exprimer ce qu'ils croient bon et vrai, bravent ces jugemens connus d'avance, ont choisi leur public; ils s'adressent à la France silencieuse mais éclairée, à l'avenir plutôt qu'au présent; ils aspirent peut-être aussi, dans leur ambition, à l'opinion indépendante, au suffrage réfléchi des étrangers; mais ils se rappelleront sans doute ce conseil que Virgile donnoit au Dante, lorsqu'il traversoit avec lui le séjour des hommes médiocres, agités tant qu'ils avoient vécu par des passions haineuses :

....
Fama di loro il mondo esser non lassa,
....
Non ragioniam di lor; ma guarda e passa. (1)

---

(1) Le monde n'a pas même conservé le souvenir de leur nom; ne nous arrêtons pas à en parler, mais jette un coup d'œil sur eux, et passe.

DELPHINE.

LETTRE PREMIÈRE.

Madame d'Albémar à Matilde de Vernon.

Bellerive, ce 12 avril 1790.

Je serai trop heureuse, ma chère cousine, si je puis contribuer à votre mariage avec M. de Mondoville; les liens du sang qui nous unissent me donnent le droit de vous servir, et je le réclame avec instance. Si je mourois, vous succéderiez naturellement à la moitié de ma fortune : me seroit-il refusé de disposer d'une portion de mes biens pendant ma vie, comme les lois en disposeroient après ma mort? A vingt et un ans, convenez qu'il seroit ridicule d'offrir mon héritage à vous qui en avez dix-huit! Je vous parle donc des droits de succession, seulement pour vous faire sentir que vous ne pouvez considérer le don de la terre d'Andelys comme un service embarrassant à recevoir, et dont votre délicatesse doive s'alarmer.

M. d'Albémar m'a comblée de tant de biens en mourant, que j'éprouverois le besoin d'y associer une personne de sa famille, quand cette personne, ma compagne depuis trois ans, ne seroit pas la fille de madame de Vernon, de la femme du monde dont l'esprit et les manières m'attachent et me captivent le plus. Vous savez que la sœur de mon mari, Louise d'Albémar, est mon amie intime; elle a confirmé avec joie les dons que M. d'Albémar m'avoit faits. Retirée dans un couvent à Montpellier, ses goûts sont plus que satisfaits par la fortune qu'elle possède; je suis donc libre, et parfaitement libre de vous assurer vingt mille livres de rente, et je le fais avec un sentiment de bonheur que vous ne voudrez pas me ravir.

En vous donnant la terre d'Andelys, il me restera encore cinquante mille livres de revenu; j'ai presque honte d'avoir l'air de la générosité quand je ne dérange en rien les habitudes de ma vie. Ce sont ces habitudes qui rendent la fortune nécessaire : dès que l'on n'est pas obligé d'éloigner de soi les inférieurs qui se reposent de leur sort sur notre bienveillance, ou d'exciter la pitié des supérieurs par un changement remarquable dans sa manière d'exister, l'on est à l'abri de toutes les peines que peut faire éprouver la diminution de la fortune. D'ailleurs, je ne crois pas que je me fixe à Paris; depuis près d'un an que j'y habite, je n'y ai pas formé une seule relation qui puisse me faire oublier les amis de mon enfance; ces véritables amis sont gravés dans mon cœur avec des traits si chers et si sacrés, que toutes les nouvelles connoissances que je fais laissent à peine des traces à côté de ces profonds souvenirs. Je n'aime ici que votre mère; sans elle je ne serois point venue à Paris, et je n'aspire qu'à la ramener en Languedoc avec moi; j'ai pris, depuis que j'existe, l'habitude d'être aimée, et les louanges qu'on veut bien m'accorder ici, laissent au fond de mon cœur un sentiment de froideur et d'indifférence, qu'aucune jouissance de l'amour-propre n'a pu changer entièrement : je crois donc que, malgré mon goût pour la société de Paris, je retirerai ma vie et mon cœur de ce tumulte, où l'on finit toujours par recevoir quelques blessures, qui vous font mal ensuite dans la retraite.

J'entre dans ces détails avec vous, ma chère cousine, pour que vous soyez bien convaincue que j'ai beaucoup plus de fortune qu'il n'en faut pour la vie que je veux mener. C'est à regret que je me condamne à rechercher tous les argumens imaginables pour vous faire accepter un don qui devroit s'offrir et se recevoir avec le même mouvement; mais les différences de caractère et d'opinions qui peuvent exister entre nous, m'ont fait craindre de rencontrer quelques obstacles aux projets que nous avons arrêtés votre mère et moi; j'ai donc voulu que vous sussiez tout ce qui peut vous tranquilliser sur un service auquel vous paroissiez attacher beaucoup trop d'importance; il n'entraîne point avec lui une reconnoissance qui doive vous imposer de la gêne; et si tout ce que je viens de vous dire ne suffit pas pour vous le prouver, je vous répéterai que mon amitié pour votre mère est si vive, si dévouée, qu'il vous suffiroit d'être sa fille pour que je fisse pour vous, quand même je ne vous connoîtrois pas, tout ce qui est en mon pouvoir. Mais c'est assez parler de ce service; assurément je ne vous en aurois pas entretenue si long-temps, si je n'avois aperçu que vous aviez une répugnance secrète pour la proposition que je vous faisois.

Il se peut aussi que vous soyez blessée des conditions que madame de Mondoville a mises à votre mariage avec son fils. N'oubliez pas cependant, ma chère Matilde, qu'elle ne vous a connue que pendant votre enfance, puisqu'elle n'a pas quitté l'Espagne depuis dix ans; et songez surtout que son fils ne vous a jamais vue. Madame de Mondoville aime votre mère, et désire s'allier avec votre famille; mais vous savez combien elle met d'importance à tout ce qui peut ajouter à la considération des siens; elle veut que sa belle-fille ait de la fortune, comme un moyen d'établir une distance de plus entre son fils et les autres hommes. Elle a de la générosité et de l'élévation, mais aussi de la hauteur et de l'orgueil; ses manières, dit-on, sont très-simples et son caractère très-arrogant. Née en Espagne, d'une famille attachée aux antiques mœurs de ce pays, elle a vécu long-temps en France avec son mari, et elle y a appris l'art de revêtir ses défauts de formes aimables qui subjuguent ceux qui l'entourent. Tout ce que l'on raconte de Léonce de Mondoville me persuade que vous serez parfaitement heureuse avec lui; mais je crois que madame de Mondoville, malgré les inconvéniens de son caractère, a beaucoup d'ascendant sur son fils. J'ai souvent remarqué que c'est par ses défauts que l'on gouverne ceux dont on est aimé : ils veulent les ménager, ils craignent de les irriter, ils finissent par s'y soumettre; tandis que les qualités dont le principal avantage est de rendre la vie facile, sont souvent oubliées, et ne donnent point de pouvoir sur les autres.

Ces diverses réflexions ne doivent en rien vous détourner du mariage le plus brillant et le plus avantageux; mais elles ont pour but de vous faire sentir la nécessité de remplir toutes les conditions que demande ou que désire madame de Mondoville. Il ne faut pas que vous entriez dans une telle famille avec une infériorité quelconque ; il faut que madame de Mondoville soit convaincue qu'elle a fait pour son fils un mariage très-convenable, afin que tous les égards que vous aurez pour elle la flattent davantage encore. Plus vous serez indépendante par votre fortune, plus il vous sera doux d'être asservie par vos sentimens et vos devoirs.

Oubliez donc, ma chère Matilde, les petites altercations que nous avons eues quelquefois ensemble, et réunissons nos cœurs par les affections qui nous sont communes, par l'attachement que nous ressentons toutes les deux pour votre aimable mère.

Delphine d'Albémar.

LETTRE II.

Réponse de Matilde de Vernon à madame d'Albémar.

Paris, ce 14 avril 1790.

Puisque vous croyez, ma chère cousine, qu'il est de votre délicatesse de faire jouir les parens de M. d'Albémar d'une partie de la fortune qu'il vous a laissée, je consens, avec l'autorisation de ma mère, à la donation que vous me proposez, et je considère avec raison cette conduite de votre part, comme satisfaisant à beaucoup plus que l'équité, et vous donnant des droits à ma reconnoissance; je m'engage donc à tout ce que la religion et la vertu exigent d'une personne qui a contracté, de son libre aveu, l'obligation qui me lie à vous.

Ma mère désire que le service que vous me rendez reste secret entre nous; elle croit que la fierté de madame de Mondoville pourroit être blessée en apprenant que c'est par un bienfait que sa belle-fille est dotée; je vous dis ce que pense ma mère, mais je serai toujours prête à publier ce que vous faites pour moi, si vous le désirez. Dût la publicité de vos bienfaits m'humilier selon l'opinion du monde, elle me relèveroit à mes propres yeux : tel est l'esprit de la religion sainte que je professe.

Je sais que ce langage vous a paru quelquefois ridicule, et que malgré la douceur de votre caractère, douceur à laquelle je rends justice, vous n'avez pu me cacher que vous ne partagiez pas mes opinions sur tout ce qui tient à l'observance de la religion catholique. Je m'en afflige pour vous, ma chère cousine, et plus vous resserrez par votre excellente conduite les liens qui nous attachent l'une à l'autre, plus je voudrois qu'il me fût possible de vous convaincre que vous prenez une mauvaise route, soit pour votre bonheur intérieur, soit pour votre considération dans le monde.

Vos opinions en tout genre sont singulièrement indépendantes : vous vous croyez, et avec raison, un esprit très-remarquable; cependant, qu'est-ce que cet esprit, ma cousine, pour diriger sagement, non-seulement les hommes en général, mais les femmes en particulier? Vous êtes charmante, on vous le répète sans cesse; mais, combien vos succès ne vous font-il pas d'ennemis! Vous êtes jeune, vous aurez sans doute le désir de vous remarier : pensez-vous qu'un homme sage puisse être empressé de s'unir à une personne qui voit tout par ses propres lumières, soumet sa conduite à ses propres idées, et dédaigne souvent les maximes reçues? Je sais que vous avez une simplicité tout-à-fait aimable dans le caractère; que vous ne cherchez point à dominer, que vous n'avez de hardiesse ni dans les manières, ni dans les discours; mais, dans le fond, et vous en convenez vous-même, ce n'est point à la foi catholique, ce n'est point aux hommes respectables chargés de nous l'enseigner, que vous soumettez votre conduite, c'est à votre manière de sentir et de concevoir les idées religieuses.

Ma cousine, où en serions-nous, si toutes les femmes prenoient ainsi pour guide ce qu'elles appelleroient leurs lumières? Croyez-moi, ce n'est pas seulement par les fidèles qu'une telle indépendance est blâmée; les hommes qui sont le plus affranchis des vérités traitées de préjugés dans la langue actuelle, veulent que leurs femmes ne se dégagent d'aucun lien; ils sont bien aises qu'elles soient dévotes, et se croient plus sûrs ainsi qu'elles respecteront et leurs devoirs et jusqu'aux moindres nuances de ces devoirs.

Je ne fais rien pour l'opinion, vous le savez; j'ai de bonne foi les sentimens religieux que je professe; si mon caractère a quelquefois de la roideur, il a toujours de la vérité ; mais si j'étois capable de concevoir l'hypocrisie, je crois tellement essentiel pour une femme de ménager en tout point l'opinion, que je lui conseillerois de ne rien braver en aucun genre, ni superstitions (pour me conformer à votre langage), ni convenances, quelque puériles qu'elles puissent être. Combien toutefois il vaut mieux n'avoir point à penser aux suffrages du monde, et se trouver disposée, par la religion même, à tous les sacrifices que l'opinion peut exiger de nous !

Si vous pouviez consentir à voir l'évêque de L. qui, malgré tous les maux que nous éprouvons depuis dix mois, est resté en France, je suis sûre qu'il prendroit de l'ascendant sur vous. Mon zèle est peut-être indiscret, la religion ne nous oblige point à nous mêler de la conduite des autres ; mais la reconnoissance que je vais vous devoir m'inspire un nouveau désir de vous appeler au salut. Vous le dites vous-même, vous n'êtes pas heureuse : c'est un avertissement du ciel. Pourquoi n'êtes-vous pas heureuse ? Vous êtes jeune, riche, jolie ; vous avez un esprit dont la supériorité et le charme ne sont pas contestés ; vous êtes bonne et généreuse : savez-vous ce qui vous afflige ? c'est l'incertitude de votre croyance; et, s'il faut tout vous dire, c'est que vous sentez aussi que cette indépendance d'opinion et de conduite qui donne à votre conversation peut-être plus de grâce et de piquant, commence déjà à faire dire du mal de vous, et nuira sûrement tôt ou tard à votre existence dans le monde.

Ne prenez pas mal les avis que je vous donne; ils tiennent, je vous l'atteste, à mon attachement pour vous : vous savez que je ne suis point jalouse; vous m'avez rendu plusieurs fois cette justice, je ne prétends point aux succès du monde, je n'ai pas l'esprit qu'il faudroit pour les obtenir, et je me ferois scrupule de m'en occuper; je vous parle donc en conscience sans aucun autre motif que ceux qui doivent inspirer une âme chrétienne; j'aurois fait pour vous bien plus que vous ne faites pour moi, si j'avois pu vous engager à sacrifier vos opinions particulières, pour vous soumettre aux décisions de l'Église.

Adieu, ma chère cousine; je ne vous plais pas, je ne dois pas vous plaire; cependant vous êtes certaine, j'en suis sûre, que je ne manquerai jamais aux sentimens que vous méritez.

Matilde de Vernon.

LETTRE III.

Delphine à Matilde.

J'ai de la peine à contenir, ma cousine, le sentiment que votre lettre me fait éprouver; je devrois ne pas y céder, puisque j'attends de vous une marque précieuse d'amitié; mais il m'est impossible de ne pas m'expliquer une fois franchement avec vous; je veux mettre un terme aux insinuations continuelles que vous me faites sur mes opinions et sur mes goûts; vous estimez la vérité, vous savez l'entendre; j'espère donc que vous ne serez point blessée des expressions vives qui pourront m'échapper dans ma propre justification.

D'abord vous attribuez à la délicatesse le don que j'ai le bonheur de vous offrir, et c'est l'amitié seule qui en est la cause. S'il étoit vrai que je vous dusse de quelque manière une partie de ma fortune, parce que votre mère est parente de M. d'Albémar, j'aurois eu tort de la conserver jusqu'à présent; la délicatesse est pour les âmes élevées un devoir plus impérieux encore que la justice; elles s'inquiètent bien plus des actions qui dépendent d'elles seules, que de celles qui sont soumises à la puissance des lois ; mais pouvez-vous ignorer quelle malheureuse prévention éloignoit M. d'Albémar de votre mère? C'est le seul sujet de discussion que nous ayons jamais eu ensemble; cette prévention étoit telle, que j'ai eu beaucoup de peine à éviter l'engagement qu'il vouloit me faire prendre de rompre entièrement avec elle ; connoissant les dispositions de M. d'Albémar comme je le fais, si je puis me permettre de disposer de sa fortune en votre faveur, c'est parce qu'il m'a ordonné de la considérer comme appartenant à moi seule.

Mais pourquoi donc éprouvez-vous le besoin de diminuer le foible mérite du service que je veux vous rendre? Est-ce parce que vous êtes effrayée de tous les devoirs que vous croyez attachés à la reconnoissance? Pourquoi mettez-vous tant d'importance à une action qui ne peut être comptée que comme l'expression de l'amitié que j'éprouve? Je n'ai qu'un but, je n'ai qu'un désir, c'est d'être aimée des personnes avec qui je vis; il faut que vous vous sentiez tout-à-fait incapable de m'accorder ce que je demande, puisque vous craignez tant de me rien devoir; mais, encore une fois, soyez tranquille; votre mère peut tout pour mon bonheur; son esprit plein de grâce, sa douceur et sa gaîté répandent tant de charmes sur ma vie! Quelquefois l'inégalité, la froideur de ses manières m'inquiètent; je voudrois qu'elle répondît sans cesse à la vivacité de mon attachement pour elle. Ne suis-je donc pas trop heureuse, si je trouve une occasion de lui inspirer un sentiment de plus pour moi! Ma cousine, je ne cherche point à me faire valoir auprès de vous, vous ne me devez rien; je serai mille fois récompensée de mon zèle pour vos intérêts, si votre mère me témoigne plus souvent cette amitié tendre qui calme et remplit mon cœur.

Maintenant passons aux reproches ou aux conseils que vous croyez nécessaire de m'adresser.

Je n'ai pas les mêmes opinions que vous; mais je ne pense pas, je vous l'avoue, que ma considération en souffre le moins du monde. Si je songeois à me remarier, j'ose croire que mon cœur est un assez noble présent pour n'être pas dédaigné par celui qui m'en paroîtroit digne; vous avez cru, dites-vous, démêler de la tristesse dans ma lettre, vous vous êtes trompée; je n'ai dans ce moment aucun sujet de peine: mais le bonheur même des âmes sensibles n'est jamais sans quelque mélange de mélancolie; et comment n'éprouverois-je

pas cette disposition, moi qui ai perdu dans
M. d'Albémar un ami si bon et si tendre! Il
n'a pris le nom de mon époux, lorsque j'avois
atteint ma seizième année, que pour m'assurer
sa fortune; il mettoit dans ses relations avec
moi tant de bonté protectrice et de galanterie
délicate, que son sentiment pour moi réunissoit tout ce qu'il y a d'aimable dans les affections d'un père, et dans les soins d'un jeune
homme. M. d'Albémar, uniquement occupé
d'assurer le bonheur du reste de ma vie, dont
son âge ne lui permettoit pas d'être le témoin,
m'avoit inspiré cette confiance si douce à ressentir, cette confiance qui remet pour ainsi
dire à un autre la responsabilité de notre sort,
et nous dispense de nous inquiéter de nous-
mêmes. Je le regretterai toujours, et les souvenirs de mon enfance et les premiers jours
de ma jeunesse ne peuvent jamais cesser de
m'attendrir; mais quel autre chagrin pourrois-je éprouver en ce moment? Qu'ai-je à
redouter du monde? je n'y porte que des sentimens doux et bienveillans; si j'avois été
dépourvue de toute espèce d'agrémens, peut-
être n'aurois-je pu me défendre d'un peu d'ai-
greur contre les femmes assez heureuses pour
plaire; mais je n'entends retentir autour de
moi que des paroles flatteuses; ma position.

me permet de rendre quelques services, et ne m'oblige jamais à en demander; je n'ai que des rapports de choix avec les personnes qui m'entourent; je ne recherche que celles que j'aime; je ne dis aucun mal des autres : pourquoi donc voudroit-on affliger une créature aussi *inoffensive* que moi, et dont l'esprit, s'il est vrai que l'éducation que j'ai reçue m'ait donné cet avantage, dont l'esprit, dis-je, n'a d'autre mobile que le désir d'être agréable à ceux que je vois?

Vous m'accusez de n'être pas aussi bonne catholique que vous, et de n'avoir pas assez de soumission pour les convenances arbitraires de la société. D'abord, loin de blâmer votre dévotion, ma chère cousine, n'en ai-je pas toujours parlé avec respect; je sais qu'elle est sincère, et quoiqu'elle n'ait pas encore entièrement adouci ce que vous avez peut-être de trop âpre dans le caractère, je crois qu'elle contribue à votre bonheur, et je ne me permettrai jamais de l'attaquer, ni par des raisonnemens ni par des plaisanteries; mais j'ai reçu une éducation tout-à-fait différente de la vôtre. Mon respectable époux, en revenant de la guerre d'Amérique, s'étoit retiré dans la solitude, et s'y livroit à l'examen de toutes les questions morales que la réflexion peut approfondir. Il croyoit en Dieu, il espéroit l'immortalité de l'âme; et la vertu fondée sur la bonté, étoit son culte envers l'Être suprême. Orpheline dès mon enfance, je n'ai compris des idées religieuses que ce que M. d'Albémar m'en a enseigné; et comme il remplissoit tous les devoirs de la justice et de la générosité, j'ai cru que ses principes devoient suffire à tous les cœurs.

M. d'Albémar connoissoit peu le monde, je commence à le croire; il n'examinoit jamais dans les actions que leur rapport avec ce qui est bien en soi, et ne songeoit point à l'impression que sa conduite pouvoit produire sur les autres. Si c'est être philosophe que penser ainsi, je vous avoue que je pourrois me croire des droits à ce titre, car je suis absolument à cet égard de l'opinion de M. d'Albémar; mais si vous entendiez par philosophie, la plus légère indifférence pour les vertus pures et délicates de notre sexe; si vous entendiez même par philosophie, la force qui rend inaccessible aux peines de la vie, certes je n'aurois mérité ni cette injure ni cette louange; et vous savez bien que je suis une femme, avec les qualités et les défauts que cette destinée foible et dépendante peut entraîner.

J'entre dans le monde avec un caractère

bon et vrai, de l'esprit, de la jeunesse et de la fortune; pourquoi ces dons de la Providence ne me rendroient-ils pas heureuse? pourquoi me tourmenterois-je des opinions que je n'ai pas, des convenances que j'ignore? La morale et la religion du cœur ont servi d'appui à des hommes qui avoient à parcourir une carrière bien plus difficile que la mienne: ces guides me suffiront.

Quant à vous, ma chère cousine, souffrez que je vous le dise: vous aviez peut-être besoin d'une règle plus rigoureuse pour réprimer un caractère moins doux; mais ne pouvons-nous donc nous aimer malgré la différence de nos goûts et de nos opinions? Vous savez combien je considère vos vertus; ce sera pour moi un vif plaisir de contribuer à rendre votre destinée heureuse; mais laissez chacun en paix chercher au fond de son cœur le soutien qui convient le mieux à son caractère et à sa conscience; imitez votre mère, qui n'a jamais de discussion avec vous, quoique vos idées diffèrent souvent des siennes. Nous aimons toutes deux un Être bienfaisant, vers lequel nos âmes s'élèvent; c'est assez de ce rapport, c'est assez de ce lien qui réunit toutes les âmes sensibles dans une même pensée, la plus grande et la plus fraternelle de toutes.

Je retournerai dans deux jours à Paris; nous ne parlerons plus du sujet de nos lettres, et vous m'accorderez le bonheur de vous être utile, sans le troubler par des réflexions qui blessent toujours un peu, quelques efforts qu'on fasse sur soi-même pour ne pas s'en offenser. Je vous embrasse, ma chère cousine, et je vous assure qu'à la fin de ma lettre, je ne sens plus la moindre trace de la disposition pénible qui m'avoit inspiré les premières lignes.

DELPHINE D'ALBÉMAR.

LETTRE IV.

Delphine d'Albémar à madame de Vernon.

Bellerive, ce 16 avril 1790.

MA chère tante, ma chère amie, pourquoi m'avez-vous mise en correspondance avec ma cousine sur un sujet qui ne devoit être traité qu'avec vous? Vous savez que Matilde et moi nous ne nous convenons pas toujours, et je m'entends si bien avec vous! Quand j'ai pu vous être utile, vous avez si noblement accepté le dévouement de mon cœur, vous l'avez récompensé par un sentiment qui me rend la vie si douce! Ne voulez-vous donc plus que ce soit à vous, à vous seule que je m'adresse?

Si cependant je vous avois déplu par ma réponse à Matilde, si vous ne me jugiez plus digne d'assurer le bonheur de votre fille! Mais non, vous connoissez la vivacité de mes premiers mouvemens ; vous me les pardonnez, vous qui conservez toujours sur vous-même cet empire qui sert au bonheur de vos amis, plus encore qu'au vôtre. Je n'ai rien à redouter de votre caractère généreux et fier : il reçoit les services, comme il les rendroit, avec simplicité ; cependant rassurez-moi avant que je vous revoie ; je sais bien que vous n'aimez pas à écrire, mais il me faut un mot qui me dise que vous persistez dans la permission que vous m'avez accordée.

Je le répète encore, vous n'affligerez pas profondément votre amie ; je serois la première personne du monde à qui vous auriez fait de la peine : si j'ai eu tort, c'est alors surtout que, prévoyant les reproches que je me ferois, vous ne voudrez pas que ce tort ait des suites amères ; j'attends quelques lignes de vous, ma chère Sophie, avec une inquiétude que je n'avois point encore ressentie.

LETTRE V.

Madame de Vernon à Delphine.

Paris, ce 17 avril.

Vous êtes des enfans, Matilde et vous; ce n'est pas ainsi qu'il faut traiter des objets sérieux, nous en causerons ensemble; mais n'ayez jamais d'inquiétude, ma chère Delphine, quand ce que vous désirez dépend de moi.

SOPHIE DE VERNON.

LETTRE VI.

Delphine à mademoiselle d'Albémar.

Paris, ce 19.

Une legère altercation qui s'étoit élevée entre Matilde et moi, il y a quelques jours, m'avoit assez inquiétée, ma chère sœur; je vous envoie la copie de nos lettres, pour que vous en soyez juge. Mais combien je voudrois que vous fussiez près de moi! Je cherche à me rappeler sans cesse ce que vous m'avez dit : il me sembloit autrefois que votre excellent frère, dans nos entretiens, m'avoit donné des règles de conduite qui devoient me guider dans toutes les situations de la vie ; et maintenant je suis troublée par les inquiétudes qui me sont personnelles, comme si les idées générales que j'ai conçues ne suffisoient point pour m'éclairer sur les circonstances particulières. Néanmoins ma destinée est simple, et je n'éprouve et je n'éprouverai jamais, j'espère, aucun sentiment qui puisse l'agiter.

Madame de Vernon que vous n'aimez pas, quoiqu'elle vous aime ; madame de Vernon est certainement la personne la plus spirituelle, la plus aimable, la plus éclairée dont je puisse me faire l'idée : cependant il m'est impossible de discuter avec elle jusques au fond de mes pensées et de mes sentimens. D'abord elle ne se plaît pas beaucoup dans les conversations prolongées ; mais ce qui surtout abrège les développemens dans les entretiens avec elle, c'est que son esprit va toujours droit aux résultats, et semble dédaigner tout le reste. Ce n'est ni la moralité des actions, ni leur influence sur le bien-être de l'âme qu'elle a profondément étudié, mais les conséquences et les effets de ces actions ; et, quoiqu'elle soit elle-même une personne douée des plus excellentes qualités, l'on diroit qu'elle compte pour tout le succès, et pour très-peu le principe de la conduite des hommes. Cette sorte d'esprit la rend un meilleur juge des événemens de la vie, que des peines secrètes ; il me reste donc toujours dans le cœur quelques sentimens que je ne lui ai pas exprimés, quelques sentimens que je retiens comme inutiles à lui dire, et dont j'éprouve pourtant la puissance en moi-même. Il n'existe aucune borne à ma confiance en elle ; mais, sans que j'y réfléchisse, je me trouve naturellement disposée à ne lui dire que ce qui peut l'intéresser ; je renvoie toujours au lendemain pour lui parler des pensées qui m'occupent, mais qui n'ont point d'analogie avec sa manière de voir et de sentir : mon désir de lui plaire est mêlé d'une sorte d'inquiétude qui fixe mon attention sur les moyens de lui être agréable, et met dans mon amitié pour elle encore plus pour ainsi dire de coquetterie que de confiance.

Mon âme s'ouvriroit entièrement avec vous, ma chère Louise ; vous l'avez formée, en me tenant lieu de mère ; vous avez toujours été mon amie ; je conserve pour vous cette douce confiance du premier âge de la vie, de cet âge où l'on croit avoir tout fait pour ceux qu'on aime, en leur montrant ses sentimens, et en leur développant ses pensées.

Dites-moi donc, ma chère sœur, quel est cet obstacle qui s'oppose à ce que vous quittiez votre couvent pour vous établir à Paris avec moi? Vous m'avez fait un secret jusqu'à présent de vos motifs, supportez-vous l'idée qu'il existe un secret entre nous?

Je vous ai promis, en vous quittant, de vous écrire mon journal tous les soirs; vous vouliez, disiez-vous, veiller sur mes impressions. Oui, vous serez mon ange tutélaire, vous conserverez dans mon âme les vertus que vous avez su m'inspirer; mais ne serions-nous pas bien plus heureuses si nous étions réunies? et nos lettres peuvent-elles jamais suppléer à nos entretiens?

Après avoir reçu le billet de madame de Vernon, je partis le jour même pour l'aller voir; je quittai Bellerive à cinq heures du soir, et je fus chez elle à huit. Elle étoit dans son cabinet avec sa fille; à mon arrivée, elle fit signe à Matilde de s'éloigner; j'étois contente, et néanmoins embarrassée de me trouver seule avec elle : j'ai éprouvé souvent une sorte de gêne auprès de madame de Vernon, jusques à ce que la gaîté de son esprit m'ait fait oublier ce qu'il y a de réservé et de contenu dans ses manières : je ne sais si c'est un défaut en elle; mais ce défaut même sert à donner plus de prix aux témoignages de son affection.

— Hé bien! me dit-elle en souriant, Matilde a donc voulu vous convertir? — Je ne puis vous dire, ma chère tante, lui répondis-je, combien sa lettre m'a fait de peine; elle a provoqué ma réponse, et je m'en suis bientôt repentie : j'avois une frayeur mortelle de vous avoir déplu. — En vérité je l'ai à peine lue, reprit madame de Vernon; j'y ai reconnu votre bon cœur, votre mauvaise tête, tout ce qui fait de vous une personne charmante; je n'ai rien remarqué que cela : quant au fond de l'affaire, l'homme chargé de dresser le contrat y insérera les conditions que vous voulez bien offrir; mais il faut que vous permettiez qu'on mette dans l'article que c'est une donation faite en dédommagement de l'héritage de M. d'Albémar. Si madame de Mondoville croyoit que c'est par une simple générosité de votre part, que ma fille est dotée, son orgueil en souffriroit tellement qu'elle romproit le mariage. — J'éprouvai, je l'avoue, une sorte de répugnance pour cette proposition, et je voulois la combattre; mais madame de Vernon m'interrompit, et me dit : Madame de Mondoville ne sait pas combien on peut être fière d'être comblée des bienfaits d'une amie telle que vous : vous m'avez déjà retirée une fois de l'abîme où m'avoit jetée un négociant infidèle ; vous allez maintenant marier ma fille, le seul objet de mes sollicitudes, et il faut que je condamne ma reconnoissance au silence le plus absolu : tel est le caractère de madame de Mondoville. Si vous exigiez que le service que vous me rendez fût connu, je serois forcée de le refuser, car il deviendroit inutile ; mais il vous suffit, n'est-il pas vrai, ma chère Delphine, du sentiment que j'éprouve ; de ce sentiment qui me permet de vous tout devoir, parce que mon cœur est certain de tout acquitter. — Ces derniers mots furent prononcés avec cette grâce enchanteresse qui n'appartient qu'à madame de Vernon ; elle n'avoit pas l'air de douter de mon consentement ; et lui en faire naître l'idée, c'étoit refroidir tous ses sentimens : elle s'y abandonne si rarement qu'on craint encore plus d'en troubler les témoignages ; les motifs de ma répugnance étoient bien purs : mais j'avois une sorte de honte néanmoins d'insister pour que mon nom fût proclamé à côté du service que je rendois ; et je fus irrésistiblement entraînée à céder aux désirs de madame de Vernon.

Je lui dis cependant : — J'ai quelque regret

de me servir du nom de M. d'Albémar dans une circonstance si opposée à ses intentions ; mais, s'il étoit témoin du culte que vous rendez à ses vertus, s'il vous entendoit parler de lui, comme vous en parlez avec moi, peut-être...... Sans doute, interrompit madame de Vernon; et ce mot finit la conversation sur ce sujet.

Un moment de silence s'ensuivit ; mais, bientôt reprenant sa grâce et sa gaîté naturelles, madame de Vernon dit : — A propos, dois-je vous envoyer M. l'évêque de L., pour vous confesser à lui, comme Matilde vous le propose? — Je vous en conjure, lui répondis-je ; dites-moi donc, ma chère tante, pourquoi vous avez donné à Matilde une éducation presque superstitieuse, et qui a si peu de rapport avec l'étendue de votre esprit et l'indépendance de vos opinions. Elle redevint sérieuse un moment, et me dit : — Vous m'avez fait vingt fois cette question, je ne voulois pas y répondre ; mais je vous dois tous les secrets de mon cœur.

Vous savez, continua-t-elle, tout ce que j'ai eu à souffrir de M. de Vernon, proche parent de votre mari; il étoit impossible de lui moins ressembler : sa fortune et ma pauvreté furent les seuls motifs qui décidèrent notre mariage : j'en fus long-temps très-malheureuse ; à la fin cependant, je parvins à m'aguerrir contre les défauts de M. de Vernon ; j'adoucis un peu sa rudesse : il existe une manière de prendre tous les caractères du monde, et les femmes doivent la trouver, si elles veulent vivre en paix sur cette terre où leur sort est entièrement dans la dépendance des hommes. Je n'avois pu néanmoins obtenir que ma fille me fût confiée, et son père la dirigeoit seul; il mourut qu'elle avoit onze ans ; et pouvant alors m'occuper uniquement d'elle, je remarquai qu'elle avoit dans son caractère une singulière âpreté, assez peu de sensibilité, et un esprit plus opiniâtre qu'étendu : je reconnus bientôt que mes leçons ne suffisoient pas pour corriger de tels défauts; j'ai de l'indolence dans le caractère, inconvénient qui est le résultat naturel de l'habitude de la résignation ; j'ai peu d'autorité dans ma manière de m'exprimer, quoique ma décision intérieure soit très-positive. Je mets d'ailleurs trop peu d'importance à la plupart des intérêts de la vie, pour avoir le sérieux nécessaire à l'enseignement. Je me jugeai comme je jugerois un autre; vous savez que cela m'est facile; et je résolus de confier à M. l'évêque de L. l'éducation de ma fille. Après y avoir bien réfléchi, je crus que la religion, et une religion positive, étoit le seul frein assez fort pour dompter le caractère de Matilde; ce caractère auroit pu contribuer utilement à l'avancement d'un homme; il présentoit l'idée d'une âme ferme et capable de servir d'appui; mais les femmes, devant toujours plier, ne peuvent trouver, dans les défauts et dans les qualités même d'un caractère fort, que des occasions de douleur. Mon projet a réussi : la religion, sans avoir entièrement changé le caractère de ma fille, lui a ôté ses inconvéniens les plus graves; et comme le sentiment du devoir se mêle à toutes ses résolutions, et presque à toutes ses paroles, on ne s'aperçoit plus des défauts qu'elle avoit naturellement, que par un peu de froideur et de sécheresse dans les relations de la vie, jamais par aucun tort réel. Son esprit est assez borné; mais comme elle respecte tous les préjugés, et se soumet à toutes les convenances, elle ne sera jamais exposée aux critiques du monde : sa beauté, qui est parfaite, ne lui fera courir aucun risque, car ses principes sont d'une inébranlable austérité. Elle est disposée aux plus grands sacrifices ainsi qu'aux plus petits; et la roideur de son caractère lui fait aimer la gêne comme un autre se plairoit dans l'abandon. C'eût été bien dommage, ma chère Delphine, qu'une personne aussi aimable, aussi spirituelle que vous, se fût imposée un joug qui l'eût privée de mille charmes; mais réfléchissez à ce qu'est ma fille, et vous verrez que le parti que j'ai pris étoit le seul qui pût la garantir de tous les malheurs que lui préparoit sa triste conformité avec son père. Je ne parlerois à personne, ma chère Delphine, avec la confiance que je viens de vous témoigner; mais je n'ai pas voulu que l'amie de mon cœur, celle qui veut assurer le bonheur de Matilde, ignorât plus long-temps les motifs qui m'ont déterminée dans la plus importante de mes résolutions, dans celle qui concerne l'éducation de ma fille.

Vous ne pouvez jamais parler sans convaincre, ma chère tante, lui répondis-je; mais vous-même cependant, ne pouviez-vous pas guider votre fille? vos opinions ne sont-elles pas en tout conformes à celles que la raison... —Oh! mes opinions, répondit-elle en souriant et m'interrompant, personne ne les connoît; et comme elles n'influent point sur mes sentimens, ma chère Delphine, vous n'avez pas besoin de les savoir. — En achevant ces mots, elle se leva, me prit par la main, et me conduisit dans le salon où plusieurs personnes étoient déjà rassemblées.

Elle entra, et leur fit des excuses avec cette grâce inimitable que vous-même lui reconnoissez. Quoiqu'elle ait au moins quarante ans, elle paroît encore charmante, même au milieu des jeunes femmes; sa pâleur, ses traits un peu abattus, rappellent la langueur de la maladie et non la décadence des années; sa manière de se mettre toujours négligée est d'accord avec cette impression. On se dit qu'elle seroit parfaitement jolie, si un jour elle se portoit mieux, si elle vouloit se parer comme les autres; ce jour n'arrive jamais, mais on y croit, et c'est assez pour que l'imagination ajoute encore à l'effet naturel de ses agrémens.

Dans un des coins de la chambre étoit madame du Marset. Vous ai-je dit que c'est une femme qui ne peut me supporter, quoique je n'aie jamais eu et ne veuille jamais avoir le moindre tort avec elle? Elle a pris, dès mon arrivée, parti contre la bienveillance qu'on m'a témoignée, et l'a considérée comme un affront qui lui seroit personnel. J'ai, pendant quelque temps, essayé de l'adoucir ; mais quand j'ai vu qu'elle avoit contracté aux yeux du monde l'engagement de me détester, et que ne pouvant se faire une existence par ses amis, elle espéroit s'en faire une par ses haines, j'ai résolu de dédaigner ce qu'il y avoit de réel dans son aversion pour moi. Elle prétend, ne sachant trop de quoi m'accuser, que j'aime et que j'approuve beaucoup trop la révolution de France. Je la laisse dire, elle a cinquante ans et nulle bonté dans le caractère; c'est assez de chagrins pour lui permettre beaucoup d'humeur.

Derrière elle étoit M. de Fierville, son fidèle adorateur, malgré son âge avancé : il a plus d'esprit qu'elle et moins de caractère, ce qui fait qu'elle le domine entièrement; il se plaît quelquefois à causer avec moi : mais, comme par complaisance pour madame du Marset, il me critique souvent quand je n'y suis pas, il fait sans cesse des réserves dans les complimens qu'il m'adresse, pour se mettre, s'il est possible, un peu d'accord avec lui-même. Je le laisse s'agiter dans ses petits remords, parce que je n'aime de lui que son esprit, et qu'il ne peut m'empêcher d'en jouir quand il me parle.

Au milieu de la société, Matilde ne songe pas un instant à s'amuser; elle exerce toujours un devoir dans les actions les plus indifférentes de sa vie; elle se place constamment à côté des personnes les moins aimables, arrange les parties, prépare le thé, sonne pour qu'on entretienne le feu; enfin s'occupe d'un salon comme d'un ménage, sans donner un instant à l'entraînement de la conversation. On pourroit admirer ce besoin continuel de tout changer en devoir, s'il exigeoit d'elle le sacrifice de ses goûts; mais elle se plaît réellement dans cette existence toute méthodique, et blâme au fond de son cœur ceux qui ne l'imitent pas.

Madame de Vernon aime beaucoup à jouer; quoiqu'elle pût être très-distinguée dans la conversation, elle l'évite; on diroit qu'elle n'aime à développer ni ce qu'elle sent, ni ce qu'elle pense. Ce goût du jeu, et trop de prodigalité dans sa dépense, sont les seuls défauts que je lui connoisse.

Elle choisit pour sa partie hier au soir madame du Marset et M. de Fierville; je lui en fis quelques reproches tout bas, parce qu'elle m'avoit dit plusieurs fois assez de mal de tous les deux. — La critique ou la louange, me répondit-elle, sont un amusement de l'esprit; mais ménager les hommes est nécessaire pour vivre avec eux. — Estimer ou mépriser, repris-je avec chaleur, est un besoin de l'âme; c'est une leçon, c'est un exemple utile à donner. — Vous avez raison, me dit-elle avec précipitation, vous avez raison sous le rapport de la morale; ce que je vous disois ne faisoit allusion qu'aux intérêts du monde. — Elle me serra la main en s'éloignant, avec une expression parfaitement aimable.

Je restai à causer auprès de la cheminée avec plusieurs hommes dont la conversation, surtout dans ce moment, inspire le plus vif intérêt à tous les esprits capables de réflexion et d'enthousiasme. Je me reproche quelquefois de me livrer trop aux charmes de cette conversation si piquante; c'est peut-être blesser un peu les convenances, que se mêler ainsi aux entretiens les plus importans; mais, quand madame de Vernon et les dames de sa société sont établies au jeu, je me trouve presque seule avec Matilde qui ne dit pas un mot : et l'empressement que me témoignent les hommes distingués m'entraîne à les écouter et à leur répondre.

Cependant, peut-être est-il vrai que je me livre souvent avec trop de chaleur à l'esprit que je peux avoir; je ne sais pas résister assez aux succès que j'obtiens en société, et qui doivent quelquefois déplaire aux autres femmes. Combien j'aurois besoin d'un guide! Pourquoi suis-je seule ici! Je finis cette lettre, ma chère sœur, en vous répétant ma prière;

venez près de moi, n'abandonnez pas votre
Delphine dans un monde si nouveau pour
elle ; il m'inspire une sorte de crainte vague
que ne peut dissiper le plaisir même que j'y
trouve.

LETTRE VII.

Réponse de mademoiselle d'Albémar à Delphine.

Montpellier, 25 avril 1790.

Ma chère Delphine, je suis fâchée que vous
vous montriez si généreuse envers ces Vernon ;
mon frère aimoit encore mieux la fille que la
mère, quoique la mère ait beaucoup plus
d'agrémens que la fille ; il croyoit madame de
Vernon fausse jusqu'à la perfidie. Pardon, si
je me sers de ces mots ; mais je ne sais pas
comment dire leur équivalent, et je me confie
en votre bonne amitié pour m'excuser. Mon
frère pensoit que madame de Vernon dans le
fond du cœur n'aimoit rien, ne croyoit à rien,
ne s'embarrassoit de rien, et que sa seule
idée étoit de réussir, elle et les siens, dans
tous les intérêts dont se compose la vie du
monde, la fortune et la considération. Je sais
bien qu'elle a supporté avec une douceur exemplaire le plus odieux des maris, et qu'elle n'a

point eu d'amans, quoiqu'elle fût bien jolie. Il n'y a jamais eu un mot à dire contre elle; mais dussiez-vous me trouver injuste, je vous avouerai que c'est précisément cette conduite régulière, qui ne me paroît pas du tout s'accorder avec la légèreté de ses principes et l'insouciance de son caractère. Pourquoi s'est-elle pliée à tous les devoirs, même à tous les calculs, elle qui a l'air de n'attacher d'importance à aucun? Malgré les motifs qu'elle donne de l'éducation de sa fille, ne faut-il pas avoir bien peu de sensibilité, pour ne pas former soi-même, et selon son propre caractère, la personne qu'on aime le plus, pour ne lui donner rien de son âme, et se la rendre étrangère par les opinions qui exercent le plus d'influence sur toute notre manière d'être?

Il se peut que j'aie tort de juger si défavorablement une personne dont je ne connois aucune action blâmable; mais sa physionomie, tout agréable qu'elle est, suffiroit seule pour m'empêcher d'avoir la moindre confiance en elle. Je suis fermement convaincue que les sentimens habituels de l'âme laissent une trace très-remarquable sur le visage : grâce à cet avertissement de la nature, il n'y a point de dissimulation complète dans le monde. Je ne suis pas défiante, vous le savez; mais je regarde, et si l'on peut me tromper sur les faits, je démêle assez bien les caractères ; c'est tout ce qu'il faut pour ne jamais mal placer ses affections : que m'importe ce qu'il peut arriver de mes autres intérêts !

Pour vous, ma chère Delphine, vous vous laissez entraîner par le charme de l'esprit, et je crains bien que si vous livrez votre cœur à cette femme, elle ne le fasse cruellement souffrir ; rendez-lui service, je ne suis pas difficile sur les qualités des personnes qu'on peut obliger ; mais on confie à ceux qu'on aime ce qu'il y a de plus délicat dans le bonheur, et moi seule, ma chère Delphine, je vous aime assez pour ménager toujours votre sensibilité vive et profonde. C'est pour vous arracher à la séduction de cette femme, que je voudrois aller à Paris ; mais je ne m'en sens pas la force, il m'est absolument impossible de vaincre la répugnance que j'éprouve à sortir de ma solitude.

Il faut bien vous avouer le motif de cette répugnance, je consens à vous l'écrire ; mais je n'aurois jamais pu me résoudre à vous en parler, et je vous prie instamment de ne pas me répondre sur un sujet que je n'aime pas à traiter. Vous savez que j'ai l'extérieur du monde le moins agréable ; ma taille est contrefaite, et ma figure n'a point de grâce ; je n'ai jamais voulu me marier quoique ma fortune attirât beaucoup de prétendans ; j'ai vécu presque toujours seule, et je serois un mauvais guide pour moi-même et pour les autres au milieu des passions de la vie ; mais j'en sais assez pour avoir remarqué qu'une femme disgraciée de la nature est l'être le plus malheureux lorsqu'elle ne reste pas dans la retraite. La société est arrangée de manière que, pendant les vingt années de sa jeunesse, personne ne s'intéresse vivement à elle ; on l'humilie à chaque instant sans le vouloir, et il n'est pas un seul des discours qui se tiennent devant elle, qui ne réveille dans son âme un sentiment douloureux.

J'aurois pu jouir, il est vrai, du bonheur d'avoir des enfans : mais que ne souffrirois-je pas, si j'avois transmis à ma fille les désavantages de ma figure ! si je la voyois destinée comme moi à ne jamais connoître le bonheur suprême d'être le premier objet d'un homme sensible ! Je ne le confie qu'à vous, ma chère Delphine ; mais parce que je ne suis point faite pour inspirer de l'amour, il ne s'ensuit pas que mon cœur ne soit pas susceptible des affections les plus tendres ; j'ai senti, presqu'au sortir de l'enfance, qu'avec ma figure, il étoit ridicule d'aimer. Imaginez-vous de quels sentimens amers j'ai dû m'abreuver; il étoit ridicule pour moi d'aimer, et jamais cependant la nature n'avoit formé un cœur à qui ce bonheur fût plus nécessaire.

Un homme dont les défauts extérieurs seroient très-marquans, pourroit encore conserver les espérances les plus propres à le rendre heureux. Plusieurs ont ennobli par des lauriers les disgrâces de la nature; mais les femmes n'ont d'existence que par l'amour; l'histoire de leur vie commence et finit avec l'amour : et comment pourroient-elles inspirer ce sentiment sans quelques agrémens qui puissent plaire aux yeux! La société fortifie à cet égard l'intention de la nature au lieu d'en modifier les effets, elle rejette de son sein la femme infortunée que l'amour et la maternité ne doivent point couronner. Que de peines dévorantes n'a-t-elle point à souffrir dans le secret de son cœur!

J'ai été romanesque, comme si je vous ressemblois, ma chère Delphine, mais j'ai néanmoins trop de fierté pour ne pas cacher à tous les regards le malheureux contraste de ma destinée et de mon caractère. Comment suis-je donc parvenue à supporter le cours des années qui m'étoient échues? Je me suis renfermée dans la retraite, rassemblant sur votre tête tous mes intérêts, tous mes vœux, tous mes sentimens; je me disois que j'aurois été vous, si la nature m'eût accordé vos grâces et vos charmes; et secondant de toute mon âme l'inclination de mon frère, je l'ai conjuré de vous laisser la portion de son bien qu'il me destinoit.

Qu'aurois-je fait de la richesse? j'en ai ce qu'il faut pour rendre heureux ce qui m'entoure, pour soulager l'infortune autour de moi; mais quel autre usage de l'argent pourrois-je imaginer qui n'eût ajouté au sentiment douloureux qui pèse sur mon âme? Aurois-je embelli ma maison pour moi, mes jardins pour moi? et jamais la reconnoissance d'un être chéri ne m'auroit récompensée de mes soins! Aurois-je réuni beaucoup de monde, pour entendre plus souvent parler de ce que les autres possèdent et de ce qui me manque? aurois-je voulu courir le risque des propositions de mariage qu'on pouvoit adresser à ma fortune, et me serois-je condamnée à supporter tous les détours qu'auroit pris l'intérêt avide pour endormir ma vanité et m'ôter jusqu'à l'estime de moi-même?

Non, non, Delphine, ma sage résignation vaut bien mieux. Il ne me restoit qu'un bonheur à espérer; je l'ai goûté, je vous ai adoptée pour ma fille, j'avois manqué la vie, j'ai voulu vous donner tous les moyens d'en jouir. Je serois sans doute bien heureuse d'être près de vous, de vous voir, de vous entendre; mais avec vous seroient les plaisirs et la société brillante qui doivent vous entourer. Mon cœur qui n'a point aimé, est encore trop jeune pour ne pas souffrir de son isolement, quand tous les objets que je verrois m'en renouvelleroient la pensée.

Les peines d'imagination dépendent presque entièrement des circonstances qui nous les retracent; elles s'effacent d'elles-mêmes, lorsque l'on ne voit ni n'entend rien qui en réveille le souvenir, mais leur puissance devient terrible et profonde quand l'esprit est forcé de combattre à chaque instant contre des impressions nouvelles. Il faut pouvoir détourner son attention d'une douleur importune et s'en distraire avec adresse, car il faut de l'adresse vis-à-vis de soi-même, pour ne pas trop souffrir. Je ne connois guère les autres, ma chère Delphine, mais assez bien moi; c'est le fruit de la solitude. Je suis parvenue avec assez d'efforts à me faire une existence qui me préserve des chagrins vifs; j'ai des occupations pour chaque heure, quoique rien ne remplisse mon existence entière; j'unis les jours aux jours, et cela fait un an, puis deux, puis la vie. Je n'ose changer de place, agiter mon sort ni mon âme; j'ai peur de perdre le résultat de mes réflexions et de troubler mes habitudes qui me sont encore plus nécessaires, parce qu'elles me dispensent de réflexions même, et font passer le temps sans que je m'en mêle.

Déjà cette lettre va déranger mon repos pour plusieurs jours; il ne faut pas me faire parler de moi, il ne faut presque pas que j'y pense; je vis en vous; laissez-moi vous suivre de mes vœux, vous aider de mes conseils, si j'en peux donner pour ce monde que j'ignore. Apprenez-moi successivement et régulièrement les événemens qui vous intéressent, je croirai presque avoir vécu dans votre histoire; je conserverai des souvenirs; je jouirai par vous des sentimens que je n'ai pu ni inspirer, ni connoître.

Savez-vous que je suis presque fâchée que vous ayez fait le mariage de Matilde avec Léonce de Mondoville? j'entends dire qu'il est si beau, si aimable et si fier, qu'il me sembloit digne de ma Delphine; mais je l'espère, elle trouvera celui qui doit la rendre heureuse: alors seulement, je serai vraiment tranquille.

Quelque distinguée que vous soyez, que feriez-vous sans appui? vous exciteriez l'envie, et elle vous persécuteroit. Votre esprit, quelque supérieur qu'il soit, ne peut rien pour sa propre défense; la nature a voulu que tous les dons des femmes fussent destinés au bonheur des autres, et de peu d'usage pour elles-mêmes. Adieu, ma chère Delphine; je vous remercie de conserver l'habitude de votre enfance et de m'écrire tous les soirs ce qui vous a occupée pendant le jour : nous lirons ensemble dans votre âme, et peut-être qu'à deux nous aurons assez de force pour assurer votre bonheur.

LETTRE VIII.

Réponse de Delphine à mademoiselle d'Albémar.

Paris, 1ᵉʳ mai.

Pourquoi m'avez-vous interdit de vous répondre, ma chère sœur, sur les motifs qui vous éloignent de Paris? Votre lettre excite en moi tant de sentimens que j'aurois le besoin d'exprimer! Ah! j'irai bientôt vous rejoindre; j'irai passer toutes mes années près de vous : croyez-moi, cette vie de jeunesse et d'amour est moins heureuse que vous ne pensez. Je suis uniquement occupée depuis quelques jours du sort d'une de mes amies, madame d'Ervins; c'est sa beauté même et les sentimens qu'elle inspire qui sont la source de ses erreurs et de ses peines.

Vous savez que lorsque je vous quittai, il y a un an, je tombai dangereusement malade à Bordeaux; Madame d'Ervins, dont la terre étoit voisine de cette ville, étoit venue pendant l'absence de son mari y passer quelques jours; elle apprit mon nom, elle sut mon état, et vint avec une ineffable bonté s'établir chez moi pour me soigner: elle me veilla pendant quinze jours, et je suis convaincue que je lui dois la vie. Sa présence calmoit les agitations de mon sang, et quand je craignois de mourir, il me suffisoit de regarder son aimable figure, pour croire à de plus doux présages. Lorsque je commençai à me rétablir, je voulus connoître celle qui méritoit déjà toute mon amitié; j'appris que c'étoit une Italienne dont la famille habitoit Avignon; on l'avoit mariée à quatorze ans à M. d'Ervins, qui avoit vingt-cinq ans de plus qu'elle, et la retenoit depuis dix ans dans la plus triste terre du monde.

Thérèse d'Ervins est la beauté la plus séduisante que j'aie jamais rencontrée; une expression à la fois naïve et passionnée donne à toute sa personne je ne sais quelle volupté d'amour et d'innocence singulièrement aimable. Elle n'a point reçu d'instruction, mais ses manières sont nobles et son langage est pur ; elle est dévote et superstitieuse comme les Italiennes, et n'a jamais réfléchi sérieusement sur la morale, quoiqu'elle se soit souvent occupée de la religion ; mais elle est si parfaitement bonne et tendre qu'elle n'auroit manqué à aucun devoir, si elle avoit eu pour époux un homme digne d'être aimé. Les qualités naturelles suffisent pour être honnête lorsque l'on est heureux ; mais quand le hasard et la société vous condamnent à lutter contre votre cœur, il faut des principes réfléchis pour se défendre de soi-même, et les caractères les plus aimables dans les relations habituelles de la vie, sont les plus exposés quand la vertu se trouve en combat avec la sensibilité.

Le visage et les manières de Thérèse sont si jeunes, qu'on a de la peine à croire qu'elle soit déjà la mère d'une fille de neuf ans ; elle ne s'en sépare jamais ; et la tendresse extrême qu'elle lui témoigne étonne cette pauvre petite, qui éprouve confusément le besoin de la protection, plutôt que celui d'un sentiment passionné. Son âme enfantine est surprise des vives émotions qu'elle excite, une affection raisonnable et des conseils utiles la toucheroient peut-être davantage.

Madame d'Ervins a vécu très-bien avec son mari pendant dix ans; la solitude et le défaut d'instruction ont prolongé son enfance, mais le monde étoit à craindre pour son repos, et je suis malheureusement la première cause du temps qu'elle a passé à Bordeaux et de l'occasion qui s'est offerte pour elle de connoître M. de Serbellane; c'est un Toscan, âgé de trente ans, qui avoit quitté l'Italie depuis trois mois, attiré en France par la révolution. Ami de la liberté, il vouloit se fixer dans le pays qui combattoit pour elle; il vint me voir parce qu'il existoit d'anciennes relations entre sa famille et la mienne : je partis peu de jours après; mais j'avois déjà des raisons de craindre qu'il n'eût fait une impression profonde sur le cœur de Thérèse. Depuis six mois, elle m'a souvent écrit qu'elle souffroit, qu'elle étoit malheureuse, mais sans m'expliquer le sujet de ses peines. M. de Serbellane est arrivé à Paris depuis quelques jours; il est venu me voir, et ne m'ayant point trouvée, il m'a envoyé une lettre de Thérèse qui contient son histoire.

M. de Serbellane a sauvé son mari et elle, un mois après mon départ, des dangers que leur avoit fait courir la haine des paysans contre M. d'Ervins. Le courage, le sang-froid, la fermeté que M. de Serbellane a montrés dans cette circonstance ont touché jusqu'à l'orgueilleuse vanité de M. d'Ervins; il l'a prié de demeurer chez lui, il y a passé six mois, et Thérèse pendant ce temps n'a pu résister à l'amour qu'elle ressentoit : les remords se sont bientôt emparés de son âme; sans rien ôter à la violence de sa passion, ils multiplioient ses dangers, ils exposoient son secret. Son amour et les reproches qu'elle se faisoit de cet amour compromettoient également sa destinée. M. de Serbellane a craint que M. d'Ervins ne s'aperçût du sentiment de sa femme, et que l'amour-propre même qui servoit à l'aveugler ne portât sa fureur au comble, s'il découvroit jamais la vérité. Thérèse elle-même a désiré que son amant s'éloignât; mais quand il a été parti, elle en a conçu une telle douleur, que d'un jour à l'autre il est à craindre qu'elle ne demande à son mari de la conduire à Paris.

Il faut que je vous fasse connoître M. de Serbellane pour que vous conceviez comment avec beaucoup de raison et même assez de calme dans ses affections, il a pu inspirer à Thérèse un sentiment si vif : d'abord je crois, en général, qu'un homme d'un caractère froid se fait aimer facilement d'une âme passionnée ; il captive et soutient l'intérêt en vous faisant supposer un secret au-delà de ce qu'il exprime, et ce qui manque à son abandon peut, momentanément du moins, exciter davantage l'inquiétude et la sensibilité d'une femme; les liaisons ainsi fondées ne sont peut-être pas les plus heureuses et les plus durables, mais elles agitent davantage le cœur assez foible pour s'y livrer. Thérèse solitaire, exaltée et malheureuse, a été tellement entraînée par ses propres sentimens, qu'on ne peut accuser M. de Serbellane de l'avoir séduite. Il y a beaucoup de charme et de dignité dans sa contenance, son visage a l'expression des habitans du Midi, et ses manières vous feroient croire qu'il est Anglois. Le contraste de sa figure animée avec son accent calme et sa conduite toujours mesurée, a quelque chose de très-piquant. Son âme est forte et sérieuse; son défaut selon moi, c'est de ne jamais mettre complétement à l'aise ceux même qui lui sont chers; il est tellement maître de lui, qu'on trouve toujours une sorte d'inégalité dans les rapports qu'on entretient avec un homme qui n'a jamais dit à la fin du jour un seul mot involontaire. Il ne faut attribuer cette réserve à aucun sentiment de dissimulation ou de défiance, mais à l'habitude constante de se dominer lui-même et d'observer les autres.

Un grand fonds de bonté, une disposition secrète à la mélancolie rassurent ceux qui l'aiment, et donnent le besoin de mériter son estime. Des mots fins et délicats font entrevoir son caractère; il semble qu'il comprend, qu'il partage même tout bas la sensibilité des autres, et que dans le secret de son cœur, il répond à l'émotion qu'on lui exprime; mais tout ce qu'il éprouve en ce genre vous apparoît comme derrière un nuage, et l'imagination des personnes vives n'est jamais, avec lui, ni totalement découragée, ni entièrement satisfaite.

Un tel homme devoit nécessairement prendre un grand empire sur Thérèse; mais son sort n'en est pas plus heureux, car il se joint à toutes ses peines l'inquiétude continuelle de se perdre même dans l'estime de son amant. Tourmentée par les sentimens les plus opposés, par le remords d'avoir aimé, par la crainte de n'être pas assez aimée, ses lettres peignent une âme si agitée qu'on peut tout redouter de ces combats plus forts que son esprit et sa raison.

Je rencontrai M. de Serbellane chez madame de Vernon le soir du jour où j'avois reçu la lettre de Thérèse; je m'approchai de lui et je lui dis que je souhaitois de lui parler; il se leva pour me suivre dans le jardin avec son expression de calme accoutumée. Je lui appris, sans entrer dans aucun détail, que j'avois su par madame d'Ervins tout ce qui l'intéressoit, mais que je frémissois de son projet de venir à Paris. — Il est impossible, continuai-je, avec le caractère que vous connoissez à Thérèse, que son sentiment pour vous ne soit pas bientôt découvert par les observateurs oisifs et pénétrans de ce pays-ci. M. d'Ervins apprendra les torts de sa femme par de perfides plaisanteries, et la blessure d'amour-propre qu'il en recevra sera bien plus terrible. Écrivez donc à madame d'Ervins; c'est à vous à la détourner de son dessein. — Madame, répondit M. de Serbellane, si je lui écrivois de ne pas me rejoindre, elle ne verroit, dans cette conduite, que le refroidissement de ma tendresse pour elle, et la douleur que je lui causerois seroit la plus amère de toutes. Me convient-il, à moi qui suis coupable de l'avoir entraînée, de prendre maintenant le langage de l'amitié pour la diriger? je révolterois son âme, je la ferois souffrir, et ma conduite ne seroit pas véritablement délicate, car il n'y a de délicat que la parfaite bonté. — Mais, lui

dis-je alors, vous montrez cependant dans toutes les circonstances une raison si forte....
— J'en ai quelquefois, interrompit M. de Serbellane, lorsqu'il ne s'agit que de moi; mais je trouve une sorte de barbarie, dans la raison appliquée à la douleur d'un autre, et je ne m'en sers point dans une pareille situation.
— Que ferez-vous cependant, lui dis-je, si madame d'Ervins vient dans ces lieux, si elle se perd, si son mari l'abandonne? — Je souhaite, madame, me répondit M. de Serbellane, que Thérèse ne vienne point à Paris. Je consentirois au douloureux sacrifice de ne plus la revoir, si son repos pouvoit en dépendre; mais si elle arrive ici et qu'elle se brouille avec son mari, je lui dévouerai ma vie; et en supposant que les lois de France me permettent le divorce, je l'épouserai. — Y pensez-vous? m'écriai-je, l'épouser! elle qui est catholique, dévote! — Je vous parle uniquement, reprit avec tranquillité M. de Serbellane, de ce que je suis prêt à faire pour elle, si son bonheur l'exige; mais il vaut mieux pour tous les deux que nos destinées restent dans l'ordre; et j'espère que vous la déciderez à ne pas venir. — Me permettrez-vous de le dire, monsieur? lui répondis-je; il y a dans votre conversation un singulier mélange d'exalta-

tion et de froideur. — Vous vous persuadez un peu légèrement, madame, répliqua M. de Serbellane, que j'ai de la froideur dans le caractère; dès mon enfance la timidité et la fierté réunies m'ont donné l'habitude de réprimer les signes extérieurs de mon émotion. Sans vous occuper trop long-temps de moi, je vous dirai que j'ai fait, comme la plupart des jeunes gens de mon âge, beaucoup de fautes en entrant dans le monde; que ces fautes, par une combinaison de circonstances, ont eu des suites funestes, et qu'il m'est resté, de toutes les peines que j'ai éprouvées, assez de calme dans mes propres impressions, mais un profond respect pour la destinée des personnes qui de quelque manière dépendent de moi. Les passions impétueuses ont toujours pour but notre satisfaction personnelle, ces passions sont très-refroidies dans mon cœur; mais je ne suis point blasé sur mes devoirs, et je n'ai rien de mieux à faire de moi que d'épargner de la douleur à ceux qui m'aiment, maintenant que je ne peux plus avoir ni goût vif, ni volonté forte qui ait pour objet mon propre bonheur. — En achevant ces mots, une expression de mélancolie se peignit sur le visage de M. de Serbellane; j'éprouvai pour lui ce sentiment que fait naître en nous le malheur d'un homme distingué. Je lui pris moi-même la main comme à mon frère ; il comprit ce que j'éprouvois, il m'en sut gré; mais son cœur se referma bientôt après ; je crus même entrevoir qu'il redoutoit d'être entraîné à parler plus long-temps de lui, et je le suivis dans le salon où il remontoit de son propre mouvement. Depuis cette conversation je l'ai vu deux fois, il a toujours évité de s'entretenir seul avec moi, et il y a dans ses manières une froideur qui rend impossible l'intimité : cependant il me regarde avec plus d'intérêt, s'adresse à moi dans la conversation générale, et je croirois qu'il veut m'indiquer que la personne à qui il a ouvert son cœur, même une seule fois, sera toujours pour lui un être à part. Mais hélas! mon amie ne sera point heureuse, elle ne le sera point, et le remords et l'amour la déchireront en même temps. Que je bénis le ciel des principes de morale que vous m'avez inspirés, et peut-être même aussi des sentimens qu'on pourroit appeler romanesques, mais qui, donnant une haute idée de soi-même et de l'amour, préservent des séductions du monde comme trop au-dessous des chimères que l'on auroit pu redouter!

Je consacrerai ma vie, je l'espere, à m'occuper du sort de mes amis, et je ferai ma destinée de leur bonheur. Je prends un grand intérêt au mariage de Matilde; j'y trouverois plus de plaisir encore, si elle répondoit vivement à mon amitié; mais toutes ses démarches sont calculées, toutes ses paroles préparées; je prévois sa réponse, je m'attends à sa visite; quoiqu'il n'y ait point de fausseté dans son caractère, il y a si peu d'abandon, qu'on sait avec elle la vie d'avance, comme si l'avenir étoit déjà du passé.

Ma chère Louise, je vous le repète, je veux retourner vers vous, puisque vous ne voulez pas venir à Paris; comment pourrois-je renoncer aux douceurs parfaites de notre intimité! Adieu.

LETTRE IX.

Madame de Vernon à M. de Clarimin, à sa terre près de Montpellier.

Paris, ce 2 mai.

Toujours des inquiétudes, mon cher Clarimin, sur la dette que j'ai contractée avec vous! Ne vous ai-je pas mandé plusieurs fois que les réclamations de madame de Mondoville sur la succession de M. de Vernon étoient arran-

gées par le mariage de son fils avec ma fille ?
Je constitue en dot à Matilde la terre d'Andelys, de vingt mille livres de rente. C'est beaucoup plus que la fortune de son père ; je ne lui devrai donc aucun compte de ma tutelle. Je n'étois gênée que par ce compte et par les diverses sommes que je devois rembourser à madame de Mondoville sur la succession de M. de Vernon. Mais il sera convenu dans le contrat que ces dettes ne seront payées qu'après moi, et je me trouve ainsi dispensée de rendre à Matilde le bien de son père. Je puis donc vous garantir que vos soixante mille livres vous seront remises avant deux mois.

J'ajouterai, pour achever de vous rassurer, que je n'achète point la terre d'Andelys; c'est madame d'Albémar qui la donne à ma fille. J'avois cru jusqu'à présent cette confidence superflue : et je vous demande un profond secret. Madame d'Albémar est très-riche : je ne pense pas manquer de délicatesse en acceptant d'elle un don qui, tout considérable qu'il paroît, n'est pas un tiers de la fortune qu'elle tient de son mari. Cette fortune, vous le savez, devoit nous revenir en grande partie. J'ai cru qu'il ne m'étoit pas interdit de profiter de la bienveillance de madame d'Albémar pour l'intérêt de ma fille et pour celui de mes créanciers ; mais il est pourtant inutile que ce détail soit connu.

Votre homme d'affaires vous a alarmé en vous donnant comme une nouvelle certaine, que je voulois rembourser tout de suite à madame d'Albémar les quarante mille livres qu'elle m'a prêtées à Montpellier. Il n'en est rien, elle ne pense point à me les demander. Vous m'écririez vingt lettres sur votre dette, avant que madame d'Albémar me dît un mot de la sienne. Ceci soit dit sans vous fâcher, mon cher Clarimin. L'on ne pense pas à vingt ans comme à quarante, et si l'oubli de soi-même est un agrément dans une jeune personne, l'appréciation de nos intérêts est une chose très-naturelle à notre âge.

Madame d'Albémar, la plus jolie et la plus spirituelle femme qu'il y ait, ne s'imagine pas qu'elle doive soumettre sa conduite à aucun genre de calcul ; c'est ce qui fait qu'elle peut se nuire beaucoup à elle-même, jamais aux autres. Elle voit tout, elle devine tout quand il s'agit de considérer les hommes et les idées sous un point de vue général ; mais dans ses affaires et ses affections, c'est une personne toute de premier mouvement, et ne se servant jamais de son esprit pour éclairer ses sentimens, de peur peut-être qu'il ne détruisît les illusions dont elle a besoin. Elle a reçu de son bizarre époux et d'une sœur contrefaite, une éducation à la fois toute philosophique et toute romanesque; mais que nous importe? elle n'en est que plus aimable; les gens calmes aiment assez à rencontrer ces caractères exaltés qui leur offrent toujours quelque prise. Remettez-vous-en donc à moi, mon cher Clarimin; laissez-moi terminer le mariage qui m'occupe, et qui m'est nécessaire pour satisfaire à vos justes prétentions; et voyez dans cette lettre, la plus longue, je crois, que j'aie écrite de ma vie, mon désir de vous ôter toute crainte, et la confiance d'une ancienne et bien fidèle amitié.

Sophie de Vernon.

LETTRE X.

Delphine à mademoiselle d'Albémar.

Paris, ce 3 mai.

J'ai passé hier, chez madame de Vernon, une soirée qui a singulièrement excité ma curiosité; je ne sais si vous en recevrez la même impression que moi. L'ambassadeur d'Espagne présenta hier à ma tante un vieux duc espagnol, M. de Mendoce, qui alloit remplir une place diplomatique en Allemagne ; comme il venoit de Madrid, et qu'il étoit parent de madame de Mondoville, madame de Vernon lui fit des questions très-simples sur Léonce de Mondoville; il parut d'abord extrêmement embarrassé dans ses réponses. L'ambassadeur d'Espagne s'approchant de lui comme il parloit, il dit à très-haute voix que depuis six semaines il n'avoit point vu M. de Mondoville, et qu'il n'étoit pas retourné chez sa mère. L'affectation qu'il mit à s'exprimer ainsi me donna de l'inquiétude ; et comme madame de Vernon la partageoit, je cherchai tous les moyens d'en savoir davantage.

Je me mis à causer avec un Espagnol que j'avois déjà vu une ou deux fois, et que j'avois remarqué comme spirituel, éclairé, mais un peu frondeur. Je lui demandai s'il connoissoit le duc de Mendoce. — Fort peu, répondit-il; mais je sais seulement qu'il n'y a point d'homme dans toute la cour d'Espagne aussi pénétré de respect pour le pouvoir. C'est une véritable curiosité que de le voir saluer un ministre ; ses épaules se plient, dès qu'il l'aperçoit, avec une promptitude et une activité tout-à-fait amusantes ; et quand il se relève, il le regarde avec un air si obligeant, si affectueux, je dirois presque si attendri, que je ne doute pas qu'il n'ait vraiment aimé tous ceux qui ont eu du crédit à la cour d'Espagne depuis trente ans. Sa conservation n'est pas moins curieuse que ses démonstrations extérieures ; il commence des phrases, pour que le ministre les finisse ; il finit celles que le ministre a commencées ; sur quelque sujet que le ministre parle, le duc de Mendoce l'accompagne d'un sourire gracieux, de petits mots approbateurs qui ressemblent à une basse continue, très-monotone pour ceux qui écoutent, mais probablement agréable à celui qui en est l'objet. Quand il peut trouver l'occasion de reprocher au ministre le peu de soin qu'il prend de sa santé, les excès de travail qu'il se permet, il faut voir quelle énergie il met dans ces vérités dangereuses ; on croiroit, au ton de sa voix, qu'il s'expose à tout pour satisfaire sa conscience ; et ce n'est qu'à la réflexion qu'on observe que, pour varier la flatterie fade, il essaie de la flatterie brusque sur laquelle on est moins blasé. Ce n'est pas un méchant homme ; il préfère ne pas faire du mal, et ne s'y décide que pour son intérêt. Il a, si l'on peut le dire, l'innocence de la bassesse ; il ne se doute pas qu'il y ait une autre morale, un autre honneur au monde que le succès auprès du pouvoir : il tient pour fou, je dirois presque pour malhonnête, quiconque ne se conduit pas comme lui. Si l'un de ses amis tombe dans la disgrâce, il cesse à l'instant tous ses rapports avec lui, sans aucune explication, comme une chose qui va de soi-même. Quand, par hasard, on lui demande s'il l'a vu, il répond : Vous sentez bien que dans les circonstances actuelles je n'ai pu.... et s'interrompt en fronçant le sourcil, ce qui signifie toujours l'importance qu'il attache à la défaveur du maître. Mais si vous n'entendez pas cette mine, il prend un ton ferme et vous dit les serviles motifs de sa conduite, avec autant de confiance qu'en auroit un honnête homme, en vous déclarant qu'il a cessé de voir un ami qu'il n'estimoit plus. Il n'a pas de considération à la cour de Madrid; cependant il obtient toujours des missions importantes : car les gens en place sont bien arrivés à se moquer des flatteurs, mais non pas à leur préférer les hommes courageux; et les flatteurs parviennent à tout, non pas comme autrefois, en réussissant à tromper; mais en faisant preuve de souplesse, ce qui convient toujours à l'autorité.

Ce portrait que me confirmoient la physionomie et les manières de M. le duc de Mendoce, me rassura un peu sur l'embarras qu'il avoit témoigné en parlant de M. de Mondoville; mais je résolus cependant d'en savoir davantage; et après avoir remercié le spirituel Espagnol, j'allai me rejoindre à la société. Je retins le duc sous divers prétextes; et quand l'ambassadeur d'Espagne fut parti, et qu'il ne resta presque plus personne, madame de Vernon et moi nous prîmes le duc à part, et je lui demandai formellement s'il ne savoit rien de M. de Mondoville, qui pût intéresser les amis de sa mère. Il regarda de tous les côtés pour s'assurer mieux encore que son ambassadeur n'y étoit plus, et me dit : — Je vais vous parler naturellement, madame, puisque vous vous intéressez à Léonce; sa position est mauvaise, mais je ne la tiens pas pour désespérée, si l'on parvient à lui faire entendre raison; c'est un jeune homme de vingt-cinq ans, d'une figure charmante; vous ne connoissez rien ici qui en approche : spirituel, mais très-mauvaise tête; fou de ce qu'il appelle la réputation, l'opinion publique, et prêt à sacrifier pour cette opinion ou pour son ombre même, les intérêts les plus importans de la vie; voici ce qui est arrivé. Un des cousins de M. de Mondoville, très-bon et très-joli jeune homme, a fait sa cour, cet hiver, à mademoiselle de Sorane, la nièce de notre ministre actuel, Son Excellence M. le comte de Sorane. Il a su en très-peu de temps lui plaire et la séduire. Je dois vous avouer, puisque nous parlons ici confidentiellement, que mademoiselle de Sorane, âgée de vingt-cinq ans, et ayant perdu son père et sa mère de bonne heure, vivoit depuis plusieurs années dans le monde avec trop de liberté; l'on avoit soupçonné sa conduite, soit à tort, soit justement; mais enfin pour cette fois elle voulut se marier, et fit connoître clairement son intention à cet égard, et celle du ministre son oncle. Il n'y avoit pas à hésiter; Charles de Mondoville ne pouvoit pas faire un meilleur mariage : fortune, crédit, naissance, tout y étoit, et je sais positivement que lui-même en jugeoit ainsi; mais Léonce, qui exerce dans sa famille une autorité qui ne convient pas à son âge, Léonce qu'ils consultent tous comme l'oracle de l'honneur, déclara qu'il trouvoit indigne de son cousin d'épouser une femme qui avoit eu une conduite méprisable; et, ce qui est vraiment de la folie, il ajouta que c'étoit précisément parce qu'elle étoit la nièce d'un homme très-puissant qu'il falloit se garder de l'épouser. — Mon cousin, disoit-il, pourroit faire un mauvais mariage, s'il étoit bien clair que l'amour seul l'y entraînât;

mais dès que l'on peut soupçonner qu'il y est forcé par une considération d'intérêt ou de crainte, je ne le reverrai jamais s'il y consent.
— Le frère de mademoiselle de Sorane se battit avec le parent de M. de Mondoville, et fut grièvement blessé. Tout Madrid croyoit qu'à sa guérison le mariage se feroit : on répandoit que le ministre avoit déclaré qu'il enverroit le régiment de Charles de Mondoville dans les Indes-Occidentales, s'il n'épousoit pas mademoiselle de Sorane, qui étoit, disoit-on, singulièrement attachée à son futur époux ; mais Léonce, par un entêtement que je m'abstiens de qualifier, dédaigna la menace du ministre, chercha toutes les occasions de faire savoir qu'il la bravoit, excita son cousin à rompre ouvertement avec la famille de mademoiselle de Sorane, dit, à qui voulut l'entendre, qu'il n'attendoit que la guérison du frère de mademoiselle de Sorane pour se battre avec lui, s'il vouloit bien lui donner la préférence sur son cousin. Les deux familles se sont brouillées, Charles de Mondoville a reçu l'ordre de partir pour les Indes ; mademoiselle de Sorane a été au désespoir, tout-à-fait perdue de réputation, et pour comble de malheur enfin, Léonce a tellement déplu au roi, qu'il n'est plus retourné à la cour. Vous comprenez que depuis

ce temps je ne l'ai pas revu; et comme je suis parti d'Espagne avant que le frère de mademoiselle de Sorane fût guéri, je ne sais pas les suites de cette affaire; mais je crains bien qu'elles ne soient très-sérieuses, et qu'elles ne fassent beaucoup de tort à Léonce.

L'Espagnol que j'avois interrogé sur le caractère du duc de Mendoce, s'approcha de nous dans ce moment; et entendant que l'on parloit de M. de Mondoville, il dit: — Je le connois, et je sais tous les détails de l'événement dont M. le duc vient de vous parler; permettez-moi d'y joindre quelques observations que je crois nécessaires. Léonce, il est vrai, s'est conduit, dans cette circonstance, avec beaucoup de hauteur, mais on n'a pu s'empêcher de l'admirer, précisément par les motifs qui aggravent ses torts dans l'opinion de M. le duc; le crédit de la famille de mademoiselle de Sorane étoit si grand, les menaces du ministre si publiques, et la conduite de mademoiselle de Sorane avoit été si mauvaise, qu'il étoit impossible qu'on n'accusât pas de foiblesse celui qui l'épouseroit. M. de Mondoville auroit peut-être dû laisser son cousin se décider seul; mais il l'a conseillé comme il auroit agi, il s'est mis en avant autant qu'il lui a été possible, pour détourner le danger sur lui-même, et peut-être ne sera-t-il que trop prouvé dans la suite, qu'il y est bien parvenu. Il a donné une partie de sa fortune à son cousin, pour le dédommager d'aller aux Indes ; enfin sa conduite a montré qu'aucun genre de sacrifice personnel ne lui coûtoit, quand il s'agissoit de préserver de la moindre tache la réputation d'un homme qui portoit son nom. Le caractère de M. de Mondoville réunit, au plus haut degré, la fierté, le courage, l'intrépidité, tout ce qui peut enfin inspirer du respect; les jeunes gens de son âge ont, sans qu'il le veuille, et presque malgré lui, une grande déférence pour ses conseils; il y a dans son âme une force, une énergie, qui, tempérées par la bonté, inspirent pour lui la plus haute considération, et j'ai vu, plusieurs fois, qu'on se rangeoit quand il passoit, par un mouvement involontaire, dont ses amis rioient à la réflexion, mais qui les reprenoit à leur insu, comme toutes les impressions naturelles. Il est vrai néanmoins que Léonce de Mondoville porte peut-être jusqu'à l'exagération, le respect de l'opinion, et l'on pourroit désirer, pour son bonheur, qu'il sût s'en affranchir davantage; mais dans la circonstance dont M. le duc vient de parler, sa conduite lui a valu l'estime générale, et je pense que tous ceux qui l'aiment doivent en être fiers.

Le duc ne répliqua point au défenseur de Léonce ; il ne lui étoit point utile de le combattre : et les hommes qui prennent leur intérêt pour guide de toute leur vie, ne mettent aucune chaleur ni aux opinions qu'ils soutiennent, ni à celles qu'on leur dispute : céder et se taire est tellement leur habitude, qu'ils la pratiquent avec leurs égaux, pour s'y préparer avec leurs supérieurs.

Il résulta pour moi, de toute cette discussion, une grande curiosité de connoître le caractère de Léonce. Son précepteur et son meilleur ami, celui qui lui a tenu lieu de père depuis dix ans, M. Barton, doit être ici demain ; je croirai ce qu'il me dira de son élève. Mais n'est-ce pas déjà un trait honorable pour un jeune homme, que d'avoir conservé nonseulement de l'estime, mais de l'attachement et de la confiance pour l'homme qui a dû nécessairement contrarier ses défauts et même ses goûts ? Tous les sentimens qui naissent de la reconnoissance ont un caractère religieux ; ils élèvent l'âme qui les éprouve. Ah! combien je désire que madame de Vernon ait fait un bon choix! Le charme de sa vie intérieure dépendra nécessairement de l'époux de sa fille ;

Matilde elle-même ne sera jamais ni très heureuse, ni très-malheureuse : il ne peut en être ainsi de madame de Vernon. Espérons que Léonce, si fier, si irritable, si généralement admiré, aura cette bonté sans laquelle il faut redouter une âme forte et un esprit supérieur, bien loin de désirer de s'en rapprocher.

LETTRE XI.

Delphine à mademoiselle d'Albémar.

Paris, ce 4 mai.

M. BARTON est arrivé hier. En entrant dans le salon de madame de Vernon, j'ai deviné tout de suite que c'étoit lui. L'on jouoit et l'on causoit : il étoit seul au coin de la cheminée ; Matilde, de l'autre côté, ne se permettoit pas de lui adresser la parole ; il paroissoit embarrassé de sa contenance au milieu de tant de gens qui ne le connoissoient pas : la société de Paris est peut-être la société du monde où un étranger cause d'abord le plus de gêne ; on est accoutumé à se comprendre si rapidement, à faire allusion à tant d'idées reçues, à tant d'usages ou de plaisanteries sous-entendues, que l'on craint d'être obligé de recourir à un commentaire pour chaque parole, dès qu'un homme nouveau est introduit dans le cercle. J'éprouvai de l'intérêt pour la situation embarrassante de M. Barton, et j'allai à lui sans hésiter : il me semble qu'on fait un bien réel à celui qu'on soulage des peines de ce genre, de quelque peu d'importance qu'elles soient en elles-mêmes.

M. Barton est un homme d'une physionomie respectable, vêtu de brun, coiffé sans poudre; son extérieur est imposant, on croit voir un Anglais ou un Américain, plutôt qu'un Français. N'avez-vous pas remarqué combien il est facile de reconnoître au premier coup-d'œil le rang qu'un François occupe dans le monde? ses prétentions et ses inquiétudes le trahissent presque toujours, dès qu'il peut craindre d'être considéré comme inférieur; tandis que les Anglois et les Américains ont une dignité calme et habituelle, qui ne permet ni de les juger, ni de les classer légèrement. Je parlai d'abord à M. Barton de sujets indifférens ; il me répondit avec politesse, mais brièvement; j'aperçus très-vite qu'il n'avoit point le désir de faire remarquer son esprit, et qu'on ne pouvoit pas l'intéresser par son amour-propre : je cédai donc à l'envie que j'avois de l'interroger sur M. de Mondoville, et son visage prit alors une expression nouvelle : je vis bien que depuis long-temps il ne s'animoit qu'à ce nom. Comme M. Barton me savoit proche parente de Matilde, il se livra presque de lui-même à me parler sur tous les détails qui concernoient Léonce ; il m'apprit qu'il avoit passé son enfance alternativement en Espagne, la patrie de sa mère, et en France, celle de son père ; qu'il parloit également bien les deux langues, et s'exprimoit toujours avec grâce et facilité. Je compris, dans la conversation, que madame de Mondoville avoit dans les manières une hauteur très-pénible à supporter, et que Léonce, adoucissant par une bonté attentive et délicate, ce qui pouvoit blesser son précepteur, lui avoit inspiré autant d'affection que d'enthousiasme. J'essayai de faire parler M. Barton sur ce qui nous avoit été dit par le duc de Mendoce ; il évita de me répondre : je crus remarquer cependant qu'il étoit vrai qu'à travers toutes les rares qualités de Léonce, on pouvoit lui reprocher trop de véhémence dans le caractère, et surtout une crainte du blâme, portée si loin, qu'il ne lui suffisoit pas de son propre témoignage pour être heureux et tranquille ; mais je le devinai plutôt que M. Barton ne me le dit. Il s'abandonnoit à louer l'esprit et l'âme de M. de Mondoville avec une conviction tout-à-fait persuasive, je me plus presque tout le soir à causer avec lui. Sa simplicité me faisoit remarquer dans les grâces un peu recherchées du cercle le plus brillant de Paris, une sorte de ridicule qui ne m'avoit point encore frappée. On s'habitue à ces grâces qui s'accordent assez bien avec l'élégance des grandes sociétés; mais, quand un caractère naturel se trouve au milieu d'elles, il fait ressortir, par le contraste, les plus légères nuances d'affectation.

Je causai presque tout le soir avec M. Barton; il parloit de M. de Mondoville avec tant de chaleur et d'intérêt, que j'étois captivée par le plaisir même que je lui faisois en l'écoutant; d'ailleurs, un homme simple et vrai parlant du sentiment qui l'a occupé toute sa vie, excite toujours l'attention d'une âme capable de l'entendre.

M. de Serbellane et M. de Fierville vinrent cependant auprès de moi me reprocher de n'être pas, selon ma coutume, ce qu'ils appellent *brillante* : je m'impatientai contre eux de leurs persécutions, et je m'en délivrai en rentrant chez moi de bonne heure.

Que la destinée de ma cousine sera belle, ma chère Louise, si Léonce est tel que M. Barton me l'a peint! Elle ne souffrira pas même du seul défaut qu'il soit possible de lui supposer, et que peut-être on exagère beaucoup. Matilde ne hasarde rien ; elle ne s'expose jamais au blâme ; elle conviendra donc parfaitement à Léonce : moi, je ne saurois pas..... mais ce n'est pas de moi dont il s'agit, c'est de Matilde : elle sera bien plus heureuse que je ne puis jamais l'être. Adieu, ma chère Louise, je vous quitte ; j'éprouve ce soir un sentiment vague de tristesse, que le jour dissipera sans doute. Encore une fois, adieu.

LETTRE XII.

Delphine à mademoiselle d'Albémar.

Paris, ce 8 mai.

Je suis mécontente de moi, ma chère Louise, et pour me punir, je me condamne à vous faire le récit d'un mouvement blâmable que j'ai à me reprocher. Il a été si passager, que je pourrois me le nier à moi-même ; mais, pour conserver son cœur dans toute sa pureté, il ne faut pas repousser l'examen de soi ; il faut triompher de la répugnance qu'on éprouve à s'avouer les mauvais sentimens qui se cachent long-temps au fond de notre cœur, avant d'en usurper l'empire.

Depuis quelques jours M. Barton me parloit sans cesse de Léonce; il me racontoit des traits de sa vie, qui le caractérisent comme la plus noble des créatures. Il m'avoit une fois montré un portrait de lui, que Matilde avoit refusé de voir, avec une exagération de pruderie qui n'étoit en vérité que ridicule; et ce portrait, je l'avoue, m'avoit frappé. Enfin M. Barton, se plaisant tous les jours plus avec moi, me laissa entrevoir, avant-hier, à la fin de notre conversation, qu'il ne croyoit pas le caractère de Matilde propre à rendre Léonce heureux, et que j'étois la seule femme qui lui eût paru digne de son élève. De quelques détours qu'il enveloppât cette insinuation, je l'entendis très-vite; elle m'émut profondément; je quittai M. Barton à l'instant même, et je revins chez moi inquiète de l'impression que j'en avois reçue. Il me suffit cependant d'un moment de réflexion pour rejeter loin de moi des sentimens confus, que je devois bannir dès que j'avois pu les reconnoître. Je résolus de ne plus m'entretenir en particulier avec M. Barton, et je crus que cette décision avoit fait entièrement disparoître l'image qui m'occupoit. Mais hier, au moment où j'arrivai chez madame de Vernon, M. Barton s'approcha de moi, et me dit : « Je viens de recevoir une lettre de M. de Mondoville, qui m'annonce son départ d'Espagne; ayez la bonté de la lire. » En achevant ces mots, il me tendit cette lettre. Quel prétexte pour la refuser? D'ailleurs ma curiosité précéda ma réflexion; mes yeux tombèrent sur les premières lignes de la lettre, et il me fut impossible de ne pas l'achever. En effet, ma chère Louise, jamais on n'a réuni dans un style si simple tant de charmes différens! de la noblesse et de la bonté, des expressions toujours naturelles, mais qui toutes appartenoient à une affection vraie, et à une idée originale; aucune de ces phrases usées, qui ne peignent rien que le vide de l'âme; de la mesure sans froideur, une confiance sérieuse, telle qu'elle peut exister entre un jeune homme et son instituteur; mille nuances qui semblent de peu de valeur, et qui caractérisent cependant les habitudes de la vie entière, et cette élévation de sentimens, la première des qualités, celle qui agit comme par magie sur les âmes de la même nature. Cette lettre étoit terminée par une phrase douce et mélancolique sur l'avenir qui l'attendoit, sur ce mariage décidé sans qu'il eût jamais vu Matilde : la volonté de sa mère, disoit-il, avoit pu seule le contraindre à s'y résigner. Je relus ce peu de mots plusieurs fois. Je crois que M. Barton le remarqua, car il me dit : — Madame, croyez-vous que la froideur de mademoiselle de Vernon puisse rendre heureux un homme d'une sensibilité si véritable? — Je ne sais ce que j'allois lui répondre, lorsque M. de Serbellane, se donnant à peine le temps de saluer madame de Vernon, me pria d'aller avec lui dans le jardin. Il y a tant de réserve et de calme dans les manières habituelles de M. de Serbellane, que je fus troublée par cet empressement inusité, comme s'il devoit annoncer un événement extraordinaire; et craignant quelque malheur pour Thérèse, je suivis son ami en quittant précipitamment M. Barton. — Elle arrive dans huit jours, me dit M. de Serbellane; vous n'avez plus le temps de lui écrire, il faut s'occuper uniquement d'écarter d'elle, s'il est possible, les dangers de cette démarche. — Ah! mon Dieu, que m'apprenez-vous? lui répondis-je. Comment! vous n'avez pu réussir....... — J'en ai peut-être trop fait, interrompit-il, car je crois entrevoir que l'inquiétude qu'elle éprouve sur mes sentimens, est la principale cause de ce voyage. Je la rassurerai sur cette inquiétude, ajouta-t-il, car je lui suis dévoué pour ma vie; mais quand vous verrez M. d'Ervins, vous comprendrez combien je dois être effrayé. Le despotisme et la violence de son caractère me font tout craindre pour Thérèse, s'il découvre ses sentimens ; et quoiqu'il ait peu d'esprit, son amour-propre est toujours si éveillé, que dans beaucoup de circonstances il peut lui tenir lieu de finesse et de sagacité. — M. de Serbellane continua cette conversation pendant quelque temps, et j'y mettois un intérêt si vif qu'elle se prolongea sans que j'y songeasse ; enfin je la terminai en recommandant Thérèse à la protection de M. de Serbellane. — Oui, lui dis-je, je ne craindrai point de demander à celui même qui l'a entraînée, de devenir son guide et son frère dans cette situation difficile ; Thérèse est plus passionnée que vous, elle vous aime plus que vous ne l'aimez ; c'est donc à vous à la diriger ; celui des deux qui ne peut vivre sans l'autre est l'être soumis et dominé. Thérèse n'a point ici de parens ni d'amis, veillez sur elle en défenseur généreux et tendre, réparez vos torts par ces vertus du cœur qui naissent toutes de la bonté. — Je m'animai en parlant ainsi, et je posai ma main sur le bras de M. de Serbellane ; il la prit et l'approcha de ses lèvres avec un sentiment dont Thérèse seule étoit l'objet. M. Barton, dans ce moment, entroit dans l'allée où nous étions ; en nous apercevant, il retourna très-promptement sur ses pas, comme pour nous laisser libres; je compris dans l'instant son idée, et je l'atteignis avant qu'il fût rentré dans le salon. — Pourquoi vous éloignez-vous de nous? lui dis-je avec assez de vivacité. — Par discrétion, madame; par discrétion, me répéta-t-il d'une manière un peu affectée. — Je le vois, repris-je vous croyez que j'aime M. de Serbellane. — Concevez-vous, ma chère Louise, que j'aie manqué de mesure au point de parler ainsi à un homme que je connoissois à peine? Mais j'avois eu trop d'émotion depuis une heure, et j'étois si agitée que mon trouble même me faisoit parler sans avoir le temps de réfléchir à ce que je disois. — Je ne crois rien, madame, me répondit M. Barton; de quel droit..... — Ah! que je déteste ces tournures, lui dis-je, avec une personne de mon caractère! — Mais permettez-moi, madame, de vous faire observer, interrompit M. Barton, que je n'ai pas l'honneur de vous connoître depuis long-temps. — C'est vrai; lui dis-je, cependant il me semble qu'il est bien facile de me juger en peu de momens; mais je vous le répète, je n'aime point M. de Serbellane, je ne l'aime point; s'il en étoit autrement, je vous le dirois. — Vous auriez tort, me répondit M. Barton; je n'ai pas encore mérité cette confiance. — Toujours plus déconcertée par sa raison, et cependant toujours plus inquiète de l'opinion qu'il pouvoit prendre de mes sentimens pour M. de Serbellane, une vivacité que je ne puis concevoir, que je ne puis me pardonner, me fit dire à M. Barton : — Ce n'est pas de moi, je vous jure, que M. de Serbellane est occupé. — Je n'achevai pas cette phrase toute insignifiante qu'elle étoit, je ne l'achevai pas, ma sœur, je vous l'atteste ; elle ne pouvoit rien apprendre ni rien indiquer à M. Barton : néanmoins je fus saisie d'un remords véritable au premier mot qui m'échappa ; je cherchai l'occasion de me retirer ; et réfléhissant sur moi-même, je fus indignée du motif coupable qui m'avoit causé tant d'émotion.

Je craignois, je ne puis me le cacher, je craignois que M. Barton ne dît à Léonce que mes affections étoient engagées ; je voulois donc que Léonce pût me préférer à ma cousine ; c'est moi qui fais ce mariage ; c'est moi qui suis liée par un sentiment presque aussi fort que la reconnoissance, par les services que j'ai rendus, les remercîmens que j'en ai recueillis, la récompense que j'en ai goûtée ; mon amie se flatte du bonheur de sa fille, elle croit me le devoir, et ce seroit moi qui songerois à le lui ravir ? Quel motif m'inspire cette pensée! un penchant de pure imagination, pour un homme que je n'ai jamais vu, qui peut-être me déplairoit si je le connoissois ! Que seroit-ce donc si je l'aimois ! Et néanmoins les sentimens de délicatesse les plus impérieux ne devroient-ils pas imposer silence même à un attachement véritable ? Ne pensez pas cependant, ma chère Louise, autant de mal de moi que ce récit le mérite : n'avez-vous pas éprouvé vous-même qu'il existe quelquefois en nous des mouvemens passagers les plus contraires à notre nature ? C'est pour expliquer ces contradictions du cœur humain, qu'on s'est servi de cette expression : *ce sont des pensées du démon.* Les bons sentimens prennent leur source au fond de notre cœur; les mauvais nous semblent venir de quelque influence étrangère, qui trouble l'ordre et l'ensemble de nos réflexions et de notre caractère. Je vous demande de fortifier mon cœur par vos conseils : la voix qui nous guida dans notre enfance se confond pour nous avec la voix du ciel.

LETTRE XIII.

Réponse de mademoiselle d'Albémar à Delphine.

Montpellier, ce 14 mai.

Non, ma chère enfant, je ne vous aurois point trouvée coupable de vous livrer à quelque intérêt pour Léonce, et s'il avoit été digne de vous, s'il vous avoit aimée, je n'aurois pas trop conçu pourquoi vous auriez sacrifié votre bonheur, non à la reconnoissance que vous devez, mais à celle que vous avez méritée. Quoi qu'il en soit, hélas! il n'est plus temps de faire ces réflexions : il n'est que trop vraisemblable qu'en ce moment ce malheureux jeune homme n'existe plus pour personne! J'ai la triste mission de vous envoyer cette lettre. Il faut la montrer à M. Barton, et prévenir madame de Vernon et sa fille de la perte de leurs plus brillantes espérances. C'est le seul moment où j'aie éprouvé quelques bons sentimens pour madame de Vernon ; mais il n'est pas nécessaire de me joindre à tout ce que vous lui témoignerez. Celle qui est aimée de vous, ma chère Delphine, ne manque jamais des consolations les plus tendres ; et c'est vous que je plains quand vos amis sont malheureux.

Je ne doute pas que ce ne soit l'indigne frère de mademoiselle de Sorane qui doive être accusé de ce crime abominable.

Baïonne, le 10 mai 1790.

Comme vous êtes parente de madame de Vernon, mademoiselle, vous avez sans doute son adresse à Paris, et vous ferez parvenir à un M. Barton, qui doit être chez elle à présent, la nouvelle du triste accident arrivé à son élève, qui n'a voulu dire qu'un seul mot, c'est qu'il désiroit voir son instituteur, actuellement à Paris chez madame de Vernon. Ce pauvre M. Léonce de Mondoville m'étoit recommandé par un négociant de Madrid, et je l'attendois hier au soir ; mais je ne croyois pas qu'on me l'apportât dans ce triste état.

En traversant les Pyrénées, il a fait quelques pas à pied, laissant passer sa voiture devant lui avec son domestique ; à la nuit tombante il a reçu deux coups de poignard près du cœur, par deux hommes qu'il connoît, à ce que j'ai pu comprendre d'après quelques mots qu'il a prononcés, mais qu'il n'a jamais voulu nommer. Son domestique ne le voyant point venir, est retourné sur ses pas, et l'a trouvé sans connoissance au milieu du chemin de la forêt : on a appelé des paysans, et avec leur secours, il a été apporté chez moi sans reprendre ses sens : on le croyoit mort. Cependant depuis une heure il a parlé, comme je l'ai dit, pour demander que son instituteur vînt en toute hâte auprès de lui, et qu'on se gardât bien d'informer sa mère de son état.

Le juge s'est transporté chez moi pour écrire sa déposition sur les assassins. Il a refusé de rien répondre, ce qui me paroît vraiment trop beau ; mais du reste, il est impossible d'être plus intéressant : et c'est avec une vraie douleur, mademoiselle, que je me vois forcé de vous apprendre que les médecins ont déclaré ses blessures mortelles. Il est si beau, si jeune, si bon, que cela fait pleurer tout le monde ; et ma pauvre famille en particulier s'en désole vivement. Ne perdez pas de temps, je vous prie, mademoiselle, pour faire venir son instituteur. Il arrivera trop tard ; mais enfin il nous dira ce que nous avons à faire.

J'ai l'honneur d'être, avec respect, mademoiselle, votre très-humble et très-obéissant serviteur,

Télin, *négociant à Bayonne.*

LETTRE XIV.

Delphine à mademoiselle d'Albémar.

Ce 19 mai.

Ah! ma chère sœur! quelle nouvelle vous m'apprenez! Je suis dans une angoisse inexprimable, craignant de perdre une minute pour avertir M. Barton, et frémissant de la douleur que je suis condamnée à lui causer. Il faut aussi prévenir madame de Vernon et Matilde. Combien je sens vivement leurs peines! Ma pauvre Sophie! le fils de son ami! l'époux de sa fille, et Matilde! Ah! que je me reproche d'avoir blâmé l'excès de sa dévotion! Elle ne sera peut-être jamais heureuse; si elle avoit livré son cœur à l'espérance d'être aimée, que deviendroit-elle à présent? Néanmoins, elle ne l'a jamais vu. Mais moi aussi, je ne l'ai jamais vu! et les larmes m'oppressent, et la force me manque pour remplir mon triste devoir! Allons, je m'y soumets, je sors : adieu. Ce soir je vous rendrai compte de cette cruelle journée.

Minuit.

M. Barton est parti depuis une heure, ma chère Louise. Excellent homme, qu'il est malheureux! Ah! que les peines de l'âge avancé portent un caractère déchirant! Hélas! la vieillesse elle-même est une douleur habituelle, dont l'amertume aigrit tous les chagrins que l'on éprouve.

J'ai été chez madame de Vernon à six heures; j'ai fait demander M. Barton à sa porte; il est venu à l'instant même avec un air d'empressement et de gaîté qui m'a fait bien mal : rien n'est plus touchant que l'ignorance d'un malheur déjà arrivé, et le calme qui se peint sur un visage qu'un seul mot va bouleverser. M. Barton monta dans ma voiture, et je donnai l'ordre de nous conduire loin de Paris; j'avois imaginé plusieurs moyens de lui annoncer cet affreux événement; mais il remarqua bientôt l'altération de mes traits, et me demanda avec sensibilité s'il m'étoit arrivé quelque malheur. L'intérêt même qu'il prenoit à moi l'éloignoit entièrement de l'idée que la peine dont il s'agissoit pût le concerner. J'hésitois encore sur ce que je lui dirois; mais enfin, je pensai qu'il n'y avoit point de préparation possible pour une telle douleur, et je lui remis la fatale lettre.

— Lisez, lui dis-je, avec courage, avec résignation, et sans oublier les amis qui vous restent, et que votre malheur attache à vous pour jamais. — A peine cet excellent homme eut-il vu le nom de Léonce, qu'il pâlit; il lut cette lettre deux fois, comme s'il ne pouvoit la croire. Enfin, il la laissa tomber, couvrit son visage de ses deux mains, et pleura amèrement sans dire un seul mot. Je versois des larmes à côté de lui, effrayée de son silence, attendant que ses premières paroles m'indiquassent dans quel sens il cherchoit des consolations. Je demandois au ciel la voix qui peut adoucir les blessures du cœur. — O Léonce! s'écria-t-il enfin, gloire de ma vie, seul intérêt d'un homme sans carrière, sans nom, sans destinée, étoit-ce à moi de vous survivre? que fait ce vieux sang dans mes veines, quand tout le vôtre a coulé? quelle fin de vie m'est réservée! Ah! madame, me dit-il, vous êtes jeune, belle, vous avez pitié d'un vieillard, mais vous ne pouvez pas vous faire une idée des dernières douleurs d'une existence sans avenir, sans espoir! vous ne le connoissiez pas, mon ami, mon noble ami, que des monstres ont assassiné. Pourquoi ne veut-il pas les nommer? je les connois, je les ferai connoître, ils ne vivront point après avoir fait périr ce que le ciel avoit formé de meilleur. — Alors il se rappeloit les traits les plus aimables de l'enfance et de la jeunesse de son élève ; ce n'étoit plus le beau, le fier, le spirituel Léonce qu'il me peignoit : il ne se retraçoit plus les grâces et les talens qui devoient plaire dans le monde ; il ne parloit que des qualités touchantes dont le souvenir s'unit, avec tant d'amertume, à l'idée d'une séparation éternelle.

J'étois agitée par une incertitude cruelle. Devois-je, en rappelant à M. Barton que Léonce le demandoit auprès de lui, fixer son imagination sur la possibilité de le revoir encore, et de contribuer peut-être à le guérir ? M. Barton ne m'avoit pas dit un seul mot qui indiquât cette pensée ; la craignoit-il ? redoutoit-il une seconde douleur après un nouvel espoir ? Ma chère Louise, avec quel tremblement l'on parle à un homme vraiment malheureux ! Comme on a peur de ne pas deviner ce qu'il faut lui dire, et de toucher maladroitement aux peines d'un cœur déchiré !

Enfin, je dis à M. Barton qu'il devoit partir, et que peut-être il pouvoit encore se flatter de retrouver Léonce : ce dernier mot, dont j'attendois tant d'effet, n'en produisit aucun ; il m'entendit tout de suite, mais sans se livrer à l'espoir que je lui offrois. A l'âge de M. Barton, le cœur n'est point mobile, les impressions ne se renouvellent pas vite, et le même sentiment oppresse sans aucun intervalle de soulagement.

Néanmoins, depuis cet instant, il ne parla plus que de son départ : il me demanda de retourner chez madame de Vernon ; j'en donnai l'ordre. Je convins avec lui qu'il partiroit le soir même avec ma voiture, et que l'un de mes domestiques, plus jeune que le sien, courroit devant lui pour hâter son voyage. Il étoit un peu ranimé par l'occupation de ces détails : tant qu'il reste une action à faire pour l'être qui nous intéresse, les forces se soutiennent et le cœur ne succombe pas. Nous arrivâmes enfin chez ma tante : en songeant à la peine qu'elle alloit éprouver, j'étois saisie moi-même de la plus vive émotion ; je laissai M. Barton entrer seul chez madame de Vernon, et je restai quelques minutes dans le salon pour reprendre mes sens : enfin, domptant cette foiblesse qui m'empêchoit de consoler mon amie, j'entrai chez elle : je la trouvai plus calme que je ne l'espérois. M. Barton gardoit le silence, Matilde se contenoit avec quelque effort ; madame de Vernon vint à moi et m'embrassa : je voulus m'approcher de Matilde, je la vis rougir et pâlir ; elle me serra la main amicalement, mais elle sortit de la chambre à l'instant même, se faisant un scrupule, je crois, d'éprouver ou de montrer aucune émotion vive.

Madame de Vernon me dit alors : — Imaginez que dans ce moment même je viens de recevoir une lettre de madame de Mondoville, pour m'apprendre son consentement au mariage, d'après les nouvelles propositions que je lui avois faites! Elle m'annonce en même temps le départ de son fils. — Je serrai une seconde fois madame de Vernon dans mes bras. — Enfin, me dit-elle avec le courage qui lui est propre, occupons-nous de hâter le départ de M. Barton, et soumettons-nous aux événemens. — Il n'y a rien à faire pour mon voyage, dit M. Barton, avec un accent qui exprimoit, je crois, une humeur un peu injuste sur le calme apparent de madame de Vernon ; madame d'Albémar a bien voulu pourvoir à tout, et je pars. — C'est très-bien, répliqua madame de Vernon, qui s'aperçut du mécontentement de M. Barton; et s'adressant à moi, elle me dit comme à demi-voix : — Quel zèle et quelle affection il témoigne à son élève! — Vous avez remarqué quelquefois que madame de Vernon avoit l'habitude de louer ainsi, comme par distraction et en parlant à un tiers; mais le malheureux Barton n'y donna pas la moindre attention; il étoit bien loin de penser à l'impression que sa douleur pourroit produire sur les autres. S'il lui étoit resté quelque présence d'esprit, c'eût été pour la cacher et non pour s'en parer.

Absorbé dans son inquiétude, il sortit sans dire un mot à madame de Vernon; je le suivis pour le conduire chez moi, où il devoit trouver tout ce qui lui étoit nécessaire pour sa route. Lorsque nous fûmes en voiture, il dit en se parlant à lui-même: — Mon cher Léonce, vos seuls amis, c'est votre malheureux instituteur; c'est aussi votre pauvre mère. — Et se retournant vers moi: — Oui, s'écria-t-il, j'irai nuit et jour pour le rejoindre, peut-être me dira-t-il encore un dernier adieu, et je resterai près de sa tombe pour soigner ses derniers restes, et mériter ainsi d'être enseveli près de lui. — En disant ces mots, cet infortuné vieillard se livroit à un nouvel accès de désespoir. — Madame, me dit-il alors, devant vous je pleure; tout à l'heure j'étois calme; votre bonté ne repoussera pas cette triste preuve de confiance, j'en suis sûr, vous ne la repousserez pas.

Nous arrivâmes chez moi, je pris toutes les précautions que je pus imaginer pour que le voyage de M. Barton fût le plus commode et le plus rapide possible; il fut touché de ces

soins, et, prêt à monter en voiture, il me dit :
— Madame, s'il vient en mon absence quelques lettres de Bayonne, je n'ose pas dire de Léonce, enfin aussi de Léonce même, ouvrez-les, vous verrez ce qu'il faut faire d'après ces lettres, et vous me l'écrirez à Bordeaux. — N'est-ce pas madame de Vernon, lui dis-je, qui devroit.... — Non, me répondit-il ; madame, permettez-moi de vous répéter que je veux que ce soit vous ; hélas ! dans ce dernier moment, lorsqu'il n'est que trop probable que jamais je ne vous reverrai, qu'il me soit permis de vous dire une idée, peut-être insensée, que j'avois conçue pour mon malheureux élève. Je ne trouvois point que mademoiselle de Vernon pût lui convenir, et j'osois remarquer en vous tout ce qui s'accordoit le mieux avec son esprit et son âme. — J'allois lui répondre, mais il me serra la main avec une affection paternelle ; cette affection me rappelle M. d'Albémar, et jamais je ne l'ai retrouvée sans émotion. Il me dit alors : — Ne vous offensez pas, madame, de cette hardiesse d'un vieillard qui chérit Léonce comme son fils, et que vos bontés ont profondément touché. Hélas ! ces douces chimères sont remplacées par la mort ! la mort ! ah Dieu ! — Il se précipita hors de ma chambre, et se jeta au fond

de la voiture, dans un accablement qui redoubla ma pitié.

Restée seule, je pus me livrer enfin à la douleur que moi aussi j'éprouvois ; je n'avois dû m'occuper que des peines des autres : mais celle que je ressentois n'étoit pas moins vive, quoique la destinée de ce malheureux jeune homme fût étrangère à la mienne. Ma tante et ma cousine le regrettent pour elles, pour le bonheur qu'il devoit leur procurer ; moi, que le sort séparoit irrévocablement de lui, je pleure une âme si belle, un être si libéralement doué, périssant ainsi dans les premières années de sa vie. Oui, s'il meurt je lui vouerai un culte dans mon cœur ; je croirai l'avoir aimé, l'avoir perdu, et je serai fidèle au souvenir que je garderai de lui ; ce sera un sentiment doux, l'objet d'une mélancolie sans amertume. Je demanderai son portrait à M. Barton, et toujours je conserverai cette image comme celle d'un héros de roman dont le modèle n'existe plus. Déjà, depuis quelque temps, je perdois l'espoir de rencontrer celui qui posséderoit toutes les affections de mon cœur ; j'en suis sûre maintenant, et cette certitude est tout ce qu'il faut pour vieillir en paix.

Mais peut-être que Léonce vivra ; s'il vit, il

sera l'époux de Matilde, et plus de chimères alors ; mais aussi plus de regrets. Adieu, ma chère Louise ; il est possible que dans peu je me réunisse à vous pour toujours.

LETTRE XV.
Delphine à mademoiselle d'Albémar.

Paris, ce 22 mai.

J'ai trouvé ce soir plus de charmes que jamais dans l'entretien de madame de Vernon, et cependant, pour la première fois, mon cœur lui a fait un véritable reproche. Quand je vous parle d'elle avec tant de franchise, ma chère Louise, je vous donne la plus grande marque possible de confiance ; n'en concluez, je vous prie, rien de défavorable à mon amie. Je puis me tromper sur un tort que mille motifs doivent excuser ; mais j'ai sûrement raison, quand je crois que les qualités les plus intimes de l'âme peuvent seules inspirer cette délicatesse parfaite dans les discours et dans les moindres paroles, qui rend la conversation de madame de Vernon si séduisante.

J'avois été douloureusement émue tout le jour ; l'image de Léonce me poursuivoit, je n'avois pu fermer l'œil sans le voir sanglant, blessé, prêt à mourir. Je me le représentois sous les traits les plus touchans, et ce tableau m'arrachoit sans cesse des larmes. J'allai vers huit heures du soir chez madame de Vernon ; Matilde avoit passé tout le jour à l'église, et s'étoit couchée en revenant, sans avoir témoigné le moindre désir de s'entretenir avec sa mère ; je trouvai donc Sophie seule et assez triste ; je l'étois bien plus encore. Nous nous assîmes sur un banc de son jardin, d'abord sans parler ; mais bientôt elle s'anima, et me fit passer une heure dans une situation d'âme beaucoup meilleure que je ne pouvois m'y attendre. La douceur, et, pour ainsi dire, la mollesse même de sa conversation, ont je ne sais quelle grâce qui suspendit ma peine. Elle suivoit mes impressions pour les adoucir, elle ne combattoit aucun de mes sentimens, mais elle savoit les modifier à mon insu ; j'étois moins triste sans en savoir la cause ; mais enfin auprès d'elle je l'étois moins.

Je dirigeai notre conversation sur ces grandes pensées vers lesquelles la mélancolie nous ramène invinciblement : l'incertitude de la destinée humaine, l'ambition de nos désirs, l'amertume de nos regrets, l'effroi de la mort, la fatigue de la vie, tout ce vague du cœur, enfin, dans lequel les âmes sensibles aiment tant à s'égarer, fut l'objet de notre entretien. Elle se plaisoit à m'entendre, et m'excitant à parler, elle mêloit des mots précis et justes à mes discours, et soutenoit et ranimoit mes pensées toutes les fois que j'en avois besoin. Lorsque j'arrivai chez elle, j'étois abattue et mécontente de mes sentimens sans vouloir me l'avouer. Je crois qu'elle devina tout ce qui m'occupoit, car elle me dit exactement ce que j'avois besoin d'entendre. Elle me releva par degrés dans ma propre estime; j'étois mieux avec moi-même, et je ne m'apercevois qu'à la réflexion, que c'étoit elle qui modifioit ainsi mes pensées les plus secrètes. Enfin, j'éprouvois au fond de l'âme un grand soulagement, et je sentois bien en même temps, qu'en m'éloignant de Sophie, le chagrin et l'inquiétude me ressaisiroient de nouveau.

Je m'écriai donc dans une sorte d'enthousiasme : — Ah! mon amie, ne me quittez pas, passons de longues heures à causer ensemble; je serai si mal quand vous ne me parlerez plus! — Comme je prononçois ces mots, un domestique entra, et dit à madame de Vernon que M. de Fierville demandoit à la voir, quoiqu'on lui eût déclaré à sa porte qu'elle ne recevoit personne. — Refusez-le, je vous en conjure, ma chère Sophie, dis-je avec instance. — Savez-vous, interrompit madame de Vernon, si le neveu de madame de Marset a gagné ou perdu ce grand procès dont dépendoit toute sa fortune? — Mon Dieu! interrompis-je, on m'a dit hier qu'il l'avoit gagné; ainsi, vous n'avez point à consoler M. de Fierville des chagrins de son amie; refusez-le. — Il faut que je le voie, dit alors madame de Vernon. — Et elle fit signe à son domestique de le faire monter. Je me sentis blessée, je l'avoue, et ma physionomie l'exprima. Madame de Vernon s'en aperçut, et me dit: — Ce n'est pas pour moi, c'est pour ma fille.... — Quoi! m'écriai-je assez vivement, vous songez déjà à remplacer Léonce? Pauvre jeune homme! vous n'êtes pas long-temps regretté par l'amie de votre mère. — Je me reprochai ces paroles à l'instant même, car madame de Vernon rougit en les entendant; et comme elle me laissoit partir sans essayer de me retenir, je restai, quelques minutes après l'arrivée de M. de Fierville, la main appuyée sur la clef de la porte du salon, et tardant à l'ouvrir. Madame de Vernon enfin le remarqua; elle vint à moi, et sans me faire aucun reproche, elle insista beaucoup sur le prix qu'elle mettoit à l'union de sa fille avec Léonce, sur toutes les circonstances qui lui rendoient ce mariage mille fois préférable à tout autre : elle reprit par degrés sa grâce accoutumée, et je partis après l'avoir embrassée ; mais je conservai cependant quelques nuages de ce qui venoit de se passer.

Concevez-vous ma folie, ma chère Louise ? Ce qui m'a blessé peut-être si vivement, c'est un témoignage d'indifférence pour Léonce ! Pourquoi vouloir que madame de Vernon le regrette profondément, qu'elle ne cherche point un autre époux pour sa fille ? elle ne l'a jamais vu : cependant n'est-il pas vrai, ma chère Louise, que c'est se consoler trop tôt de la perte d'un jeune homme si distingué ? Ah ! s'il étoit possible qu'on le sauvât ! ce seroit Matilde qui goûteroit le bonheur d'en être aimée, elle n'auroit pas souffert de son danger ; il renaîtroit pour elle ; le calme de son imagination et de son âme la préserve des peines les plus amères de la vie. Louise, votre Delphine ne lui ressemble pas.

LETTRE XVI.

Mademoiselle d'Albémar à Delphine.

Montpellier, 20 mai 1790.

Je me hâte de vous dire, ma chère Delphine, que M. de Mondoville est mieux; un chirurgien habile l'a soigné avec beaucoup de bonheur, et lorsque la perte de son sang a été arrêtée, il s'est trouvé très-vite hors de tout danger. Il auroit déjà repris sa route, si l'on ne craignoit que sa blessure ne se rouvrît en voyageant. Il a écrit à M. Barton une lettre que Télin m'a adressée, pour vous prier de la faire parvenir sûrement; je vous l'envoie.

Il faut que Léonce ait quelque chose de bien aimable, pour que ce vieux négociant de Bayonne, Télin, qui de sa vie n'a pensé qu'aux moyens de gagner de l'argent, écrive des lettres toutes remplies d'éloges sur les qualités généreuses de M. de Mondoville; en vérité, je crois qu'il a fait de Télin une mauvaise tête! Sérieusement, c'est un rare mérite que celui qui est vivement senti même par les hommes vulgaires, et je crois toujours plus aux qualités qui produisent de l'effet sur tout le monde, qu'à ces supériorités mystérieuses, qui ne sont reconnues que par des adeptes.

Chère Delphine, il est très-vraisemblable à présent que vous allez voir M. de Mondoville; votre imagination est singulièrement préparée à recevoir une grande impression par sa présence : défendez-vous de cette disposition, je vous en conjure, et rendez à votre esprit toute l'indépendance dont il a besoin pour bien juger.

LETTRE XVII.

Delphine à mademoiselle d'Albémar.

Paris, 25 mai.

La lettre de Léonce que vous m'envoyez, ma chère sœur, est extrêmement remarquable ; comme M. Barton m'avoit demandé de l'ouvrir, je l'ai lue ; depuis deux heures qu'elle est entre mes mains, elle a fait naître en moi une foule de pensées qui m'étoient nouvelles. Je vous ferai part de mes réflexions une autre fois ; le seul mot que je sois pressée de vous dire, c'est que la lecture de cette lettre a tout-à-fait calmé les idées qui me troubloient, et que je n'ai plus à craindre le mauvais mouvement qui me faisoit envier le sort de ma cousine.

LETTRE XVIII (1).

Léonce à M. Barton.

Bayonne, 17 mai 1790.

Je crains, mon cher ami, que vous ne soyez déjà parti sur la nouvelle de mon accident, et lorsque vous aurez su que j'avois témoigné le désir de vous voir. J'aurois dû vous épargner la fatigue d'un tel voyage; mais vous pardonnerez à votre élève le besoin qu'il avoit de vous dire adieu au moment de mourir. Si vous êtes encore à Paris, attendez-moi; je serai en état de voyager sous peu de jours. On me défend de parler, de peur que mes blessures à la poitrine ne se rouvrent; j'ai du temps au moins pour vous écrire tout ce qui tient à l'événement, dont vous seul devez connoître le secret.

Je sais quel est le furieux qui a voulu m'assassiner et qui m'a attaqué, ayant pour second son domestique, sans me laisser aucun moyen de me défendre. Il m'a dit avec fureur, en me poignardant : *Je venge ma sœur déshonorée.*

---

(1) Cette lettre est celle que mademoiselle d'Albémar a fait parvenir à Delphine.

J'aurois nommé l'auteur de cette action infâme, si les motifs qui l'ont irrité contre moi ne méritoient une sorte d'indulgence : vous les savez, ces motifs, et vous devinez mon assassin.

Mon cousin, en se soumettant à mes conseils, les a suivis néanmoins de la manière du monde la plus foible et la plus inconséquente; il m'a prouvé qu'il ne faut jamais faire agir un homme dans un sens différent de son caractère. La nature place des remèdes à côté de tous les maux : l'homme foible ne hasarde rien ; l'homme fort soutient tout ce qu'il avance ; mais l'homme foible, conseillé par l'homme fort, marche, pour ainsi dire, par saccades, entreprend plus qu'il ne peut, se donne des défis à lui-même, exagère ce qu'il ne sait pas imiter, et tombe dans les fautes les plus disparates : il réunit les inconvéniens des caractères opposés, au lieu de concilier avec art leurs divers avantages.

Charles de Mondoville a laissé pénétrer à la famille de mademoiselle de Sorane, qu'il suivoit mes avis presque malgré lui ; c'est ainsi qu'il a dirigé sur moi toute leur haine. M. de Sorane a été obligé de faire faire un très-mauvais mariage à sa sœur, pour étouffer le plus promptement possible l'éclat de son aventure; la crainte de ce même éclat l'a empêché de se battre avec moi; il a regardé l'assassinat comme une vengeance plus obscure et plus certaine, et il avoit imaginé sans doute que si j'étois tué dans les montagnes des Pyrénées, on attribueroit ma mort à des voleurs françois ou espagnols, qui sont en assez grand nombre sur les frontières des deux pays.

Si je ne savois pas que M. de Sorane a été réellement très-malheureux de la honte de sa sœur, s'il n'avoit pas raison de m'accuser de la résistance de mon cousin à ses désirs, je livrerois son crime à la justice des lois. Mais, m'étant vu forcé, par un concours funeste de circonstances, à sacrifier la réputation de mademoiselle de Sorane à l'honneur de ma famille, j'ai cru devoir taire le nom d'un homme qui n'étoit devenu mon assassin que pour venger sa sœur. Sa haine contre moi étoit naturelle; le mal que je lui avois fait tenoit peut-être à un défaut de mon caractère: vous m'avez souvent dit que l'opinion avoit trop d'empire sur moi: s'il est vrai que M. de Sorane ait réellement à se plaindre de ma conduite, je lui dois le secret sur un crime que j'ai provoqué; je le lui ai gardé : il vous sera sacré comme à moi-même.

Mais je le prévois, mon cher Barton, tremblant encore du danger que j'ai couru, vous aurez une aimable colère contre votre élève, pour avoir exposé si légèrement cette vie dont vous et ma mère daignez avoir besoin. Cette pensée m'est venue, non sans quelques regrets, lorsque je me croyois près de mourir. Peut-être aurois-je pu laisser mon parent à lui-même, quoiqu'il fût de mon sang, quoiqu'il portât mon nom; mais, je vous le demande, à vous, qui avez bien plus de modération que moi dans votre manière de juger, et qui n'attachez pas autant d'importance à ce qu'on peut dire dans le monde : si je m'étois trouvé dans la même situation que Charles de Mondoville, n'auriez-vous pas été le premier à me détourner d'épouser une femme généralement mésestimée, quand même je l'aurois aimée?

Pendant les jours que je viens de passer entre la vie et la mort, j'ai réfléchi beaucoup à ce que vous m'avez constamment dit, sur la nécessité de ne soumettre sa conduite qu'au témoignage de sa conscience et de sa raison. Vous êtes chrétien et philosophe tout à la fois; vous vous confiez en Dieu, et vous comptez pour rien les injustices des hommes; j'ai peu de disposition, vous le savez, à aucun genre

de croyance religieuse, et moins encore à la patience et à la résignation que la foi, dit-on, doit nous inspirer. Quoique j'aie reçu, grâce à vous, une éducation éclairée, cependant une sorte d'instinct militaire, des préjugés, si vous le voulez, mais les préjugés de mes aïeux, ceux qui conviennent si parfaitement à la fierté et à l'impétuosité de mon âme, sont les mobiles les plus puissans de toutes les actions de ma vie. Mon front se couvre de sueur quand je me figure un instant, que même à cent lieues de moi, un homme quelconque pourroit se permettre de prononcer mon nom ou celui des miens avec peu d'égards, et que je ne serois pas là pour m'en venger. La plupart des hommes, dites-vous, ne méritent pas qu'on attache le moindre prix à leurs discours. Leur haine peut n'être rien, mais leur insulte est toujours quelque chose; ils s'égalent à vous; ils font plus, ils se croient vos supérieurs quand ils vous calomnient; faut-il leur laisser goûter en paix cet insolent plaisir?

Avez-vous d'ailleurs réfléchi sur la rapidité avec laquelle un homme peut se déconsidérer sans retour? S'il est indifférent aux premiers mots qu'on hasarde sur lui, si sa délicatesse supporte le plus léger nuage, quel sentiment l'avertira que c'en est trop? D'abord de faux bruits circuleront, et ils s'établiront bientôt après comme vrais dans la tête de ceux qui ne le connoissent pas ; alors il s'en irritera, mais trop tard. Quand il se hâteroit de chercher vingt occasions de duel, des traits de courage désordonnés rétabliront-ils la réputation de son caractère ? Tous ces efforts, tous ces mouvemens présentent l'idée de l'agitation, et l'on ne respecte point celui qui s'agite : le calme seul est imposant. On ne peut reconquérir en un jour ce qui est l'ouvrage du temps, et néanmoins la colère ne vous permettant pas le repos, vous rend incapable de trouver ou d'attendre le remède à votre malheur. Je ne sais ce qui peut nous être réservé dans un autre monde ; mais l'enfer de celui-ci pour un homme qui a de la fierté, c'est d'avoir à supporter la moindre altération de cette intacte renommée d'honneur et de délicatesse, le premier trésor de la vie.

J'ai cessé de combattre en moi ces sentimens, je les ai reconnus pour invincibles ; toutefois s'ils pouvoient jamais se trouver en opposition avec la véritable morale, j'en triompherois, du moins je le crois, et c'est à vos leçons, mon cher maître, que je dois cet espoir ; mais dans toutes les résolutions qui ne regardent que moi seul, j'aurois tort de vouloir lutter contre un défaut que je ne puis braver, qu'en sacrifiant tout mon bonheur. Il vaut mieux exposer mille fois sa vie que de faire souffrir son caractère.

J'ose croire que je ne rends pas malheureux ce qui m'entoure; pourquoi donc voudrois-je me tourmenter par des efforts peut-être inutiles, et sûrement très-douloureux? La considération que je veux obtenir dans le monde ne doit-elle pas servir à honorer tout ce qui m'aime? Un homme n'est-il pas le protecteur de sa mère, de sa sœur, et surtout de sa femme? Ne faut-il pas qu'il donne à la compagne de sa vie l'exemple de ce respect pour l'opinion qu'il doit à son tour exiger d'elle? Savez-vous pourquoi, jusqu'à présent, je me suis défendu contre l'amour, quoique je sentisse bien avec quelle violence il pourroit s'emparer de moi? C'est que j'ai craint d'aimer une femme qui ne fût point d'accord avec moi sur l'importance que j'attache à l'opinion, et dont le charme m'entraînât, quoique sa manière de penser me fît souffrir. J'ai peur d'être déchiré par deux puissances égales, un cœur sensible et passionné, un caractère fier et irritable.

Ma mère a peut-être raison, mon cher Barton, en me faisant épouser une personne qui n'exercera pas un grand empire sur moi, mais dont la conduite est dirigée par les principes les plus sévères. Cependant, hélas! je vais donc à vingt-cinq ans renoncer pour toujours à l'espoir de m'unir à la femme que j'aimerois, à celle qui combleroit le vide de mon cœur par toutes les délices d'une affection mutuelle! Non, la vie n'est pas cet enchantement que mon imagination a rêvé quelquefois, elle offre mille peines inévitables, mille périls à redouter, pour sa réputation, pour son repos, mille ennemis qui vous attendent; il faut marcher fermement et sévèrement dans cette triste route, et se garantir du blâme en renonçant au bonheur.

Après avoir lu cette lettre, serez-vous content de moi, mon cher maître? Songez cependant avec quelque plaisir que votre élève n'a pas une pensée secrète pour vous, et que vos conseils lui seront toujours nécessaires.

Léonce.

LETTRE XIX.

Delphine à mademoiselle d'Albémar.

Ce 27 mai.

J'ai relu plusieurs fois la lettre où Léonce peint son propre caractère avec la vérité la plus parfaite; vous n'avez pas conclu, je l'espère, de quelques lignes que je vous écrivis dans le premier moment, que mon estime pour M. de Mondoville fût le moins du monde altérée? Non assurément, rien de pareil n'est vrai; sa lettre à M. Barton indique au contraire des qualités rares, et une grande supériorité d'esprit; mais ce qui m'a frappée comme une lumière subite, c'est l'étonnant contraste de nos caractères.

Il soumet les actions les plus importantes de sa vie à l'opinion; moi, je pourrois à peine consentir à ce qu'elle influât sur ma décision dans les plus petites circonstances : les idées religieuses ne sont rien pour lui; cela doit être ainsi, puisque l'honneur du monde est tout. Quant à moi, vous le savez, grâce à l'heureuse éducation que vous et votre frère m'avez donnée, c'est de mon Dieu et de mon propre cœur que je fais dépendre ma conduite.

Loin de chercher les suffrages du plus grand nombre, par les ménagemens nécessaires pour se les concilier, je serois presque tentée de croire que l'approbation des hommes flétrit un peu ce qu'il y a de plus pur dans la vertu, et que le plaisir qu'on pourroit prendre à cette approbation, finiroit par gâter les mouvemens simples et irréfléchis d'une bonne nature.

Sans doute, à travers l'irritabilité de Léonce sur tout ce qui tient à l'opinion, il est impossible de ne pas reconnoître en lui une âme vraiment sensible ; néanmoins ne regrettez plus, ma sœur, ses engagemens avec Matilde ; réjouissez-vous au contraire de ce qu'il ne sera jamais rien pour moi : les oppositions qui existent dans nos manières d'être, sont précisément celles qui rendroient profondément malheureux deux êtres qui s'aimeroient, sans les détacher l'un de l'autre.

Il me seroit impossible, quelle que fût ma résolution à cet égard, de veiller assez sur toutes mes actions pour qu'elles ne prêtassent point aux fausses interprétations de la société ; et que ne souffrirois-je pas, si celui que j'aimerois ne supportoit pas sans douleur le mal que l'on pourroit dire de moi ; si j'étois obligée de redouter les jugemens des indifférens, à cause de leur influence sur l'objet qui me seroit cher, de craindre toutes les calomnies parce qu'il souffriroit de toutes, et de me courber devant l'opinion, parce que j'aimerois un homme qui seroit son premier esclave !

Non, Léonce, ma chère Louise, ne convient pas à votre Delphine ; ah ! combien les sentimens de votre généreux frère, mon noble protecteur, répondoient mieux à mon cœur ! il me répétoit souvent qu'une âme bien née n'avoit qu'un seul principe à observer dans le monde, faire toujours du bien aux autres et jamais de mal. Qu'importe à celle qui croit à la protection de l'Être suprême et vit en sa présence, à celle qui possède un caractère élevé, et jouit en elle-même du sentiment de la vertu, que lui importe, me disoit M. d'Albémar, les discours des hommes ? elle obtient leur estime tôt ou tard, car c'est de la vérité que l'opinion publique relève en dernier ressort ; mais il faut savoir mépriser toutes les agitations passagères que la calomnie, la sottise et l'envie excitent contre les êtres distingués. Il ajoutoit, j'en conviens, que cette indépendance, cette philosophie de principes convenoit peut-être mieux encore à un homme qu'à une femme ; mais il croyoit aussi que les femmes, étant bien plus exposées que les hommes à se voir mal jugées, il falloit d'avance fortifier leur âme contre ce malheur. La crainte de l'opinion rend tant de femmes dissimulées, que pour ne point exposer la sincérité de mon caractère, M. d'Albémar travailloit de tout son pouvoir à m'affranchir de ce joug. Il y a réussi; je ne redoute rien sur la terre que le reproche juste de mon cœur, ou le reproche injuste de mes amis : mais que l'opinion publique me recherche ou m'abandonne, elle ne pourra jamais rien sur ces jouissances de l'âme et de la pensée, qui m'occupent et m'absorbent tout entière. Je porte en moi-même un espoir consolateur, qui se renouvellera toujours, tant que je pourrai regarder le ciel, et sentir mon cœur battre pour la véritable gloire et la parfaite bonté.

Ce bonheur ou ce calme dont je jouis, que deviendroient-ils néanmoins, si par un renversement bizarre, c'étoit moi, foible femme, moi dont la destinée réclame un soutien, qui savois mépriser l'opinion des hommes, tandis que l'être fort, celui qui doit me guider, celui qui doit me servir d'appui, auroit horreur du moindre blâme ? Vainement je tâcherois de me conformer à tous ses désirs; en adoptant une conduite qui ne me seroit point naturelle, je n'éviterois pas d'y commettre des fautes, et notre vie bientôt troublée auroit peut-être un jour une funeste fin.

Non, je ne veux point aimer Léonce; quand il seroit libre, je ne le voudrois point. J'ai eu besoin de me le répéter, de relire sa lettre, de détruire par de longues réflexions l'impression que m'avoit faite le danger qu'il vient de courir, mais j'y suis parvenue; mon âme s'est affermie, et je puis le voir maintenant avec le plus grand calme et la plus ferme résolution de ne considérer désormais en lui que l'époux de Matilde.

LETTRE XX.

Delphine à mademoiselle d'Albémar.

Ce 31 mai.

Que vous disois-je dans ma dernière lettre, ma chère Louise? il me semble que je vais le démentir; je l'ai vu, Léonce. Ah! je n'ai plus aucun souvenir de ce que je pensois contre lui: comment pouvois-je mettre tant d'importance à ce que j'appelois ses défauts? Pourquoi le juger sur une lettre? l'expression de son visage le fait bien mieux connoître.

J'avois reçu hier une lettre de M. Barton, qui m'annonçoit qu'il avoit rencontré M. de

Mondoville à Bordeaux, et qu'ils revenoient ensemble : j'allai chez madame de Vernon pour lui porter ces bonnes nouvelles ; j'avois l'esprit tout-à-fait libre ; la lettre de Léonce avoit changé mes idées sur lui : je ne sais pas pourquoi elle avoit produit cette impression ; en y pensant bien aujourd'hui, je trouve que c'étoit absurde ; mais enfin, Léonce n'étoit plus pour moi que le mari de Matilde, le gendre de mon amie, et j'entretins pendant deux heures madame de Vernon de tout ce qui pouvoit avoir rapport à ce mariage, avec un sentiment d'intérêt qui lui fit beaucoup de plaisir. Elle ne s'étoit pas doutée, je crois, des pensées qui m'avoient troublée pendant quelques jours : mais la conversation ne s'étoit point prolongée sur Léonce, parce que je la laissois tomber involontairement ; tandis qu'hier, par je ne sais quelle sécurité, à la veille même du danger, j'étois inépuisable sur les motifs qui devoient attacher madame de Vernon à ses projets pour sa fille. Je ne conçois pas encore d'où me venoit ce bizarre mouvement ; je voulois prendre, je crois, des engagemens avec moi-même, car cette vivacité ne pouvoit pas être naturelle : elle plut à madame de Vernon, qui me pressa vivement de passer le lendemain le jour entier avec elle.

Après dîner l'on annonça tout à coup M. Barton : sa figure me parut triste ; je craignis quelque événement funeste, et je l'interrogeai avec crainte. — M. de Mondoville, nous dit-il, est arrivé hier avec moi ; mais en chemin sa blessure s'est rouverte, et je crains que le sang qu'il a perdu ne mette en danger sa vie : il est dans un état de foiblesse et d'abattement qui m'inquiète extrêmement ; il a repris la fièvre depuis huit jours, et il est maintenant hors d'état non-seulement de sortir, mais même de se tenir debout. Il voudroit, dit M. Barton en se retournant vers madame de Vernon, vous remettre des lettres de sa mère ; il prend la liberté de vous demander de venir le voir : il n'ose se flatter que mademoiselle de Vernon consente à vous accompagner ; cependant il me semble qu'à présent que les articles sont signés par madame de Mondoville, il n'y auroit point d'inconvenance... — Matilde interrompit M. Barton, et lui dit en se levant, d'un ton de voix assez sec : — Je n'irai point, monsieur ; je suis décidée à n'y point aller.

Madame de Vernon n'essaie jamais de lutter contre les volontés de sa fille si positivement exprimées ; elle a dans le caractère une sorte de douceur et même d'indolence, qui lui fait craindre toute espèce de discussion ; ce n'est jamais par un moyen de force, de quelque nature qu'il soit, qu'elle veut atteindre à son but. Sans répondre donc à Matilde, elle s'adressa à moi, et me dit : — Ma chère Delphine, ce sera vous qui m'accompagnerez, n'est-ce pas? nous irons avec M. Barton chez Léonce. — Je m'en défendis d'abord, quoique par un mouvement assez inexplicable j'éprouvasse tant d'humeur du refus de Matilde, qu'il m'étoit doux d'opposer mon empressement à sa pruderie. Madame de Vernon insista : elle s'inquiétoit de la sorte de timidité dont elle est quelquefois susceptible avec une personne nouvelle : elle craignoit ces premiers mouvemens dans lesquels Léonce pouvoit se livrer à l'attendrissement. J'ai toujours vu madame de Vernon redouter tout ce qui oblige à des témoignages extérieurs, lors même que son sentiment est véritable. On l'accuse de fausseté, et c'est cependant une personne tout-à-fait incapable d'affectation. Une réunion si singulière est-elle possible? je ne le crois pas.

Lorsque enfin je ne pus douter que madame de Vernon ne désirât vivement que j'allasse avec elle, j'y consentis. Cependant quand nous fûmes en voiture, je me rappelai la lettre de Léonce à M. Barton, et il me vint dans l'esprit qu'un homme si délicat sur tout ce qui tient aux convenances, trouveroit peut-être un peu léger qu'une femme de mon âge vînt le voir ainsi chez lui sans le connoître. Cette pensée me blessa et changea tellement ma disposition, que je montai l'escalier de Léonce avec assez d'humeur; mais au moment où nous entrâmes dans sa chambre, lorsque je le vis étendu sur un canapé, pâle, pouvant à peine soulever sa tête pour me saluer, et néanmoins semblable en cet état à la plus noble, à la plus touchante image de la mélancolie et de la douleur, j'éprouvai à l'instant une émotion très-vive.

La pitié me saisit en même temps que l'attrait : tous les sentimens de mon âme me parloient à la fois pour ce malheureux jeune homme. Sa taille élégante avoit du charme, malgré l'extrême foiblesse qui ne lui permettoit pas de se soutenir. Il n'y avoit pas un trait de son visage qui, dans son abattement même, n'eût une expression séduisante. Je restai quelques instans debout, derrière M. Barton et madame de Vernon. Léonce adressa quelques remercîmens aimables à ma tante avec un son de voix doux, et cependant encore assez ferme; sa manière d'accentuer donnoit aux paroles les plus simples, une expression nouvelle; mais à chaque mot qu'il disoit, sa pâleur sembloit augmenter, et par un mouvement involontaire, je retenois ma respiration quand il parloit, comme si j'avois pu soulager et diminuer ainsi ses efforts.

Nous nous assîmes; il me vit alors. — Est-ce mademoiselle de Vernon? dit-il à ma tante. — Non, répondit madame de Vernon : elle n'ose point encore venir vous voir; c'est ma nièce, madame d'Albémar. — Madame d'Albémar! reprit Léonce assez vivement, celle qui a bien voulu prêter sa voiture à M. Barton pour venir me chercher! celle qui a daigné s'intéresser à mon sort avant de me connoître! Je suis bien honteux, répéta-t-il en tâchant d'élever la voix, je suis bien honteux d'être si mal en état de lui témoigner ma reconnoissance! — J'allois lui répondre lorsqu'en finissant ces mots, sa tête retomba sur sa main; je fis un mouvement pour me lever et lui porter du secours; mais rougissant aussitôt de mon dessein, je me rassis, et je gardai le silence. Léonce se tut aussi pendant quelques minutes. Tant de douceur et de sensibilité se peignit alors sur son visage, que j'oubliai entièrement l'opinion que j'avois eue de lui, et qui pouvoit garantir mon cœur. Mon attendrissement devenoit à chaque instant plus difficile à cacher. Les yeux et les paupières noires de Léonce accablé par son mal, se baissoient malgré lui ; mais quand il parvenoit à soulever son regard et qu'il le dirigeoit sur moi, il me sembloit qu'il falloit répondre à ce regard; qu'il sollicitoit l'intérêt, qu'il expliquoit sa pensée; et je me sentois émue, comme s'il m'avoit long-temps parlé.

N'ayez pas honte pour moi, ma Louise, de cette impression subite et profonde; c'est la pitié qui la produisoit, j'en suis sûre : votre Delphine ne seroit pas ainsi, dès la première vue, accessible à l'amour ; c'étoit la douleur, la toute-puissante douleur qui réveilloit en moi le plus fort, le plus rapide, le plus irrésistible des sentimens du cœur, la sympathie.

Léonce s'aperçut, je crois, de l'intérêt que je prenois à sa situation ; quoique je n'eusse pas parlé, c'est moi qu'il rassura. — Ce n'est rien, dit-il, madame ; la fatigue de la route a rouvert ma blessure, mais elle est maintenant refermée, et dans quelques jours je serai mieux. — Je voulus essayer de lui répondre; mais je craignis qu'en parlant ma voix ne fût trop altérée, et j'interrompis ma phrase sans la finir. Madame de Vernon lui demanda des nouvelles de madame de Mondoville, lui dit quelques mots aimables sur l'impatience qu'elle avoit de le voir. Il répondit à tout d'un ton abattu, mais avec grâce. Madame de Vernon, craignant de le fatiguer, se leva, lui prit la main affectueusement, et donna le bras à M. Barton pour sortir.

Je m'avançai après elle, voulant enfin prendre sur moi d'exprimer mon intérêt à M. de Mondoville. Il se leva pour me remercier avant que je pusse l'en empêcher, et voulut faire quelques pas pour me reconduire; mais un étourdissement très-effrayant le saisit tout à coup; il cherchoit à s'appuyer pour ne pas tomber : je lui offris mon bras involontairement, et sa tête se pencha sur mon épaule; je crus qu'il alloit expirer. Ah! ma Louise, qui n'auroit pas été troublé dans un tel moment! — Je perdis toute idée de moi-même et des autres; je m'écriai : — Ma tante, venez à son secours, regardez-le, il va mourir. — Et mon visage fut couvert de larmes. M. Barton se retourna précipitamment, soutint Léonce dans ses bras, et le reconduisit jusqu'au sopha. Léonce revint à lui; il ouvrit les yeux avant que j'eusse essuyé mes pleurs; et les regards les plus reconnoissans m'apprirent qu'il avoit remarqué mon émotion.

Je m'éloignai alors, et madame de Vernon me suivit : il faisoit nuit quand nous revînmes; elle ne put, je crois, s'apercevoir de la peine que j'avois à me remettre, et d'ailleurs n'étoit-il pas naturel que je fusse inquiète de l'état où j'avois vu Léonce? J'appris à la porte de madame de Vernon que M. de Serbellane étoit venu me demander deux fois, et je me servis de ce prétexte pour rentrer chez moi : je m'y suis renfermée pour vous écrire.

Après ce récit, ma chère Louise, vous tremblerez pour mon bonheur : cependant n'oubliez pas combien la pitié a eu de part à mon émotion. L'intérêt qu'inspire la souffrance trompe une âme sensible : il peut arriver de croire qu'on aime, lorsque seulement on plaint. Cependant je n'accompagnerai plus madame de Vernon chez M. de Mondoville; il connoîtra bientôt Matilde, il sera frappé de sa beauté, et je pourrai le voir alors avec les sentimens que me commandent la délicatesse et la raison.

Mon amie, ma chère Louise, je suis déjà plus calme; mais c'est un malheur que de l'avoir vu ainsi entouré de tout le prestige du danger et de la souffrance. Pourquoi le mari de Matilde ne s'est-il pas d'abord offert à moi au milieu de toutes les prospérités qui l'attendent? Qu'avoit-il à faire de ma pitié?

LETTRE XXI.

Léonce à M. Barton.

Ce 1er juin.

Ma mère me mande, mon cher Barton, qu'elle vous écrit pour vous charger de quelques affaires à Mondoville, qu'il faut terminer, dit-elle, avant mon mariage. Je voudrois bien que vous ne partissiez pas encore pour cette terre. C'est à votre réveil que vous avez coutume de régler vos projets. Mon domestique vous portera cette lettre demain à huit heures, dans votre nouveau logement; vous ne me direz donc pas que vos arrangemens étoient pris pour partir, et que vous ne pouvez plus y rien changer. Dans quelques jours je pourrai sortir, et l'on me montrera enfin mademoiselle de Vernon. Peut-on regarder un mariage comme décidé, quand on n'a jamais vu celle qu'on doit épouser? Ah! que vous aviez raison de me parler de madame d'Albémar, comme de la plus charmante personne du monde! Vous m'avez vanté le charme de son entretien, la noblesse et la bonté de son caractère; mais vous n'auriez pu me peindre la grâce enchanteresse de sa figure, cette taille svelte, souple, élégante ; ces cheveux blonds, qui couvrent à moitié des yeux si doux, et en même temps si animés ; cette physionomie mobile, et cet air d'abandon plus pur, plus modeste, plus innocent encore qu'une réserve austère. J'étois entre la mort et la vie, quand je l'entendis crier : *ah! ma tante, venez, venez, il va mourir.* Je crus, pendant un moment, avoir déjà passé dans un autre monde, et que c'étoit la voix des anges qui réveilloit mon âme au bonheur des immortels.

Quand j'ouvris les yeux, Delphine ne s'attendoit point à mes regards, et tout son visage exprimoit encore une compassion céleste. Elle s'éloigna, mais je n'oublierai jamais sa physionomie dans cet instant. O pitié! douce pitié! s'il suffit de ton émotion pour la rendre si belle, que seroit-elle donc si l'amour répandoit son charme sur ses traits ? Oui, mon ami, chacune des grâces de cette figure est le signe aimable d'une qualité de l'âme. Sa taille qui se balance et se plie mollement quand elle marche, comme si ses pas avoient besoin d'appui ; ses regards qui peignent une intelligence supérieure, et cependant un caractère timide ; tout exprime en elle ce rare contraste que vous m'aviez vous-même indiqué, lorsque dans notre voyage vous me disiez, qu'elle réunissoit un esprit très-indépendant à un cœur dévoué, et facilement asservi quand elle aime. C'est ainsi que vous m'expliquiez son amitié presque soumise pour madame de Vernon. N'allez pas vous reprocher, mon cher Barton, l'impression que madame d'Albémar m'a faite; je n'ai rien appris de vous, ce sont ses regards qui m'ont tout dit.

Ne croyez pas, cependant, que je me livre sans réflexion à l'attrait qu'elle m'inspire; je sais quels sont mes devoirs envers ma mère; je n'ai point encore examiné la force des engagemens qu'elle a pris avec madame de Vernon, jusques à quel point ils me lient; mais je ne vous cache point que depuis que j'ai vu madame d'Albémar, il me seroit odieux de me prononcer que je ne suis plus libre; il se peut que je ne le sois plus, mais laissez-moi le temps d'en juger moi-même. Mon cher maître, si de la manière la plus indirecte, je crois l'honneur de ma mère intéressé à mon mariage avec mademoiselle de Vernon, il sera fait, vous n'en doutez pas. Pourquoi craindriez-vous donc de m'aider à gagner du temps ? Adieu, je vous attends ce matin ; mais je suis bien aise de vous avoir écrit tout ce que contient cette lettre ; vous le savez à présent, et il m'en auroit coûté de vous le dire.

LETTRE XXII.

Delphine à mademoiselle d'Albémar.

Ce 3 juin.

Léonce est beaucoup mieux : il sortira bientôt ; je ne l'ai pas revu. Madame de Vernon est retournée seule chez lui ; je ne l'aurois pas suivie, mais elle ne me l'a pas proposé. Je n'ai pas non plus aperçu M. Barton ; il a quitté Léonce pour ses affaires, qui sont sans doute les affaires du mariage. Quand je reverrai M. de Mondoville, ce sera peut-être pour signer son contrat comme parente de son épouse. Ma Louise, Léonce m'est apparu comme un songe, et le reste de ma vie n'en sera point changé. Qui pense à l'impression qu'il m'a faite? ni lui, ni personne. Allons, il ne faut plus vous en entretenir.

J'ai été d'ailleurs vivement occupée par l'arrivée de Thérèse. M. de Serbellane est venu ce matin chez moi pour me l'annoncer : il étoit abattu ; et malgré l'habitude qu'il a prise de contenir toutes ses impressions, ses yeux se remplissoient quelquefois de larmes : il me conjura de venir voir madame d'Ervins. — Hélas! me disoit-il, elle se perdra! son âme est agitée par l'amour et le remords, avec une telle violence, qu'elle peut se trahir à chaque instant devant son mari, devant l'homme le plus irritable et le plus emporté. Si elle vouloit le fuir avec moi, il y auroit quelque chose de raisonnable dans son exaltation même ; mais par une funeste bizarrerie, la religion la domine autant que l'amour, et son âme foible et passionnée s'expose à tous les dangers des sentimens les plus opposés. Elle peut aujourd'hui même avouer sa faute à son mari, et demain s'empoisonner, s'il nous sépare. Malheureuse et touchante personne ! pourquoi l'ai-je connue ! — Je vais la voir, lui dis-je, ses soins me sauvèrent la vie, ne pourrai-je donc rien pour son bonheur ? — J'arrivai chez madame d'Ervins ; la pauvre petite se jeta dans mes bras en pleurant. Je n'avois pas encore vu son mari, et son extérieur confirma l'opinion qu'on m'avoit donnée de lui. Il me reçut avec politesse, mais avec une importance qui me faisoit sentir, non le prix qu'il attachoit à moi, mais celui qu'il mettoit à lui-même. Il m'offrit à déjeûner, et notre conversation fut contrainte et gênée, comme elle doit toujours l'être avec un homme qui n'a de sentimens vrais sur rien, et dont l'esprit ne s'exerce qu'à la défense de son amour-propre. Il me parla continuellement de lui, sans remarquer le moins du monde si mon intérêt répondoit à la vivacité du sien. Quand il se croyoit prêt à dire un mot spirituel, ses petits yeux brilloient à l'avance d'une joie qu'il ne pouvoit réprimer ; il me regardoit après avoir parlé pour juger si j'avois su l'entendre, et lorsque son émotion d'amour-propre étoit calmée, il reprenoit un air imposant, par égard pour son propre caractère ; passant tour à tour des intérêts de son esprit à ceux de sa considération, et secrètement inquiet d'avoir été trop badin pour un homme sérieux, ou trop sérieux pour un homme aimable.

Après une heure consacrée au déjeûner, il se leva et m'expliqua lentement comment des affaires indispensables, que la bonté de son cœur lui avoit suscitées, des visites chez quelques ministres qu'il ne pouvoit retarder sans craindre de les offenser grièvement, l'obligeoient à me quitter. Je vis qu'il me regardoit avec bienveillance, pour adoucir la peine que je devois ressentir de son absence ; j'aurois eu envie de le tranquilliser sur le chagrin qu'il me supposoit, mais ne voulant pas déplaire au mari de mon amie, je lui fis la révérence avec l'air sérieux qu'il désiroit, et son dernier salut me prouva qu'il en étoit content.

Restée seule avec Thérèse, je réunis tout ce

que la raison et l'amitié peuvent inspirer pour lui faire goûter de sages conseils ; mais ses larmes, ses regrets, ses résolutions combattues et démenties sans cesse, me firent éprouver une profonde pitié. Elle n'a point reçu cette éducation cultivée qui porte à réfléchir sur soi-même ; on l'a jetée dans la vie avec une religion superstitieuse et une âme ardente; elle n'a lu, je crois, que des romans et la Vie des Saints; elle ne connoît que des martyrs d'amour et de dévotion ; et l'on ne sait comment l'arracher à son amant, sans la livrer à des excès insensés de pénitence. La crainte de cesser de voir M. de Serbellane est la seule pensée qui puisse la contenir; si on l'obligeoit à se séparer de lui, elle avoueroit tout à son mari; elle a beaucoup d'esprit naturel, mais il ne lui sert qu'à trouver des raisons pour justifier son caractère ; elle aime sa fille, mais sans pouvoir s'occuper de son éducation. Cette pauvre enfant, en voyant pleurer sa mère tout le jour, est dans un état d'attendrissement continuel qui nuit à ses forces morales et physiques; et M. d'Ervins ne se doute de rien au milieu de toutes ces scènes. Quand il surprend sa femme et sa fille en larmes, il leur demande pardon de les avoir trop peu vues, d'être resté trop long-temps dans son cabinet, ou chez ses amis; et il leur promet de ne plus s'éloigner à l'avenir. Cet aveuglement pourroit durer dans la retraite; mais à Paris, il se rencontre tant de gens qui ont envie d'humilier un sot, ou d'irriter un méchant homme !

J'ai peint à Thérèse quelle seroit sa situation, si M. d'Ervins faisoit tomber sur elle sa colère et son despotisme; que deviendroit-elle sans parens, sans fortune, sans appui ? Elle me répond alors, que son dessein est de s'enfermer dans un couvent pour le reste de sa vie; et si je lui dis qu'il vaudroit peut-être mieux que M. de Serbellane allât passer quelque temps en Portugal auprès d'un de ses parens, comme c'étoit son projet en quittant l'Italie, elle tombe à cette idée dans un désespoir qui me fait frémir. Ah ! Louise, quelles douleurs que celles de l'amour ! Pauvre Thérèse ! en l'écoutant, mon âme n'étoit point uniquement occupée d'elle; je pensois à Léonce, à ce que j'aurois pu souffrir. De quel secours me seroit un esprit plus éclairé que celui de Thérèse ? La passion fait tourner toutes nos forces contre nous-mêmes : mais écartons ces pensées : c'est de ma malheureuse amie que je dois m'occuper. Le ciel en récompense se chargera peut-être de mon sort.

M. d'Ervins rentra, et M. de Serbellane vint quelques momens après. Thérèse nous retint : je vis avec plaisir pendant le reste de la journée que M. de Serbellane n'avoit point cherché à se lier avec M. d'Ervins : plus il étoit facile de captiver un tel homme en flattant sa vanité, plus je sus gré à l'ami de Thérèse de n'être pas devenu celui de son époux. Il est des situations qui peuvent condamner à cacher les sentimens qu'on éprouve, mais il n'y a que l'avilissement du caractère qui rende capable de feindre ceux que l'on n'a pas.

Mon estime pour M. de Serbellane s'accrut donc encore, par sa froideur avec M. d'Ervins. Il m'intéressoit aussi par le soin qu'il mettoit à veiller continuellement sur les imprudences de Thérèse. Elle rougissoit et pâlissoit tour à tour quand on prononçoit le nom du Portugal; M. de Serbellane détournoit à l'instant la conversation et protégeoit Thérèse, sans néanmoins la blesser en se montrant indifférent à son amour. Je fus cruellement effrayée de l'état où je la voyois; je la pris à part avant de la quitter, et je lui fis remarquer la délicatesse de la conduite de son ami et l'inconséquence de la sienne. — Je le sais, me répondit-elle, c'est le meilleur et le plus généreux des hommes. Je lui suis bien à charge sans doute, je ferois mieux de délivrer de moi ceux qui m'aiment, d'aller me jeter aux pieds de M. d'Ervins et de lui tout avouer. — En prononçant ces paroles, ses regards se troubloient; je craignis qu'elle ne voulût accomplir ce dessein à l'heure même; je la serrai dans mes bras, et je lui demandai la promesse de s'en remettre entièrement à moi.

— Écoutez, me dit-elle, je suis poursuivie par une crainte qui est, je crois, la principale cause de l'égarement où vous me voyez : je me persuade qu'il se croira obligé de partir sans m'en avertir, ou que mon mari me séparera de lui tout à coup, avant que j'aie pu lui dire adieu. Si vous obtenez de M. de Serbellane le serment qu'il ne s'en ira jamais sans m'en avoir prévenue, et si vous me donnez votre parole de me prêter votre secours pour le voir une heure seulement, une heure, quoi qu'il arrive, avant de le quitter pour toujours, alors je serai plus tranquille; je ne croirai pas, chaque fois qu'il me parlera, que ce sont les derniers mots que j'entendrai jamais de lui; je ne serai pas sans cesse agitée par tout ce que je voudrois lui dire encore, je serai calme. — Eh bien! lui répondis-je avec chaleur, à l'instant même vous allez être satisfaite. — M. d'Ervins parloit à un homme qui l'écoutoit avec la plus grande condescendance, il ne pensoit point à nous : j'appelai M. de Serbellane; il promit solennellement ce que désiroit Thérèse : je l'assurai moi-même aussi que je lui ferois avoir de quelque manière un dernier entretien avec M. de Serbellane, si jamais M. d'Ervins lui défendoit de le revoir. En donnant cette promesse, je ne sais quelle crainte me troubla; mais avant de connoître Léonce, je n'aurois pas seulement pensé qu'un tel engagement pouvoit un jour me compromettre. Je m'applaudis cependant de l'avoir pris, en voyant à quel point il avoit raffermi le cœur de Thérèse ; elle m'entendit parler avec résignation des circonstances qui pourroient obliger M. de Serbellane à s'éloigner, et quand je la quittai, elle me parut tranquille.

Je n'allai point le soir chez madame de Vernon, il ne m'étoit pas permis de lui confier le secret de Thérèse, je ne pouvois lui parler de Léonce, et comment éloigner d'une conversation intime les idées qui nous dominent? C'est causer avec son amie comme avec les indifférens, chercher des sujets de conversation au lieu de s'abandonner à ce qui nous occupe, et se garder, pour ainsi dire, des pensées et des sentimens dont l'âme est remplie. Il vaut mieux alors ne pas se voir.

Pour vous, ma Louise, à qui je ne veux rien taire, je n'éprouve jamais la moindre gêne en vous écrivant; je m'examine avec vous, je vous prends pour juge de mon cœur, et ma conscience elle-même ne me dit rien que je vous laisse ignorer.

LETTRE XXIII.

Delphine à mademoiselle d'Albémar.

Ce 5 juin.

JE l'ai revu, ma sœur, je l'ai revu : non ce n'est plus l'impression de la pitié, c'est l'estime, l'attrait, tous les sentimens qui auroient assuré le bonheur de ma vie. Ah ! qu'ai-je fait ! Par quels liens d'amitié, de confiance, me suis-je enchaînée ? Mais lui, que pense-t-il ? que veut-il ? car enfin, pourroit-on le contraindre, s'il n'aimoit pas ma cousine, si..... De quels vains sophismes je cherche à m'appuyer ! ne seroit-ce pas pour moi qu'il romproit ce mariage. J'aurois eu l'air de l'assurer par mes dons, et je le ferois manquer par ce qu'on appelleroit ma séduction. Je suis plus riche que Matilde; on pourroit croire que j'ai abusé de cet avantage; enfin, surtout, je blesserois le cœur de madame de Vernon : elle m'accuseroit de manquer à la délicatesse, elle dont l'estime m'est si nécessaire! Mais à quoi servent tous ces raisonnemens, Léonce m'aime-t-il? Léonce se dégageroit-il jamais de la promesse donnée par sa mère? Vous allez juger à quels signes fugitifs j'ai cru deviner son affection. Ah! journée trop heureuse, la première et la dernière peut-être de cette vie d'enchantement, que la merveilleuse puissance d'un sentiment m'a fait connoître pendant quelques heures!

On annonça M. de Mondoville hier chez madame de Vernon; il étoit moins pâle que la première fois que je l'avois vu, mais sa figure conservoit toujours le charme touchant qui m'avoit si vivement attendrie, et le retour de ses forces rendoit plus remarquable ce qu'il y a de noble et de sérieux dans l'expression de ses traits. Il me salua la première, et je me sentis fière de cette marque d'intérêt, comme si les moindres signes de sa faveur marquoient à chaque personne son rang dans la vie. Madame de Vernon le présenta à Matilde, elle rougit; je la trouvai bien belle : cependant, Louise, j'en suis sûre, lorsque Léonce après l'avoir très-froidement observée, se tourna vers moi, ses regards avoient seulement alors toute leur sensibilité naturelle.

M. Barton s'étoit assis à côté de moi sur la terrasse du jardin, Léonce vint se placer près de lui; madame de Vernon lui proposa de passer la soirée chez elle, il y consentit.

J'éprouvai tout à coup dans ce moment une tranquillité délicieuse; il y avoit trois heures devant moi pendant lesquelles j'étois certaine de le voir; sa santé ne me causoit plus d'inquiétude, et je n'étois troublée que par un sentiment trop vif de bonheur. Je causai long-temps avec lui, devant lui, pour lui; le plaisir que je trouvois à cet entretien m'étoit entièrement nouveau; je n'avois considéré la conversation jusqu'à présent que comme une manière de montrer ce que je pouvois avoir d'étendue ou de finesse dans les idées, mais je cherchois avec Léonce des sujets qui tinssent de plus près aux affections de l'âme: nous parlâmes des romans, nous parcourûmes successivement le petit nombre de ceux qui ont pénétré jusqu'aux plus secrètes douleurs des caractères sensibles. J'éprouvois une émotion intérieure qui animoit tous mes discours: mon cœur n'a pas cessé de battre un seul instant, lors même que notre discussion devenoit purement littéraire; mon esprit avoit conservé de l'aisance et de la facilité, mais je sentois mon âme agitée, comme dans les circonstances les plus importantes de la vie, et je ne pouvois le soir me persuader, qu'il ne s'étoit passé autour de moi aucun événement extraordinaire.

Chaque mot de Léonce ajoutoit à mon estime, à mon admiration pour lui : sa manière de parler étoit concise, mais énergique; et quand il se servoit même d'expressions pleines de force et d'éloquence, on croyoit entrevoir qu'il ne disoit qu'à demi sa pensée, et que dans le fond de son cœur restoient encore des richesses de sentiment et de passion qu'il se refusoit à prodiguer. Avec quelle promptitude il m'entendoit! avec quel intérêt il daignoit m'écouter! Non, je ne me fais pas l'idée d'une plus douce situation, la pensée excitée par les mouvemens de l'âme, les succès de l'amour-propre changés en jouissances du cœur, oh! quels heureux momens! et la vie en seroit dépouillée!

Je m'aperçus cependant que Matilde, par ses gestes et sa physionomie, témoignoit assez d'humeur. Madame de Vernon, qui se plaît ordinairement à causer avec moi, parloit à son voisin sans avoir l'air de s'intéresser à notre conversation; enfin elle prit le bras de madame du Marset, et lui dit assez haut pour que je l'entendisse : — Ne voulez-vous pas jouer, madame ? ce qu'on dit est trop beau pour nous. — Je rougis extrêmement à ces mots, je me levai pour déclarer que je voulois être aussi de la partie ; Léonce m'en fit des reproches par ses regards. M. Barton vint vers moi, et me dit avec une bienveillance qui me toucha : — Je croirois presque vous avoir entendue pour la première fois aujourd'hui, madame ; jamais le charme de votre conversation ne m'avoit tant frappé. — Ah ! qu'il m'étoit doux d'être louée en présence de Léonce ! Il soupira, et s'appuya sur la chaise que je venois de quitter. M. Barton lui dit à demi-voix : — Ne voulez-vous pas vous approcher de mademoiselle de Vernon ? — De grâce, laissez-moi ici, répondit Léonce. — Ces mots, je les ai entendus, Louise, et leur accent surtout ne peut être oublié.

Quand la partie fut arrangée, Léonce, resté presque seul avec Matilde, vint lui parler ; mais la conversation me parut froide et embarrassée. Je ne savois ce que je faisois au jeu : madame du Marset en prenoit beaucoup d'humeur : madame de Vernon excusoit mes fautes avec une bonté charmante : sa grâce fut parfaite pendant cette partie, et j'en fus si touchée, que je ne me rapprochai plus de Léonce ; il me sembloit que la douceur de madame de

Vernon l'exigeoit de moi. Elle voulut me retenir pour causer seule avec elle; je m'y refusai; je ne veux pas lui cacher ce que j'éprouve : qu'elle le devine, j'y consens, je le souhaite peut-être; mais je ne puis me résoudre à lui en parler la première. Ne seroit-ce pas indiquer le sacrifice que je désire? Je m'en sentirois plus à l'aise avec elle, si c'étoit moi qui lui dusse de la reconnoissance; alors je lui avouerois ma folie, je m'en remettrois à sa générosité; mais ce que je crains avant tout, c'est d'abuser un instant du service que j'ai pu lui rendre.

Ma sœur, consultez votre délicatesse naturelle, non votre injuste prévention contre madame de Vernon, et dites-moi ce que je devrois faire, s'il m'aimoit, s'il se croyoit libre. Hélas! ce conseil sera peut-être bien inutile; peut-être redouté-je des combats qu'il m'épargnera!

LETTRE XXIV.

Léonce à M. Barton, à Mondoville.

Paris, ce 6 juin.

Vous êtes parti pour Mondoville par condescendance pour une seconde lettre de ma mère;

je vous prie, mon cher Barton, d'y rester quelque temps. Je me servirai de ce prétexte pour retarder toute explication avec madame de Vernon sur mon mariage, et je pourrai écrire à ma mère, et peut-être trouver quelques moyens de me délivrer de sa promesse. Mon cher maître, vous le sentez vous-même, j'en suis sûr, quoique vous vous soyez refusé à me l'avouer; j'ai connu madame d'Albémar, je ne peux jamais aimer Matilde.

Pensez-vous que l'impression de la journée d'hier puisse s'effacer de mon cœur? Sans doute elle est belle, Matilde; vous me l'avez dit, je le crois; mais ai-je pu seulement la regarder? Je voyois, j'écoutois une femme comme il n'en exista jamais. C'est un être inspiré, que Delphine! L'avez-vous remarquée, lorsqu'elle s'adressoit à moi? J'étois assis à quelques pas d'elle dans le jardin : sa voix s'animoit, ses yeux ravissans regardoient le ciel comme pour le prendre à témoin de ses nobles pensées; ses bras charmans se plaçoient naturellement de la manière la plus agréable et la plus élégante. Le vent ramenoit souvent ses cheveux blonds sur son visage; elle les écartoit avec une grâce, une négligence, qui donnoient à chacun de ses mouvemens une séduction nouvelle. Croyez-vous, mon cher

Barton, qu'elle parlât avec plus d'intérêt à cause de moi? Vous m'avez dit que vous ne l'aviez jamais trouvée si aimable : auroit-elle voulu me plaire? Cependant elle m'a quitté si brusquement! mais c'étoit dans la crainte d'affliger madame de Vernon. Oh! sans doute nos âmes s'entendroient si j'étois libre, si je pouvois m'exprimer de toute la force de mon émotion et de ma pensée! Mais il faudra se réprimer long-temps encore, et saura-t-elle me deviner à travers tant de contraintes? elle, dont tout le charme est dans l'abandon, croira-t-elle aux sentimens contenus? saura-t-elle que le cœur qui les renferme en est dévoré?

Je n'imaginois pas qu'il fût possible, mon cher Barton, qu'une seule personne réunît tant de grâces variées, tant de grâces qui sembleroient devoir appartenir aux manières d'être les plus différentes. Des expressions toujours choisies, et un mouvement toujours naturel, de la gaîté dans l'esprit, et de la mélancolie dans les sentimens, de l'exaltation et de la simplicité, de l'entraînement et de l'énergie! mélange adorable de génie et de candeur, de douceur et de force! possédant au même degré tout ce qui peut inspirer de l'admiration aux penseurs les plus profonds, tout ce qui doit mettre à l'aise les esprits les plus ordinaires, s'ils ont de la bonté, s'ils aiment à retrouver cette qualité touchante, sous les formes les plus faciles et les plus nobles, les plus séduisantes et les plus naïves.

Delphine anime la conversation en mettant de l'intérêt à ce qu'elle dit, de l'intérêt à ce qu'elle entend; nulle prétention, nulle contrainte : elle cherche à plaire, mais elle ne veut y réussir qu'en développant ses qualités naturelles. Toutes les femmes que j'ai connues s'arrangeoient plus ou moins pour faire effet sur les autres; Delphine, elle seule, est tout à la fois assez fière et assez simple, pour se croire d'autant plus aimable, qu'elle se livre davantage à montrer ce qu'elle éprouve.

Avec quel enthousiasme elle parle de la vertu! Elle l'aime comme la première beauté de la nature morale; elle respire ce qui est bien, comme un air pur, comme le seul dans lequel son âme généreuse puisse vivre. Si l'étendue de son esprit lui donne de l'indépendance, son caractère a besoin d'appui; elle a dans le regard quelque chose de sensible et de tremblant, qui semble invoquer un secours contre les peines de la vie; et son âme n'est pas faite pour résister seule aux orages du sort. O mon ami! qu'il sera heureux, celui qu'elle choisira pour protéger sa destinée, qu'elle élèvera jusqu'à elle, et qui la défendra de la méchanceté des hommes!

Vous le voyez, ce n'est point une impression légère que j'ai reçue : j'ai observé Delphine, je l'ai jugée, je la connois; je ne suis plus libre. Je veux écrire à ma mère; promettez-moi seulement, mon cher Barton, de faire naître des incidens qui vous retiennent un mois à Mondoville.

P. S. Je reçois à l'instant une lettre d'Espagne, qui m'est assez pénible; ma mère me mande que madame du Marset, qui lui écrit souvent comme vous le savez, l'a prévenue que mademoiselle de Vernon avoit une cousine très-spirituelle, mais singulièrement philosophe dans ses principes et dans sa conduite, enthousiaste des idées politiques actuelles, etc., et dont la société ne vaut rien pour moi. Ma mère me recommande de ne point me lier avec madame d'Albémar; c'est une prévention absurde que je parviendrai sûrement à détruire. Cependant je suis indigné contre madame du Marset, et je saisirai la première occasion de le lui faire sentir.

LETTRE XXV.

Delphine à mademoiselle d'Albémar.

Ce 10 juin.

Il m'a parlé, ma chère, avec intérêt, avec intimité ! Mon Dieu, combien je m'en suis sentie honorée ! Écoutez-moi, ce jour contient plus d'un événement qui peut hâter la décision de mon sort.

J'avois dîné chez madame de Vernon avec madame du Marset, et son inséparable ami M. de Fierville ; je ne sais par quel hasard, à l'heure même où Léonce a coutume de venir chez madame de Vernon, elle mit la conversation sur les événemens politiques. Madame du Marset se déchaîna contre ce qu'il y a de noble et de grand dans l'amour de la liberté, comme elle auroit pu le faire en parlant des malheurs que les révolutions entraînent ; je la laissai dire pendant assez long-temps ; mais quelques plaisanteries de M. de Fierville contre un Anglois, qui combattoit les absurdités de madame du Marset, m'impatientèrent. M. de Fierville vient toujours au secours de la déraison de son amie, en tournant en ridicule le sérieux que l'on peut mettre à quelque sujet que ce soit ; et il effraie ceux qui ne sont pas bien sûrs de leur esprit, en leur faisant entendre que quiconque n'est pas un moqueur, est nécessairement un pédant. J'eus envie de secourir l'Anglois, nouvellement arrivé en France, que cette ruse intimidoit, et j'entrai malgré moi dans la discussion.

Madame du Marset a retenu quelques phrases d'injures contre Rousseau, qu'on lui fait débiter quand on veut ; madame de Vernon la provoqua, je lui répondis assez dédaigneusement. Madame du Marset piquée, se retourna vers madame de Vernon, et lui dit : — Au reste, madame, quoi qu'en dise madame votre nièce, ce n'est pas une opinion si ridicule que la mienne ; madame de Mondoville, à qui j'écrivois encore hier sur tout ce qui se passe en France, est entièrement de mon avis. — En apprenant que madame du Marset écrivoit à madame de Mondoville, l'idée me vint à l'instant qu'elle lui parloit peut-être de moi, qu'elle lui manderoit peut-être la conversation même que nous venions d'avoir, et qu'elle me peindroit comme une insensée à madame de Mondoville, qui est singulièrement exagérée dans sa haine contre la révolution de France. J'éprouvai un tel saisissement par cette réflexion, qu'il me fut impossible de prononcer un mot de plus.

Madame du Marset me dit, avec ce rire qui caractérise tous les amours-propres, dont la prétention est de feindre une assurance qu'ils n'ont pas : — Eh bien ! madame, vous ne répondez rien ? aurois-je raison, par hasard ? aurois-je réduit votre grand esprit au silence ? — On annonça Léonce : quels vœux je faisois pour que cette fatale conversation ne recommençât pas ! Mais madame de Vernon, impitoyablement, appelle M. de Mondoville, et lui dit : — Est-il vrai que madame votre mère déteste Rousseau ? madame d'Albémar, qui est très-enthousiaste, et de ses écrits et de ses idées politiques, les soutient contre madame du Marset, qui s'appuie du sentiment de madame votre mère ?

Je tremblois pendant ce discours, et j'attendois sans respirer la réponse de Léonce. Au nom de madame du Marset, il se retourna vers elle; je ne voyois pas son visage, mais il y avoit dans l'attitude de sa tête quelque chose de méprisant pour madame du Marset, qui d'abord me rassura. Madame du Marset, qui avoit en face d'elle le regard de Léonce, en fut sans doute troublée, car elle articula foiblement ces mots : — Oui, monsieur, madame votre mère est absolument de mon opinion, elle me l'a écrit plusieurs fois. — Je ne sais, madame, lui dit Léonce avec un son de voix que je ne lui connoissois pas, mais qui me pénétra de respect et de crainte, je ne sais ce que vous écrit ma mère, mais je voudrois ignorer ce que vous lui répondez. — Laissons tout cela, dit assez vivement madame de Vernon, et allons nous promener dans mon jardin.

Je désirois extrêmement avoir l'explication des paroles de Léonce, j'espérois avec délices que sa colère venoit de son intérêt pour moi; mais j'avois besoin qu'il me le dît lui-même. Je restai naturellement de quelques pas en arrière dans la promenade ; je crus remarquer un moment d'hésitation dans Léonce : cependant il prit une feuille sur le même arbre où j'en cueillois une, et je commençai alors la conversation.

— Ne vous dois-je pas quelques remercîmens, lui dis-je, pour le secours que vous m'avez accordé? — Je vous défendrai toujours avec bonheur, madame, me répondit-il, quand même je me permettrois de ne pas vous approuver. — Et quel tort avois-je donc? lui dis-je avec assez d'émotion. — Pourquoi, belle Delphine! reprit-il, pourquoi soutenez-vous des opinions qui réveillent tant de passions haineuses, et contre lesquelles, peut-être avec raison, les personnes de votre classe ont un si grand éloignement? — Pour la première fois, ma chère Louise, je me rappelai cette lettre à M. Barton, que j'avois entièrement oubliée depuis que je voyois Léonce; l'accent de sa voix, l'expression de sa figure, la retracèrent à ma mémoire; et je répondis avec plus de froideur que je ne l'aurois fait peut-être sans ce souvenir. — Monsieur, lui dis-je, il ne convient point à une femme de prendre parti dans les débats politiques; sa destinée la met à l'abri de tous les dangers qu'ils entraînent, et ses actions ne peuvent jamais donner de l'importance ni de la dignité à ses paroles; mais si vous voulez connoître ce que je pense, je ne craindrai point de vous dire, que de tous les sentimens, l'amour de la liberté me paroît le plus digne d'un caractère généreux. — Vous ne m'avez pas compris, répondit Léonce, avec un regard plus doux, et qui n'étoit pas sans quelque mélange de tristesse; je n'ai pas entendu discuter avec vous des opinions sur lesquelles le caractère de ma mère, et, si vous le voulez, les préjugés et les mœurs du pays où j'ai été élevé ne me permettent pas d'hésiter;

je désirerois seulement savoir s'il est vrai que vous vous livriez souvent à témoigner votre sentiment à ce sujet, et si nul intérêt ne pourroit vous en détourner. Ces questions sont bien indiscrètes et bien inconvenables, mais je vous crois cette intelligence supérieure qui pénètre jusqu'à l'intention, de quelques nuages qu'elle soit enveloppée : vous devez donc me pardonner.

Ces derniers mots attirèrent toute ma confiance; et, me laissant aller à ce mouvement, je lui dis avec assez de chaleur : — Je vous atteste, monsieur, que je n'ai jamais pris à ces opinions d'autre part que celle qui résulte de la conversation; elle promène l'esprit sur tous les sujets, celui-là revient plus souvent maintenant, et j'ai quelquefois cédé à l'intérêt qu'il inspire ; mais si j'avois eu des amis qui attachassent le moindre prix à mon silence, ils l'auroient bien facilement obtenu. Comment une femme peut-elle être fortement dominée par des intérêts qui ne tiennent pas aux affections du cœur, ou qui n'y ramènent pas de quelque manière? Si mon frère, mon époux, mon ami, mon père jouoient un rôle dans les affaires publiques, alors toute mon âme pourroit s'y livrer ; mais des combinaisons qui sont pour moi purement abstraites, me persuadent sans m'entraîner ; je suis libre, tristement libre de ma destinée : je n'ai plus de liens, personne n'exige rien de moi ; mes opinions n'influent sur le sort de personne : mes paroles ont suivi mes pensées ; il m'eût été plus doux de les taire, si, par ce léger sacrifice, j'avois pu faire quelque plaisir à quelqu'un. — Quoi! me dit-il, avec un charme inexprimable, si vous aviez un ami qui désirât vous rapprocher de sa mère, qui craignît tout ce qui pourroit s'opposer à ce désir, vous céderiez à ses conseils? — Oui, lui répondis-je; l'amitié vaut bien plus qu'une telle condescendance.

Il prit ma main, et après l'avoir portée à ses lèvres, avant de la quitter il la pressa sur son cœur. Ah! ce mouvement me parut le plus doux, le plus tendre de tous; ce n'étoit point le simple hommage de la galanterie; Léonce n'auroit point pressé ma main sur son noble cœur, s'il n'avoit pas voulu l'engager pour témoin de ses affections. Nous nous quittâmes tous les deux alors, comme d'un commun accord; je voulois conserver dans mon âme l'impression qu'elle venoit d'éprouver, et je craignois un mot de plus, même de lui.

Nous gardâmes l'un et l'autre le silence pendant le reste de la soirée. Madame de Vernon

me retint lorsque tout le monde fut parti;
je crus qu'elle alloit m'interroger. Quoique
j'eusse voulu retarder de quelques jours encore l'aveu que je ne pouvois plus taire, j'étois
décidée à ne lui point cacher les sentimens
qui m'agitoient; mais elle parut ou les ignorer, ou vouloir en repousser la confidence;
peut-être se servant d'un moyen plus cruel
et plus délicat, croyoit-elle enchaîner mon
cœur, par la sécurité même qu'elle me montroit. Elle s'applaudit du choix de Léonce pour
sa fille, et m'associant à tout ce qu'elle disoit,
elle répéta plusieurs fois ces mots : — Nous
avons assuré son bonheur; nous avons.... Ah!
quel *nous*, dans ma situation! Elle me rappela
plusieurs fois que c'étoit à moi seule qu'elle
devoit l'établissement de sa fille; elle me retraça tous les services que je lui avois rendus
dans d'autres temps; et revenant à parler
de Matilde, elle m'entretint des défauts de
son caractère, avec plus de confiance que jamais.

— Je le sais, me dit-elle, quoique sa beauté
soit remarquable, jamais elle ne pourroit
lutter avec avantage contre une femme qui
chercheroit à plaire; elle ne s'apercevroit seulement pas des efforts qu'on feroit pour lui
enlever celui qu'elle aimeroit, et surtout elle

ne sauroit point le retenir. Si vous n'aviez point assuré son sort par de généreux sacrifices, personne ne l'auroit épousée par inclination; elle ne devoit pas se flatter de se marier jamais à un homme de la fortune et de l'éclat de Léonce. — Pourquoi, lui dis-je, un autre n'auroit-il pas réuni des avantages à peu près semblables? Ce neveu de M. de Fierville auquel vous aviez pensé..... — Je ne connoissois pas Léonce alors, interrompit-elle; comment une mère pourroit-elle comparer ces deux hommes, lorsqu'il s'agit du bonheur de sa fille? D'ailleurs le neveu de M. de Fierville a perdu son procès qu'il avoit d'abord gagné; il n'a plus rien; la succession de M. de Vernon doit une somme très-forte à madame de Mondoville, et comme je ne puis la payer sans ce mariage, je serois ruinée s'il manquoit : ne cherchez point à diminuer, ma chère, le service que vous me rendez; il est immense, et tout le bonheur de ma vie en dépend.

Je me jetai dans les bras de madame de Vernon; j'allois parler, mais elle m'interrompit précipitamment, pour me dire que son homme d'affaires lui avoit apporté, le matin, l'acte de donation de la terre d'Andelys, parfaitement rédigé comme nous en étions convenues, et qu'elle me prioit de le signer, pour que tout fût en règle, avant de dresser le contrat de Léonce et de Matilde. A ce mot je sentis mon sang se glacer; mais un mouvement presque aussi rapide succédant au premier, j'eus honte d'avouer mon secret à madame de Vernon, dans le moment même où j'allois m'engager au don que j'avois promis, et je craignis de m'exposer ainsi à ce qu'il fût refusé.

Je me levai donc pour la suivre dans son cabinet: en passant devant une glace, je fus frappée de ma pâleur, et je m'arrêtai quelques instans; mais enfin je triomphai de moi, je pris la plume et je signai avec une grande promptitude, car j'avois extrêmement peur de me trahir; et malgré tous mes efforts, je ne conçois pas encore comment madame de Vernon ne s'est pas aperçue de mon trouble. Je sortis presqu'à l'instant même; je voulois être seule pour penser à ce que j'avois fait; madame de Vernon ne me retint pas, et ne prononça pas un seul mot d'inquiétude sur mon agitation.

Rentrée chez moi, je tremblois, j'éprouvois une terreur secrète, comme si j'avois mis une barrière insurmontable entre Léonce et moi: je réfléchis cependant que la terre que je venois d'assigner à Matilde, serviroit également à faciliter un autre mariage, si l'on pouvoit l'amener à y consentir. Un autre mariage! Ah! puis-je me dissimuler que rien au monde ne consolera jamais personne de la perte de Léonce. Quel art madame de Vernon n'a-t-elle pas employé pour entourer mon cœur par ces liens de délicatesse et de sensibilité qui vous saisissent de partout! Combien elle seroit étonnée si je ne répondois pas à sa confiance! elle a l'air de repousser bien loin d'elle cette crainte. Ah! si du moins elle vouloit me soupçonner! Mais rien, rien ne peut l'y engager; il faudra lui parler, il le faudra, j'y suis résolue; dussé-je tout sacrifier, elle ne doit pas ignorer ce qu'il m'en coûte! Mais ce premier mot qui dira tout, que de douleur j'éprouverai pour le prononcer!

LETTRE XXVI.

Delphine à mademoiselle d'Albémar.

Ce 20 juin.

Vous êtes bien dangereuse pour moi, ma chère Louise; je vous conjure de me fortifier dans mes cruels combats, et vous m'écrivez une lettre, dans laquelle vous rassemblez tous les motifs que mon cœur pourroit me suggérer, pour me livrer aux sentimens que j'éprouve. Vous voulez me persuader que Matilde ne sera point malheureuse de la perte de Léonce ; vous me rappelez que madame de Vernon étoit disposée à s'occuper d'un autre choix, lorsque la vie de Léonce étoit en danger ; vous prétendez que j'ai fait assez pour mon amie, en lui prêtant une fois quarante mille livres, et en assurant, par mes dons, la fortune de sa fille : mais vous n'aimez pas madame de Vernon ; mais vous ne sentez pas combien l'affection que je lui ai témoignée, le goût vif que j'ai toujours eu pour son esprit et pour son caractère, me rendroient douloureux ce qui pourroit lui déplaire. Je l'aime depuis l'âge de quinze ans, je lui dois les momens les plus agréables de ma vie ; tout ce qui tient à elle ébranle fortement mon âme : je me suis accoutumée à croire que son bonheur importoit plus que le mien ; il me sembloit que mon âme orageuse n'étoit destinée qu'à souffrir ; mais je me flattois du moins que je préserverois de toutes les peines l'être doux et paisible qui se confioit à mon amitié. Je vais perdre six années d'affections et de souvenirs, pour ce sentiment nouveau qui peut-être sera brisé par le caractère de Léonce ; je crains déjà même que vous n'en soyez convaincue par ce que je vais vous dire.

Thérèse étoit hier plus tourmentée que jamais : on a commencé à mettre dans la tête de M. d'Ervins, que les opinions politiques de M. de Serbellane étoient très-dangereuses, et qu'il ne convenoit pas à un défenseur de la cour de voir souvent un tel homme. Il le reçoit donc beaucoup plus froidement, et ne l'invite presque plus : Thérèse en est au désespoir, et vouloit m'engager à avoir chez moi tous les jours M. de Serbellane avec elle ; je m'y suis refusée ; je ne puis protéger une liaison contraire à ses devoirs, je lui donnerai tous les soins qui peuvent consoler son cœur, mais si les circonstances la ramènent dans la route de la morale, je ne repousserai point le secours que la Providence lui donne. Elle a écouté mon refus avec douceur, en me rappelant seulement la promesse que je lui avois faite, si M. de Serbellane étoit obligé de partir ; je l'ai confirmée, cette promesse ; j'avois quelque embarras de m'être montrée si sévère ; hélas ! en ai-je encore le droit ? Thérèse se livra bientôt après à me peindre tous les sentimens de douleur qui l'agitoient : elle ne savoit pas combien elle me faisoit mal ; je lui disois à voix basse quelques mots de calme et de raison, mais j'étois prête à me jeter dans ses bras, à confondre ma douleur avec la sienne, à me livrer avec elle à l'expression du sentiment dont je voulois la défendre; je me retins cependant, je le devois; il faut que je la soutienne encore de ma main mal assurée.

Cet après-midi M. de Serbellane est venu me voir; il m'a parlé de Thérèse, et ce n'est jamais sans attendrissement que je retrouve en lui le touchant mélange d'une protection fraternelle, et de la délicatesse de l'amour. Il avoit encore quelques détails essentiels à me dire; l'heure me pressoit pour me rendre au concert que donnoit madame de Vernon; il me proposa de m'accompagner: il m'est arrivé plusieurs fois de faire des visites avec M. de Serbellane; vous savez que je ne consens point à me gêner pour ces prétendues convenances de société auxquelles on s'astreint si facilement, quand on a véritablement intérêt à dissimuler sa conduite; mais il me vint dans l'esprit que je pourrois déplaire à Léonce, en arrivant avec un jeune homme, et j'hésitois à répondre. M. de Serbellane le remarqua, et me dit : — Est-ce que vous ne voulez pas que j'aille avec vous ? — J'étois honteuse de mon embarras; je ne savois que faire de cette apparence de pruderie qui convient si mal à un caractère naturel; et ne pouvant ni dire la vérité, ni me résoudre à me laisser soupçonner d'affectation, j'acceptai la main que m'offroit M. de Serbellane, et nous partîmes ensemble.

J'espérois que Léonce ne seroit point encore chez madame de Vernon; il y étoit déjà : je reconnus en entrant sa voiture dans la cour; un des amis de M. de Serbellane le retint sur l'escalier : je le précédai d'un demi-quart d'heure, et je croyois avoir évité ce que je redoutois; mais au moment où M. de Serbellane entra, madame de Vernon, je ne sais par quel hasard, lui demanda tout haut si nous n'étions pas venus ensemble; il répondit fort simplement que oui. A ce mot Léonce tressaillit, il regarda tour à tour M. de Serbellane et moi, avec l'expression la plus amère, et je ne sus pendant un moment si je n'avois pas tout à craindre. M. de Serbellane remarqua, j'en suis sûre, la colère de Léonce; mais voulant me ménager, il s'assit négligemment à côté d'une femme, dont il ne cessa pas d'avoir l'air fort occupé.

Léonce alla se placer à l'extrémité de la salle, et me regarda d'abord avec un air de dédain : j'étois profondément irritée; et ce mouvement se seroit soutenu, si, tout à coup, une pâleur mortelle couvrant son visage, ne m'avoit rappelé l'état où il étoit, quand je le vis pour la première fois. Le souvenir d'une impression si profonde l'emporta bientôt malgré moi sur mon ressentiment. Léonce s'aperçut que je le regardois, il détourna la tête, et parut faire un effort sur lui-même pour se relever et reprendre à la vie.

Matilde chanta bien, mais froidement; Léonce ne l'applaudit point; le concert continua sans qu'il eût l'air de l'entendre, et sans que l'expression sévère et sombre de son visage s'adoucît un instant. J'étois accablée de tristesse; votre lettre, je l'avoue, avoit un peu affoibli l'idée que je me faisois des obstacles qui me séparoient de Léonce : j'étois arrivée avec cette douce pensée, et Léonce, en me présentant tous les inconvéniens de son caractère, sembloit élever de nouvelles barrières entre nous. Peut-être étoit-il jaloux, peut-être blâmoit-il, de toute la hauteur de ses préjugés à cet égard, une conduite qu'il trouvoit légère: l'un et l'autre pouvoit être vrai, mais je ne savois comment parvenir à m'expliquer avec lui.

Le concert fini, tout le monde se leva; j'essayai deux fois de parler à ceux qui étoient près de Léonce; deux fois il quitta la conversation dont je m'étois mêlée, et s'éloigna pour m'éviter. Mon indignation m'avoit reprise, et je me préparois à partir, lorsque madame de Vernon dit à quelques femmes qui restoient, qu'elle les invitoit au bal qu'elle donneroit à sa fille jeudi prochain, pour la convalescence de M. de Mondoville. Jugez de l'effet que produisirent sur moi ces derniers mots; je crus que c'étoit la fête de la noce; que Léonce s'étoit expliqué positivement; que le jour étoit fixé : je fus obligée de m'appuyer sur une chaise, et je me sentis prête à m'évanouir. Léonce me regarda fixement, et levant les yeux tout à coup avec une sorte de transport, il s'avança au milieu du cercle, et prononça ces paroles avec l'accent le plus vif et le plus distinct : — On s'étonneroit, je pense, dit-il, de la bonté que madame de Vernon me témoigne, si l'on ne savoit pas que ma mère est son intime amie, et qu'à ce titre elle veut bien s'intéresser à moi. — Quand ces mots furent achevés, je respirai, je le compris; tout fut réparé. Madame de Vernon dit alors en souriant avec sa grâce et sa présence d'esprit accoutumées : — Puisque M. de Mondoville ne

veut pas de mon intérêt pour lui-même, je
dirai qu'il le doit tout entier à sa mère ; mais
je persiste dans l'invitation du bal.

La société se dispersa ; il ne resta pour le
souper que quelques personnes. Le neveu de
madame du Marset, qui a une assez jolie voix,
me demanda de chanter avec Matilde et lui,
ce trio de Didon que votre frère aimoit tant :
je refusois ; Léonce dit un mot, j'acceptai. Matilde se mit au piano avec assez de complaisance : elle a pris plus de douceur dans les
manières depuis qu'elle voit Léonce, sans qu'il
y ait d'ailleurs en elle aucun autre changement. On me chargea du rôle de Didon ; Léonce
s'assit presque en face de nous, s'appuyant sur
le piano : je pouvois à peine articuler les premiers sons ; mais en regardant Léonce, je crus
voir que son visage avoit repris son expression naturelle ; et toutes mes forces se ranimè-
rent, lorsque je vins à ces paroles sur une mé-
lodie si touchante :

> Tu sais si mon cœur est sensible ;
> Épargne-le s'il est possible :
> Veux-tu m'accabler de douleur ?

La beauté de cet air, l'ébranlement de mon
cœur donnèrent, je le crois, à mon accent
toute l'émotion, toute la vérité de la situation
même. Léonce, mon cher Léonce laissa tomber

sa tête sur le piano : j'entendois sa respiration agitée, et quelquefois il relevoit, pour me regarder, son visage baigné de larmes. Jamais, jamais je ne me suis sentie tellement au-dessus de moi-même; je découvrois dans la musique, dans la poésie, des charmes, une puissance qui m'étoient inconnus : il me sembloit que l'enchantement des beaux-arts s'emparoit pour la première fois de mon être, et j'éprouvois un enthousiasme, une élévation d'âme dont l'amour étoit la première cause, mais qui étoit plus pure encore que l'amour même.

L'air fini, Léonce, hors de lui-même, descendit dans le jardin pour cacher son trouble. Il y resta long-temps, je m'en inquiétois; personne ne parloit de lui; je n'osois pas commencer; il me sembloit que prononcer son nom c'étoit me trahir. Heureusement il prit au neveu de madame du Marset l'envie de nous faire remarquer ses connoissances en astronomie; il s'avança vers la terrasse pour nous démontrer les étoiles, et je le suivis avec bien du zèle. Léonce revint; il me saisit la main sans être aperçu, et me dit avec une émotion profonde : — Non, vous n'aimez pas M. de Serbellane, ce n'est pas pour lui que vous avez chanté, ce n'est pas lui que vous avez regardé. — Non, sans doute, m'écriai-je, j'en atteste le ciel et mon cœur! — Madame de Vernon nous interrompit aussitôt; je ne sus pas si elle avoit entendu ce que je disois, mais j'étois résolue à lui tout avouer : je ne craignois plus rien.

On rentra dans le salon; Léonce étoit d'une gaîté extraordinaire; jamais je ne lui avois vu tant de liberté d'esprit; il étoit impossible de ne pas reconnoître en lui la joie d'un homme échappé à une grande peine. Sa disposition devint la mienne; nous inventâmes mille jeux, nous avions l'un et l'autre un sentiment intérieur de contentement qui avoit besoin de se répandre. Il me fit indirectement quelques épigrammes aimables sur ce qu'il appeloit ma philosophie, l'indépendance de ma conduite, mon mépris pour les usages de la société; mais il étoit heureux, mais il s'établissoit entre nous cette douce familiarité, la preuve la plus intime des affections de l'âme; il me sembla que nous nous étions expliqués, que tous les obstacles étoient levés, tous les sermens prononcés; et cependant je ne connoissois rien de ses projets, nous n'avions pas encore eu un quart d'heure de conversation ensemble; mais j'étois sûre qu'il m'aimoit, et rien alors dans le monde ne me paroissoit incertain.

Je m'approchai de madame de Vernon, et je lui demandai le soir même une heure d'entretien; elle me refusa en se disant malade : je proposai le lendemain ; elle me pria de renvoyer après le bal ce que je pouvois avoir à lui dire ; elle m'assura que jusqu'à ce jour elle n'auroit pas un moment de libre. Je m'y soumis, quoiqu'il me fût aisé d'apercevoir qu'elle cherchoit des prétextes pour éloigner cette conversation. Soit qu'elle en devine ou non le sujet, ma résolution est prise, je lui parlerai ; quand elle saura tout, quand je lui aurai offert de quitter Paris, d'aller m'enfermer dans une retraite pour le reste de mes jours, afin d'y conserver sans crime le souvenir de Léonce, elle prononcera sur mon sort, je l'en ferai l'arbitre ; et quel que soit le parti qu'elle prenne, je n'aurai plus du moins à rougir devant elle. Ma chère Louise, je goûte quelque calme depuis que je n'hésite plus sur la conduite que je dois suivre.

LETTRE XXVII.

Léonce à M. Barton.

Paris, ce 29 juin.

Mon sort est décidé, mon cher maître, jamais un autre objet que Delphine n'aura d'empire sur mon cœur : hier au bal, hier elle s'est presque compromise pour moi. Ah! que je la remercie de m'avoir donné des devoirs envers elle! je n'ai plus de doutes, plus d'incertitudes; il ne s'agit plus que d'exécuter ma résolution, et je ne vous consulte que sur les moyens d'y parvenir.

Je serai le 4 juillet à Mondoville; nous concerterons ensemble ce qu'il faut écrire à ma mère; madame de Vernon ne m'a pas encore dit un mot du mariage projeté; à mon retour de Mondoville, je lui parlerai le premier; c'est une femme d'esprit, elle est amie de Delphine : dès qu'elle sera bien assurée de ma résolution, elle la servira. Je ne craignois que la force des engagemens contractés; ma mère a évité de me répondre sur ce sujet; il faut qu'elle n'y croie pas son honneur intéressé; elle n'auroit pas tardé d'un jour à me donner un ordre impérieux, si elle avoit cru sa délicatesse compromise par ma désobéissance. Elle n'insiste dans ses lettres que sur les prétendus défauts de madame d'Albémar : on lui a persuadé qu'elle étoit légère, imprudente ; qu'elle compromettoit sans cesse sa réputation, et ne manquoit pas une occasion d'exprimer les opinions les plus contraires à celles qu'on doit chérir et respecter. C'est à vous, mon cher Barton, de faire connoître madame d'Albémar à ma mère ; elle vous croira plus que moi.

Sans doute Delphine se fie trop à ses qualités naturelles, et ne s'occupe pas assez de l'impression que sa conduite peut produire sur les autres. Elle a besoin de diriger son esprit vers la connoissance du monde, et de se garantir de son indifférence pour cette opinion publique, sur laquelle les hommes médiocres ont au moins autant d'influence que les hommes supérieurs. Il est possible que nous ayons des défauts entièrement opposés ; eh bien ! à présent je crois que notre bonheur et nos vertus s'accroîtront par cette différence même ; elle soumettra, j'en suis sûr, ses actions à mes désirs, et sa manière de penser affranchira peut-être la mienne : elle calmera du moins cette ardente susceptibilité qui m'a déjà fait beaucoup souffrir. Mon ami, tout est bien, tout est bien, si je suis son époux.

Hier enfin.... Mais comment vous raconter ce jour? c'est replonger une âme dans le trouble qui l'égare. Quel sentiment que l'amour! quelle autre vie dans la vie! Il y a dans mon cœur des souvenirs, des pensées si vives de bonheur, que je jouis d'exister chaque fois que je respire. Ah! que mon ennemi m'auroit fait de mal en me tuant! Ma blessure m'inquiète à présent : il m'arrive de craindre qu'elle ne se rouvre; des mouvemens si passionnés m'agitent, que j'éprouve, le croiriez-vous, la peur de mourir avant demain, avant une heure, avant l'instant où je dois la revoir.

Ne pensez pas cependant que je vous exprime l'amour d'un jeune homme, l'amour qu'un sage ami devroit blâmer. Quoique vous vous soyez imposé de ne point contrarier les vues de ma mère, vous désirez qu'elle préfère madame d'Albémar à Matilde. Oui, mon cher maître, votre raison est d'accord avec le choix de votre élève; ne vous en défendez pas. Ah! si vous saviez combien vous m'en êtes plus cher!

J'avois reçu, avant d'aller au bal de madame de Vernon, une réponse de vous sur M. de Serbellane. Vous conveniez que c'étoit l'homme que madame d'Albémar vous avoit toujours paru distinguer le plus; et quoique vous cherchassiez à calmer mon inquiétude, votre lettre l'avoit ranimée. J'arrivai donc au bal de madame de Vernon avec une disposition assez triste; Matilde s'étoit parée d'un habit à l'espagnole, qui relevoit singulièrement la beauté de sa taille et de sa figure : elle ne m'a jamais témoigné de préférence; mais je crus voir une intention aimable pour moi dans le choix de cet habit: je voulus lui parler, et je m'assis près d'elle, après l'avoir engagée à se rapprocher de la porte d'entrée vers laquelle je retournois sans cesse la tête. J'étois si vivement ému par l'impatience de voir arriver Delphine, que je ne pouvois pas même suivre, avec Matilde, cette conversation de bal si facile à conduire.

Tout à coup je sentis un air embaumé; je reconnus le parfum des fleurs que Delphine a coutume de porter, et je tressaillis; elle entra sans me voir : je n'allai pas à l'instant vers elle; je goûtai d'abord le plaisir de la savoir dans le même lieu que moi. Je ménageai avec volupté les délices de la plus heureuse journée de ma vie : je laissai Delphine faire le tour du bal avant de m'approcher d'elle; je remarquai seulement qu'elle cherchoit quelqu'un encore, quoique tout le monde se fût empressé de l'entourer. Elle étoit vêtue d'une simple robe blanche, et ses beaux cheveux étoient rattachés ensemble sans aucun ornement, mais avec une grâce et une variété tout-à-fait inimitables. Ah! qu'en la regardant j'étois ingrat pour la parure de Matilde; c'étoit celle de Delphine qu'il falloit choisir. Que me font les souvenirs de l'Espagne? Je ne me rappelle rien, que depuis le jour où j'ai vu madame d'Albémar.

Elle me reconnut dans l'embrasure d'une fenêtre, où j'avois été me placer pour la regarder. Elle eut un mouvement de joie que je ne perdis point; bientôt après elle aperçut Matilde, et son costume la frappa tellement, qu'elle resta debout devant elle, rêveuse, distraite et sans lui parler. Une jeune et jolie Italienne, qu'on nomme madame d'Ervins, aborda Delphine et la pria de la suivre dans le salon à côté. Delphine hésitoit, et j'en suis sûr, pour me parler; cependant madame d'Ervins eut l'air affligée de sa résistance, et Delphine n'hésita plus.

Cet entretien avec madame d'Ervins fut assez long, et je le souffrois impatiemment, lorsque Delphine revint à moi et me dit : — Il est peut-être bien ridicule de vous rendre compte de mes actions sans savoir si vous vous y intéressez ; enfin dussiez-vous trouver cette démarche imprudente, vous penserez de mon caractère ce que vous en pensez peut-être déjà, mais vous ne concevrez pas du moins sur moi des soupçons injustes. Un intérêt, qu'il m'est interdit de vous confier, me force à causer quelques instans seule avec M. de Serbellane ; cet intérêt est le plus étranger du monde à mes affections personnelles ; je connoîtrois bien mal Léonce, s'il pouvoit se méprendre à l'accent de la vérité, et si je n'étois pas sûre de le convaincre, quand j'atteste son estime pour moi, de la sincérité de mes paroles. — La dignité et la simplicité de ce discours me firent une impression profonde : ah ! Delphine ! quelle seroit votre perfidie, si vous faisiez servir au mensonge tant de charmes qui ne semblent créés que pour rendre plus aimables encore les premiers mouvemens, les affections involontaires, pour réunir enfin dans une même femme les grâces élégantes du monde à toute la simplicité des sentimens naturels !

Quand la conversation de madame d'Albémar avec M. de Serbellane fut terminée, elle revint dans le bal ; et M. d'Orsan, ce neveu de madame du Marset, qui a toujours besoin d'occuper de ses talens, parce qu'ils lui tiennent lieu d'esprit, pria Delphine de danser une polonoise, qu'un Russe leur avoit apprise à tous les deux, et dont on étoit très-curieux dans le bal. Delphine fut comme forcée de céder à son importunité, mais il y avoit quelque chose de bien aimable dans les regards qu'elle m'adressa; elle se plaignoit à moi de l'ennui que lui causoit M. d'Orsan; notre intelligence s'étoit établie d'elle-même, son sourire m'associoit à ses observations doucement malicieuses.

Les hommes et les femmes montèrent sur les bancs pour voir danser Delphine; je sentis mon cœur battre avec une grande violence, quand tous les yeux se tournèrent sur elle: je souffrois de l'accord même de toutes ces pensées avec la mienne; j'eusse été plus heureux si je l'avois regardée seul.

Jamais la grâce et la beauté n'ont produit sur une assemblée nombreuse un effet plus extraordinaire; cette danse étrangère a un charme dont rien de ce que nous avons vu ne peut donner l'idée; c'est un mélange d'indolence et de vivacité, de mélancolie et de gaîté tout-à-fait asiatique. Quelquefois, quand l'air devenoit plus doux, Delphine marchoit quelques pas la tête penchée, les bras croisés, comme si quelques souvenirs, quelques regrets étoient venus se mêler soudain à tout l'éclat d'une fête; mais, bientôt reprenant la danse vive et légère, elle s'entouroit d'un schall indien, qui, dessinant sa taille, et retombant avec ses longs cheveux, faisoit de toute sa personne un tableau ravissant.

Cette danse expressive et, pour ainsi dire, inspirée, exerce sur l'imagination un grand pouvoir; elle vous retrace les idées et les sensations poétiques que, sous le ciel de l'Orient, les plus beaux vers peuvent à peine décrire.

Quand Delphine eut cessé de danser, de si vifs applaudissemens se firent entendre, qu'on put croire pour un moment tous les hommes amoureux, et toutes les femmes subjuguées.

Quoique je sois encore foible et qu'on m'ait défendu tout exercice qui pourroit enflammer le sang, je ne sus pas résister au désir de danser une angloise avec Delphine; il s'en formoit une de toute la longueur de la galerie; je demandai à madame d'Albémar de la descendre avec moi. — Le pouvez-vous, me répondit-elle, sans risquer de vous faire mal? — Ne craignez rien pour moi, répondis-je, je tiendrai votre main. — La danse commença, et plusieurs fois mes bras serrèrent cette taille souple et légère qui enchantoit mes regards : une fois, en tournant avec Delphine, je sentis son cœur battre sous ma main ; ce cœur, que toutes les puissances divines ont doué, s'animoit-il pour moi d'une émotion plus tendre ?

J'étois si heureux, si transporté, que je voulus recommencer encore une fois la même contredanse; la musique étoit ravissante; deux harpes mélodieuses accompagnoient les instrumens à vent, et jouoient un air à la fois vif et sensible ; la danse de Delphine prenoit par degrés un caractère plus animé, ses regards s'attachoient sur moi avec plus d'expression ; quand les figures de la danse nous ramenoient l'un vers l'autre, il me sembloit que ses bras s'ouvroient presque involontairement pour me rappeler, et que, malgré sa légèreté parfaite, elle se plaisoit souvent à s'appuyer sur moi ; les délices dont je m'enivrois me firent oublier que ma blessure n'étoit pas parfaitement guérie : comme nous étions arrivés au dernier couple qui terminoit le rang, j'éprouvai tout à coup un sentiment de foiblesse qui faisoit fléchir mes genoux ; j'attirai Delphine, par un dernier effort, encore plus près de moi, et je lui dis à voix basse : — Delphine, Delphine ! si je mourois ainsi, me trouveriez-vous à plaindre ? — Mon Dieu ! interrompit-elle

d'une voix émue, mon Dieu! qu'avez-vous?
— L'altération de mon visage la frappa; nous étions arrivés à la fin de la danse; je m'appuyai contre la cheminée, et je portai sans y penser la main sur ma blessure, qui me faisoit beaucoup souffrir. Delphine ne fut plus maîtresse de son trouble, et s'y livra tellement, qu'à travers ma foiblesse je vis que tous les regards se fixoient sur elle; la crainte de la compromettre me redonna des forces, et je voulus passer dans la chambre voisine de celle où l'on dansoit. Il y avoit quelques pas à faire. Delphine n'observant rien que l'état où j'étois, traversa toute la salle sans saluer personne, me suivit, et me voyant chanceler en marchant, s'approcha de moi pour me soutenir; j'eus beau lui répéter que j'allois mieux, qu'en respirant l'air je serois guéri, elle ne songeoit qu'à mon danger, et laissa voir à tout le monde l'excès de sa peine et la vivacité de son intérêt.

O Delphine! dans ce moment, comme au pied de l'autel, j'ai juré d'être ton époux : j'ai reçu ta foi, j'ai reçu le dépôt de ton innocente destinée, lorsqu'un nuage s'est élevé sur ta réputation, à cause de moi!

Quand je fus près d'une fenêtre, je me remis entièrement; alors Delphine, se rappelant ce qui venoit de se passer, me dit les larmes aux yeux : — Je viens d'avoir la conduite du monde la plus extraordinaire ; votre imprudence, en persistant à danser, à mis mon cœur à cette cruelle épreuve. Léonce, Léonce, aviez-vous besoin de me faire souffrir pour me deviner ? — Pourriez-vous me soupçonner, lui dis-je, d'exposer volontairement aux regards des autres ce que j'ose à peine recueillir avec respect, avec amour, dans mon cœur? Mais si vous redoutez le blâme de la société, je saurai bientôt.... — Le blâme de la société, interrompit-elle, avec une expression d'insouciance singulièrement piquante ; je ne le crains pas : mais mon secret sera connu avant que je l'aie confié à l'amitié, et vous ne savez pas combien cette conduite me rend coupable! — Elle alloit continuer, lorsque nous entendîmes du bruit dans le salon, et le nom de madame d'Ervins plusieurs fois répété. Delphine me quitta précipitamment, pour demander la cause de l'agitation de la société. — Madame d'Ervins, lui répondit M. de Fierville, vient de tomber sans connoissance, et on l'emporte dans sa voiture, par ordre de M. d'Ervins ; il ne veut pas qu'elle reçoive des secours ailleurs que chez elle.

A peine Delphine eut-elle entendu ces dernières paroles, qu'elle s'élança sur l'escalier, atteignit M. d'Ervins, monta dans sa voiture sans rien lui dire, et partit à l'instant même ; c'est tout ce que je pus apercevoir. Le mouvement rapide d'une bonté passionnée l'entraînoit. Elle me laissa seul au milieu de cette fête, que je ne reconnoissois plus. Je cherchois en vain les plaisirs qui se confondoient dans mon âme avec l'amour ; mais j'étois pénétré de cette émotion tendre, et néanmoins sérieuse, qui remplit le cœur d'un honnête homme, lorsqu'il a donné sa vie, lorsqu'il s'est chargé du bonheur de celle d'un autre.

Je ne sais si j'abuse de votre amitié en vous confiant les sentimens que j'éprouve ; mais pourquoi la gravité de votre âge et de votre caractère me défendroit-elle de vous peindre ce pur amour qui me guide dans le choix de la compagne de ma vie ? Mon cher maître ! ils vous seront doux les récits du bonheur de votre élève ; s'ils vous rappellent votre jeunesse, ce sera sans amertume, car tous vos souvenirs tiennent à la même pensée ; ils se rattachent tous à la vertu.

J'attendrai pour m'expliquer entièrement avec madame d'Albémar, que j'aie reçu la réponse de ma mère. Dans quelques jours je serai près de vous à Mondoville, puisque vous y avez besoin de moi. Je veux que nous écrivions ensemble à ma mère, de ce lieu même où elle a passé les premières années de son mariage et de mon enfance ; ces souvenirs la disposeront à m'être favorable.

LETTRE XXVIII.

Madame de Vernon à M. de Clarimin.

Paris, ce 30 juin 1790.

On vous a mandé que M. de Mondoville étoit très-occupé de madame d'Albémar, et qu'il paroissoit la préférer à ma fille ; vous en avez conclu que le mariage que j'ai projeté n'auroit pas lieu. Vous devriez avoir cependant un peu plus de confiance dans l'esprit que vous me connoissez. Je suis témoin de tout ce qui se passe ; Léonce et Delphine n'ont pas un seul mouvement que je n'aperçoive, et vous imaginez que je ne saurai pas prévenir à temps cette liaison qui renverseroit tous mes projets de bonheur et de fortune !

J'ai fait quelquefois usage de mon adresse pour de très-légers intérêts ; aujourd'hui c'est mon devoir de protéger ma fille, et je n'y réussirois pas ! Vous me dites que madame d'Albémar me cache son affection pour Léonce. Mon Dieu ! je vous assure que j'aurai sa confiance quand je le voudrai ; je ne suis occupée qu'à une chose, c'est à l'éviter ; car elle m'engageroit, et il me plaît de rester libre.

Les caractères de Léonce et de Delphine ne se conviennent point ; Léonce est orgueilleux comme un Espagnol, épris de la considération presque autant que de Delphine, aimable, très-aimable ; mais il faut les séparer pour leur intérêt à tous les deux. L'occasion s'en présentera ; il ne faut que du temps, et je défie bien Léonce et Delphine de presser les événemens que j'ai résolu de ralentir. Personne ne sait mieux que moi faire usage de l'indolence : elle me sert à déjouer naturellement l'activité des autres. Je veux le mariage de Léonce et de Maltide. Je ne me suis pas donné la peine de vouloir quatre fois en ma vie ; mais quand j'ai tant fait que de prendre cette fatigue, rien ne me détourne de mon but, et je l'atteins ; comptez-y.

Je vous remercie de l'intérêt que vous me témoignez ; mais quand il y va du sort de ma fille, de ma ruine ou de mon aisance, de tout enfin pour moi, pensez-vous que je puisse rien négliger ? Je me garde bien cependant d'agir dans un grand intérêt, avec plus de vivacité que dans un petit ; car ce qui arrange tout, c'est la patience et le secret. Adieu donc, mon cher Clarimin ; comme j'espère vous voir à Paris dans peu de temps, je vous y invite pour les noces de ma fille.

LETTRE XXIX.
Delphine à mademoiselle d'Albémar.

Ce 2 juillet.

Thérèse est perdue, ma chère Louise, et je ne sais à quel parti m'arrêter pour adoucir sa cruelle situation. J'entrevoyois quelque espoir pour mon bonheur, il y a deux jours, à la fête de madame de Vernon ; Léonce et moi, nous nous étions presque expliqués ; mais depuis le malheur arrivé à Thérèse, je suis tellement émue, que j'ai laissé passer deux soirées sans oser aller chez madame de Vernon. Léonce auroit remarqué ma tristesse, et je n'aurois pu lui en avouer la cause ; s'il est un devoir sacré pour moi, c'est celui de garder inviolablement le secret de mon amie ; et comment ne pas se laisser pénétrer par ce qu'on aime ? Je ne sais donc rien de Léonce ; et madame d'Ervins occupe seule tous mes momens.

Madame du Marset, cette cruelle ennemie de tous les sentimens, qu'elle ne peut plus inspirer ni ressentir, a connu M. d'Ervins à Paris il y a quinze ans, avant qu'il eût épousé Thérèse. Avant-hier au bal, madame du Marset, placée à côté de lui, n'a cessé de lui parler bas, pendant que Thérèse dansoit avec M. de Serbellane; je ne crois point que madame du Marset ait été capable d'exciter positivement les soupçons de M. d'Ervins; les caractères les plus méchans ne veulent pas s'avouer qu'ils le sont, et se réservent toujours quelques moyens d'excuse vis-à-vis des autres et d'eux-mêmes; mais j'ai cru reconnoître par quelques mots échappés à la fureur de M. d'Ervins, que madame du Marset, en apprenant que M. de Serbellane avoit passé six mois dans son château avec sa femme, s'étoit moquée du rôle ridicule qu'il devoit avoir joué, en tiers avec ces deux jeunes gens; et de tous les mots qu'elle pouvoit choisir, le plus perfide étoit celui de *ridicule;* depuis, M. d'Ervins l'a répété sans cesse dans sa fureur, et quand elle s'apaisoit, il lui suffisoit de se le prononcer à lui-même, pour qu'elle recommençât plus violente que jamais.

Je passai devant M. d'Ervins, quelques momens après sa conversation avec madame du Marset, et je fus frappée de son air sérieux; comme je ne connois rien en lui de profond que son amour-propre, je ne doutai pas qu'il ne fût offensé de quelque manière. Thérèse me fit part des mêmes observations, et cependant, soit, comme elle me l'a dit depuis, qu'un sentiment funeste l'agitât, soit que cette fête, nouvelle pour elle, l'étourdît, et lui ôtât le pouvoir de réfléchir, son occupation de M. de Serbellane n'étoit que trop remarquable pour des regards attentifs. M. d'Ervins affecta de s'éloigner d'elle; mais j'aperçus clairement qu'il ne la perdoit pas de vue : j'en avertis M. de Serbellane; je comptois sur sa prudence : en effet, il évita constamment de parler à Thérèse. Si je n'avois pas quitté madame d'Ervins alors, peut-être aurois-je calmé le trouble où la jetoit l'apparente froideur de M. de Serbellane : elle en savoit la cause, et cependant elle ne pouvoit en supporter la vue. Entièrement occupée de Léonce, le reste de la soirée, j'oubliai madame d'Ervins : c'est à cette faute, hélas! qu'est peut-être due son infortune.

Je parlois encore à Léonce, lorsque j'appris subitement qu'on emportoit madame d'Ervins sans connoissance; je courus après son mari qui la suivoit, je montai dans sa voiture presque malgré lui, et je pris dans mes bras la pauvre Thérèse, qui étoit tombée dans un évanouissement si profond, qu'elle ne donnoit plus un signe de vie. — Grand Dieu! dis-je à M. d'Ervins, qui l'a mise en cet état? — Sa conscience, madame, me répondit-il; sa conscience! — Et il me raconta alors ce qui s'étoit passé, avec un tremblement de colère dans lequel il n'entroit pas un seul sentiment de pitié pour cette charmante figure mourant devant ses yeux.

Placé derrière une porte au moment où sa femme passoit d'une chambre à l'autre, il l'avoit entendu faire à M. de Serbellane des reproches dont l'expression supposoit une liaison intime : il s'étoit avancé alors, et prenant la main de sa femme, il lui avoit dit à voix basse, mais avec fureur : — Regardez-le, ce perfide étranger; regardez-le, car jamais vous ne le reverrez. A ces mots Thérèse étoit tombée comme morte à ses pieds ; M. d'Ervins étoit fier de la douleur qu'il lui avoit causée; son orgueil ne se reposoit que sur cette cruelle jouissance.

Quand nous arrivâmes à la maison de madame d'Ervins, sa fille Isore, la voyant rapporter dans cet état, jetoit des cris pitoyables, auxquels M. d'Ervins ne daignoit pas faire la moindre attention. On posa Thérèse sur son lit, revêtue, comme elle l'étoit encore, de guirlandes de fleurs et de toutes les parures du bal ; elle avoit l'air d'avoir été frappée de la foudre au milieu d'une fête.

Mes soins la rappelèrent à la vie ; mais elle étoit dans un délire qui trahissoit à chaque instant son secret. Je voulois que M. d'Ervins me laissât seule avec elle ; mais loin qu'il y consentît, il s'approcha de moi pour me dire que ma voiture étoit arrivée, et que dans ce moment il désiroit d'entretenir sa femme sans témoins. — Au nom de votre fille, lui dis-je, M. d'Ervins, ménagez Thérèse ; n'oubliez pas dix ans de bonheur ; n'oubliez pas... — Je sais, madame, interrompit-il, ce que je me dois à moi-même : croyez que j'aurai toujours présent à l'esprit ma dignité personnelle. — Et n'aurez-vous pas, repris-je, n'aurez-vous pas présent à l'esprit le danger de Thérèse ? — Ce qui est convenable doit être accompli, répondit-il, quoi qu'il en coûte ; elle a l'honneur de porter mon nom, je verrai ce qu'exigent à ce titre et son devoir et le mien. — Je quittai cet homme odieux, cet homme incapable de rien voir dans la nature que lui seul, et dans lui-même, que son orgueil. Je retournai encore une fois vers l'infortunée Thérèse ; je l'embrassai en lui jurant l'amitié la plus tendre, et lui recommandant la prudence et le courage ; elle ne me répondit à

demi-voix que ces seuls mots : — Faites que
je le revoie. — Je partis le cœur déchiré.

En rentrant chez moi vers deux heures du
matin, je trouvai M. de Serbellane qui m'attendoit : combien je fus touché de sa douleur !
ces caractères habituellement froids sortent
quelquefois d'eux-mêmes, et produisent alors
une impression ineffaçable. Il se faisoit une
violence infinie pour contenir sa fureur contre
M. d'Ervins ; cependant il lui échappa une
fois de dire : — Qu'il ne me fasse pas craindre
pour sa femme ; qu'il ne la menace pas d'indignes traitemens ; car alors je trouverai qu'il
vaut mieux se battre avec lui, le tuer, et délivrer Thérèse ; et si jamais j'arrivois à trouver
ce parti le plus raisonnable, ah ! que je le
prendrois avec joie ! — Je le calmai en lui disant que je reverrois le lendemain Thérèse,
et que je lui raconterois fidèlement dans quelle
situation je la trouverois. Nous nous quittâmes
après qu'il m'eut promis de ne prendre aucun
parti sans m'avoir revue.

Aujourd'hui je n'ai pu être reçue chez Thérèse qu'à huit heures du soir ; j'y ai été dix
fois inutilement ; son mari la tenoit enfermée ;
son état m'a plus effrayée encore que la veille.
Ah ! mon Dieu, quelle destinée ! M. d'Ervins
ne l'avoit pas quittée un seul instant, ni la

nuit ni le jour; il l'avoit accablée des reproches les plus outrageans; il avoit obtenu d'elle tous les aveux qui l'accusoient, en la menaçant toujours, si elle le trompoit, d'interroger lui-même M. de Serbellane. Enfin il avoit fini par lui déclarer qu'il exigeoit que M. de Serbellane quittât la France dans vingt-quatre heures. — Je ne m'informe pas, lui dit-il, des moyens que vous prendrez pour l'obtenir de lui; vous pouvez lui écrire une lettre que je ne verrai pas; mais si après-demain, à dix heures du soir, il est encore à Paris, j'irai le trouver, et nous nous expliquerons ensemble : aussi-bien je penche beaucoup pour ce dernier moyen, et il ne peut être évité que s'il me donne une satisfaction éclatante, en s'éloignant au premier signe de ma volonté.

Thérèse avoit tout promis; mais ce qui l'occupoit peut-être le plus, c'étoit la parole que je lui avois donnée il y a quinze jours, d'assurer ses derniers adieux; son imagination étoit moins frappée de la crainte d'un duel entre son amant et son mari, que de l'idée qu'elle ne reverroit plus M. de Serbellane; elle s'est jetée à mes pieds pour me conjurer de détourner d'elle une telle douleur. Ces mots terribles que M. d'Ervins a prononcés au bal, ces mots : *vous ne le verrez plus*, retentissent toujours dans son cœur : en les répétant, elle est dans un tel état, qu'il semble qu'avec ces seules paroles on pourroit lui donner la mort : elle dit que si ce sort jeté sur elle ne s'accomplit pas, si elle revoit encore une fois M. de Serbellane, elle sera sûre que leur séparation ne doit point être éternelle, elle aura la force de supporter son départ ; mais que si ce dernier adieu n'est pas accordé, elle ne peut répondre d'y survivre. J'ai voulu détourner son attention ; mais elle me répétoit toujours : — Le verrai-je, lui dirai-je encore adieu ? — Et mon silence la plongeoit dans un tel désespoir, que j'ai fini par lui promettre que je consentirois à tout ce que voudroit M. de Serbellane ; eh bien ! dit-elle alors, je suis tranquille, car je lui ai écrit des prières irrésistibles.

Vous trouverez peut-être, ma chère Louise, vous qui êtes un ange de bonté, que je ne devois pas hésiter à satisfaire Thérèse, surtout après l'engagement que j'avois pris antérieurement avec elle. Faut-il vous avouer le sentiment qui me faisoit craindre de consentir à ce qu'elle désiroit ? Si Léonce apprend par quelque hasard que j'ai réuni chez moi une femme mariée avec son amant, malgré la défense expresse de son époux, m'approuvera-t-il? Léonce, Léonce! est-il donc devenu ma conscience, et ne suis-je donc plus capable de juger par moi-même ce que la générosité et la pitié peuvent exiger de moi?

En sortant de chez Thérèse, j'allai chez madame de Vernon; Léonce en étoit parti; il m'avoit cherchée chez moi, et s'étoit plaint, à ce que m'a dit Matilde fort naturellement, du temps que je passois chez M. d'Ervins. M. de Fierville me fit alors quelques plaisanteries sur l'emploi de mes heures. Ces plaisanteries me firent tout à coup comprendre qu'il avoit vu sortir M. de Serbellane, à trois heures du matin, de chez moi, le jour du bal. J'en éprouvai une douleur insensée; je ne voyois aucun moyen de me justifier de cette accusation; je frémissois de l'idée que Léonce auroit pu l'entendre. M. de Serbellane arriva dans ce moment, il venoit de chez moi; il me le dit. M. de Fierville sourit encore; ce sourire me parut celui de la malice infernale; mais, au lieu de m'exciter à me défendre, il me glaça d'effroi, et je reçus M. de Serbellane avec une froideur inouïe. Il en fut tellement étonné, qu'il ne pouvoit y croire, et son regard sembloit me dire: mais où êtes-vous, mais que vous est-il arrivé? Sa surprise me rendit à moi-même.

Non, Léonce, me répétai-je tout bas, vous pouvez tout sur moi ; mais je ne vous sacrifierai pas la bonté, la généreuse bonté, le culte de toute ma vie. Je me décidai alors à prendre M. de Serbellane à part, et lui rendant compte en peu de mots de ce qui s'étoit passé, je lui dis qu'une lettre de Thérèse l'attendoit chez lui, et il partit pour la lire.

Après cet acte de courage et d'honnêteté, car c'étoit moi que je sacrifiois, je voulus tenter de ramener M. de Fierville ; je me demandai pourquoi je ne pourrois pas me servir de mon esprit pour écarter des soupçons injustes ; mais M. de Fierville étoit calme, et j'étois émue ; mais toutes mes paroles se ressentoient de mon trouble, tandis qu'il acéroit de sang-froid toutes les siennes. J'essayai d'être gaie pour montrer combien j'attachois peu de prix à ce qu'il croyoit important ; mes plaisanteries étoient contraintes, et l'aisance la plus parfaite rendoit les siennes piquantes. Je revins au sérieux, espérant parvenir de quelque manière à le convaincre ; mais il repoussoit par l'ironie l'intérêt trop vif que je ne pouvois cacher. Jamais je n'ai mieux éprouvé qu'il est de certains hommes sur lesquels glissent, pour ainsi dire, les discours et les sentimens les plus propres à faire impression ; ils sont occupés à se défendre de la vérité par le persiflage ; et comme leur triomphe est de ne pas vous entendre, c'est en vain que vous vous efforcez d'être compris.

Je souffrois beaucoup cependant de mon embarrassante situation, lorsque madame de Vernon vint me délivrer ; elle fit quelques plaisanteries à M. de Fierville, qui valoient mieux que les siennes, et l'emmena dans l'embrasure de la fenêtre, en me disant tout bas qu'elle alloit le détromper sur tout ce qui m'inquiétoit, si je la laissois seule avec lui. Je ne puis vous dire, ma chère Louise, combien je fus touchée de cette action, de ce secours accordé dans une véritable détresse. Je serrai la main de madame de Vernon, les larmes aux yeux, et je me promis de la voir demain, pour ne plus conserver un secret qui me pèse ; vous saurez donc demain, ma Louise, ce qu'il doit arriver de moi.

LETTRE XXX.

Delphine à mademoiselle d'Albémar.

Ce 4 juillet.

J'AI passé un jour très-agité, ma chère Louise, quoique je n'aie pu parvenir encore à parler à madame de Vernon. Il a eu des momens doux, ce jour, mais il m'a laissé de cruelles inquiétudes. En m'éveillant, j'écrivis à madame de Vernon, pour lui demander de me recevoir seule, à l'heure de son déjeûner; et sans lui dire précisément le sujet dont je voulois lui parler, il me semble que je l'indiquois assez clairement. Elle fit attendre mon domestique deux heures, et me le renvoya enfin avec un billet, dans lequel elle s'excusoit de ne pas pouvoir accepter mon offre, et finissoit par ces mots remarquables : *Au reste, ma chère Delphine, je lis dans votre cœur aussi bien que vous-même, mais je ne crois pas que ce soit encore le moment de nous parler.*

J'ai réfléchi long-temps sur cette phrase, et je ne la comprends pas bien encore. Pourquoi veut-elle éviter cet entretien? Elle m'a dit elle-même, il y a deux jours, qu'elle n'avoit point eu, jusqu'à présent, de conversation avec Léonce, relativement au projet du mariage; auroit-elle deviné mon sentiment pour lui? Seroit-elle assez généreuse, assez sensible pour vouloir rompre cet hymen à cause de moi, et sans m'en parler? Combien j'aurois à rougir d'une si noble conduite! Qu'aurois-je fait pour mériter un si grand sacrifice? Mais si elle en avoit l'idée, comment exposeroit-elle Matilde à voir tous les jours Léonce? Enfin, dans ce doute insupportable, je résolus d'aller chez elle, et de la forcer à m'écouter.

Qu'avois-je à lui dire cependant? Que j'aimois Léonce, que je voulois m'opposer au bonheur de sa fille, traverser les projets que nous avions formés ensemble! Ah! ma Louise, vous donnez trop d'encouragement à ma foiblesse; au moins je ne me livrerai point à l'espérance avant que madame de Vernon m'ait entendue, ait décidé de mon sort.

M. de Serbellane arriva chez moi comme j'allois sortir; le changement de son visage me fit de la peine, je vis bien qu'il souffroit cruellement. — J'ai lu sa lettre, me dit-il; elle m'a fait mal: j'avois espéré que ma vie ne seroit funeste à personne, et voilà que j'ai perdu la destinée de la plus sensible des femmes. Voyons enfin, me dit-il en reprenant de l'empire sur lui-même, voyons ce qu'il reste à faire. Quoiqu'il me soit très-pénible d'avoir l'air de céder, en partant, à la volonté de M. d'Ervins, j'y consens, puisque Thérèse le désire; je ne crains pas que personne imagine que c'est ma vie que j'ai ménagée. Vous, madame, ajouta-t-il, que j'ai connue par tant de preuves d'une angélique bonté, il faut que vous m'en donniez une dernière; il faut que vous receviez après-demain, dans la soirée, Thérèse et moi chez vous. Je partirai ce matin ostensiblement ; M. d'Ervins se croira sûr que je suis en route pour le Portugal ; quelques affaires l'appellent à Saint-Germain, et pendant qu'il y sera, Thérèse viendra chez vous en secret. Je sais que la demande que je vous fais seroit refusée par une femme commune, accordée sans réflexion par une femme légère ; je l'obtiendrai de votre sensibilité. Je n'ai peut-être pas toujours partagé l'impétuosité des sentimens de Thérèse ; mais aujourd'hui cet adieu m'est aussi nécessaire qu'à elle ; ces derniers événemens ont produit sur mon caractère une impression dont je ne le croyois pas susceptible ; je veux que Thérèse entende ce que j'ai à lui dire sur sa situation.

M. de Serbellane s'arrêta, étonné de mon silence ; ce qui s'étoit passé hier avec M. de Fierville me donnoit encore plus de répugnance pour une nouvelle démarche : la calomnie ou la médisance peuvent me perdre auprès de Léonce. Je n'osois pas cependant refuser M. de Serbellane : quel motif lui donner ? J'aurois rougi de prétexter un scrupule de morale, quand ce n'étoit pas la véritable cause de mon incertitude : honte éternelle à qui pourroit vouloir usurper un sentiment d'estime !

Je ne sais si M. de Serbellane s'aperçut de mes combats, mais, me prenant la main, il me dit, avec ce calme qui donne toujours l'idée d'une raison supérieure : —Vous l'avez promis à Thérèse ; j'en suis témoin, elle y a compté ; tromperez-vous sa confiance ? Serez-vous insensible à son désespoir ? — Non, lui répondis-je, quoi qu'il puisse en arriver, je ne lui causerai pas une telle douleur ; employez cette entrevue à calmer son esprit, à la ramener aux devoirs que sa destinée lui impose, et s'il en résulte pour moi quelque grand malheur, du moins je n'aurai jamais été dure envers un autre, j'aurai droit à la pitié. — Généreuse amie ! s'écria M. de Serbellane, vous serez heureuse dans vos sentimens ; je les ai devinés, j'ose les approuver, et tous les vœux de mon âme sont pour votre félicité. Je mettrai tant de prudence et de secret dans cette entrevue, que je vous promets d'en écarter tous les inconvéniens. Je ferai servir ces dernières heures à fortifier la raison de Thérèse, et dans votre maison il ne sera prononcé que des paroles dignes de vous ; la nuit suivante je pars, je quitte peut-être pour jamais la femme qui m'a le plus aimé, et vous, madame, et vous dont le caractère est si noble, si sensible et si vrai. — C'étoit la première fois que M. de Serbellane m'exprimoit vivement son estime : j'en fus émue. Cet homme a l'art de toucher par ses moindres paroles; le courage qu'il avoit su m'inspirer me soutint quelques momens; mais à peine fut-il parti, que je fus saisie d'un profond sentiment de tristesse, en pensant à tous les hasards de l'engagement que je venois de prendre.

Si j'avois pu consulter Léonce, ne m'auroit-il pas désapprouvée ? il ne voudroit pas au moins, j'en suis sûre, que sa femme se permît une conduite aussi foible. Ah! pourquoi n'ai-je pas dès à présent la conduite qu'il exigeroit de sa femme! Cependant ma promesse n'étoit-elle pas donnée? pouvois-je supporter d'être la cause volontaire de la douleur la plus déchirante ? Non, mais que ce jour n'est-il passé!

Je suivis mon projet d'aller chez madame de Vernon, quoique je fusse bien peu capable de lui parler, dans la distraction où me jetoit le consentement que M. de Serbellane avoit obtenu de moi. Je trouvai Léonce avec madame de Vernon : il venoit prendre congé d'elle, avant d'aller passer quelques jours à Mondoville; il se plaignit de ne m'avoir pas vue, mais avec des mots si doux sur mon dévouement à l'amitié, que je dus espérer qu'il m'en aimoit davantage. Il soutint la conversation avec un esprit très-libre ; il me parut, en l'observant, que son parti étoit pris ; jusqu'alors il avoit eu l'air entraîné, mais non résolu ; j'espérai beaucoup pour moi de son calme : s'il m'avoit sacrifiée, il auroit été impossible qu'il me regardât d'un air serein.

Madame de Vernon alloit aux Tuileries faire sa cour à la reine ; elle me pria de l'accompagner. Léonce dit qu'il iroit aussi ; je rentrai chez moi pour m'habiller, et un quart d'heure après, Léonce et madame de Vernon vinrent me chercher.

Nous attendions la reine dans le salon qui précède sa chambre, avec quarante femmes les plus remarquables de Paris : madame de R. arriva : c'est une personne très-inconséquente, et qui s'est perdue de réputation, par des torts réels et par une inconcevable légèreté. Je l'ai vue trois ou quatre fois chez sa tante madame d'Artenas ; j'ai toujours évité avec soin toute liaison avec elle, mais j'ai eu l'occasion de remarquer dans ses discours un fonds de douceur et de bonté : je ne sais comment elle eut l'imprudence de paroître sans sa tante aux Tuileries, elle qui doit si bien savoir qu'aucune femme ne veut lui parler en public. Au moment où elle entra dans le salon, mesdames de Sainte-Albe et de Tésin, qui se plaisent assez dans les exécutions sévères, et satisfont volontiers, sous le prétexte de la vertu, leur arrogance naturelle; mesdames de Sainte-Albe et de Tésin quittèrent la place où elles étoient assises, du meme côté que madame de R.; à l'instant toutes les autres femmes se levèrent, par bon air ou par timidité, et vinrent rejoindre à l'autre extrémité de la chambre madame de Vernon, madame du Marset et moi. Tous les hommes bientôt après suivirent cet exemple, car ils veulent, en séduisant les femmes, conserver le droit de les en punir.

Madame de R. restoit seule l'objet de tous les regards, voyant le cercle se reculer à chaque pas qu'elle faisoit pour s'en approcher, et ne pouvant cacher sa confusion. Le moment alloit arriver où la reine nous feroit entrer, ou sortiroit pour nous recevoir : je prévis que la scène deviendroit alors encore plus cruelle. Les yeux de madame de R. se remplissoient de larmes; elle nous regardoit toutes, comme pour implorer le secours d'une de nous; je ne pouvois pas résister à ce malheur; la crainte de déplaire à Léonce, cette crainte toujours présente me retenoit encore; mais un dernier regard jeté sur madame de R. m'attendrit tellement, que par un mouvement complétement involontaire, je traversai la salle, et j'allai m'asseoir à côté d'elle : oui, me disois-je alors, puisque encore une fois les convenances de la société sont en opposition avec la véritable volonté de l'âme, qu'encore une fois elles soient sacrifiées.

Madame de R. me reçut comme si je lui avois rendu la vie ; en effet, c'est la vie que le soulagement de ces douleurs, que la société peut imposer quand elle exerce sans pitié toute sa puissance. A peine eus-je parlé à madame de R. que je ne pus m'empêcher de regarder Léonce : je vis de l'embarras sur sa physionomie, mais point de mécontentement. Il me sembla que ses yeux parcouroient l'assemblée avec inquiétude, pour juger de l'impression que je produisois, mais que la sienne étoit douce:

Madame de Vernon ne cessa point de causer avec M. de Fierville, et n'eut pas l'air d'apercevoir ce qui se passoit ; je soutins assez bien jusqu'à la fin ce qu'il pouvoit y avoir d'un peu gênant dans le rôle que je m'étois imposé. En sortant de l'appartement de la reine, madame de R. me dit, avec une émotion qui me récompensa mille fois de mon sacrifice : — Généreuse Delphine ! vous m'avez donné la seule leçon qui pût faire impression sur moi ! Vous m'avez fait aimer la vertu, son courage et son ascendant. Vous apprendrez dans quelques années, qu'à compter de ce jour je ne serai plus la même. Il me faudra long-temps avant de me croire digne de vous voir; mais c'est le but que je me proposerai, c'est l'espoir qui me soutiendra. — Je lui pris la main à ces derniers mots, et, je la serrai affectueusement. Un sourire amer de madame du Marset, un regard de M. de Fierville m'annoncèrent leur désapprobation; ils parloient tous les deux à Léonce, et je crus voir qu'il étoit péniblement affecté de ce qu'il entendoit : je cherchai des yeux madame de Vernon; elle étoit encore chez la reine. Pendant ce moment d'incertitude, Léonce m'aborda, et me demanda avec assez de sérieux la permission de me voir seule chez moi, dès qu'il auroit reconduit madame de Vernon. J'y consentis par un signe de tête; j'étois trop émue pour parler.

Je retournai chez moi; j'essayai de lire en attendant l'arrivée de Léonce. Mais lorsque trois heures furent sonnées, je me persuadai que madame de Vernon l'avoit retenu, qu'il s'étoit expliqué avec elle, qu'elle avoit intéressé sa délicatesse à tenir les engagemens de sa mère, et qu'il alloit m'écrire pour s'excuser de venir me voir. Un domestique entra pendant que je faisois ces réflexions; il portoit un billet à la main, et je ne doutai pas que ce billet ne fût l'excuse de Léonce. Je le pris sans rien voir ; un nuage couvroit mes yeux : mais quand j'aperçus la signature de Thérèse, j'éprouvai une joie bien vive; elle me demandoit de venir le soir chez elle : je répondis que j'irois avec un empressement extrême : je crois que j'étois reconnoissante envers Thérèse, de ce que c'étoit elle qui m'avoit écrit.

Je me rassis avec plus de calme; mais peu de temps après mon inquiétude recommença; j'avois appris depuis une heure à distinguer parfaitement tous les bruits de voiture : je reconnoissois à l'instant celles qui venoient du côté de la maison de madame de Vernon. Quand elles approchoient, je retenois ma respiration pour mieux entendre, et quand elles avoient passé ma porte, je tombois dans le plus pénible abattement. Enfin, une s'arrête, on frappe, on ouvre, et j'aperçois le carrosse bleu de Léonce qui m'étoit si bien connu. Je fus bien honteuse alors de l'état dans lequel j'avois été; il me sembloit que Léonce pouvoit le deviner, et je me hâtai de reprendre un livre, et de me préparer à recevoir comme une visite, avec les formes accoutumées de la société, celui que j'attendois avec un battement de cœur qui soulevoit ma robe sur mon sein.

Léonce enfin parut; l'air en devint plus léger et plus pur. Il commença par me dire que madame de Vernon l'avoit retenu avec une insistance singulière, sans lui parler d'aucun sujet intéressant; mais le rappelant sans cesse pour le charger des commissions les plus indifférentes. Elle doit, lui dis-je, en faisant effort sur moi-même, chercher tous les moyens de vous captiver; vous ne pouvez en être surpris. — Ce n'est pas elle, reprit Léonce avec une expression assez triste, qui peut influer sur mon sort, vous seule exercez cet empire; je ne sais pas si vous vous en servirez pour mon bonheur. — Ce doute m'étonna; je gardai le silence; il continua : — Si j'avois eu la gloire de vous intéresser, ne penseriez-vous pas aux prétextes que vous donnez à la méchanceté; oublieriez-vous le caractère de ma mère, et les obstacles..... Il s'arrêta, et appuya sa tête sur sa main : — Que me reprochez-vous, Léonce? lui dis-je; je veux l'entendre avant de me justifier. — Votre liaison intime avec madame de R.; madame d'Albémar devoit-elle choisir une telle amie? — Je la voyois pour la troisième fois, répondis-je, depuis que je suis à Paris, je n'ai jamais été chez elle, elle n'est jamais venue chez moi. — Quoi! s'écria Léonce, et madame du Marset a osé me dire..... — Vous l'avez écoutée ; c'est vous qui êtes bien plus coupable.

Ce n'est pas tout encore, ajoutai-je ; ne m'avez-vous pas désapprouvée d'avoir été me placer à côté d'elle ? — Non, répondit Léonce, je souffrois, mais je ne vous blâmois pas. — Vous souffriez, repris-je avec assez de chaleur, quand je me livrois à un sentiment généreux ; ah! Léonce, c'étoit du malheur de cette infortunée qu'il falloit s'affliger, et non de l'heureuse occasion qui me permettoit de la secourir. Sans doute madame de R. a dégradé sa vie ; mais pouvons-nous savoir toutes les circonstances qui l'ont perdue ? a-t-elle eu pour époux un protecteur, ou un homme indigne d'être aimé ? ses parens ont-ils soigné son éducation ? le premier objet de son choix a-t-il ménagé sa destinée ? n'a-t-il pas flétri dans son cœur toute espérance d'amour, tout sentiment de délicatesse ? Ah ! de combien de manières le sort des femmes dépend des hommes! d'ailleurs, je ne me vanterai point d'avoir pensé ce matin à la conduite de madame de R., ni à l'indulgence qu'elle peut mériter ; j'ai été entraînée vers elle par un mouvement de pitié tout-à-fait irréfléchi. Je n'étois point son juge, et il falloit être plus que son juge pour se refuser à la soulager d'un grand supplice, l'humiliation publique. Ces mêmes femmes qui l'ont outragée, pensez-vous que si elles l'eussent rencontrée seule à la campagne, elles se fussent éloignées d'elle? Non, elles lui auroient parlé; leur indignation vertueuse, se trouvant sans témoins, ne se seroit point réveillée. Que de petitesses vaniteuses et de cruautés froides, dans cette ostentation de vertus, dans ce sacrifice d'une victime humaine, non à la morale, mais à l'orgueil! Écoutez-moi, Léonce, lui dis-je avec enthousiasme, je vous aime, vous le savez, je ne chercherois point à vous le cacher, quand même vous l'ignoreriez encore; loin de moi toutes les ruses du cœur, même les plus innocentes : mais je l'espère, je ne sacrifierai pas à cette affection toute-puissante les qualités que je dois aux chers amis qui ont élevé mon enfance : je braverai le plus grand des dangers pour moi, la crainte de vous déplaire, oui, je le braverai, quand il s'agira de porter quelque consolation à un être malheureux.

Long-temps avant d'avoir fini de parler, j'avois vu sur le visage de Léonce que j'avois

triomphé de toutes ses dispositions sévères ;
mais il se plaisoit à m'entendre, et je continuois, encouragée par ses regards.—Delphine,
me dit-il, en me prenant la main, céleste
Delphine, il n'est plus temps de vous résister.
Qu'importe si nos caractères et nos opinions
s'accordent en tout, il n'y a pas dans l'univers
une autre femme de la même nature que vous !
aucune n'a dans les traits cette empreinte
divine que le ciel y a gravée, pour qu'on ne
pût jamais vous comparer à personne ; cette
âme, cette voix, ce regard se sont emparés
de mon être ; je ne sais quel sera mon sort
avec vous, mais sans vous il n'y a plus sur la
terre pour moi que des couleurs effacées,
des images confuses, des ombres errantes ; et
rien n'existe, rien n'est animé quand vous
n'êtes pas là. Soyez donc, s'écria-t-il en se
jetant à mes pieds, soyez donc la compagne
de ma destinée, l'ange qui marchera devant
moi, pendant les années que je dois encore
parcourir. Soignez mon bonheur que je vous
livre avec ma vie, ménagez mes défauts ; ils
naissent, comme mon amour, d'un caractère
passionné ; et demandez au ciel pour moi, le
jour de notre union, que je meure jeune,
aimé de vous, sans avoir jamais éprouvé le
moindre refroidissement dans cette affection

touchante, que votre cœur m'a généreusement accordée.

Ah! Louise, quels sentimens j'éprouvois! je serrois ses mains dans les miennes, je pleurois, je craignois d'interrompre par un seul mot ces paroles enivrantes! Léonce me dit qu'il alloit écrire à sa mère pour lui déclarer formellement son intention, et il sollicita de moi la promesse de m'unir à lui, quelle que fût la réponse d'Espagne, au moment où elle seroit arrivée. Je consentois avec transport au bonheur de ma vie, quand tout à coup je réfléchis que cette demande ne pouvoit s'accorder avec la résolution que j'avois formée de confier mon secret à madame de Vernon, avant d'avoir pris aucun engagement. La délicatesse me faisoit une loi de ne donner aucune réponse décisive, sans lui avoir parlé. Je ne voulus pas dire à Léonce ma résolution à cet égard, dans la crainte de l'irriter; je lui répondis donc, que je lui demandois de n'exiger de moi aucune promesse avant son retour; il recula d'étonnement à ces mots, et sa figure devint très-sombre; j'allois le rassurer, lorsque tout à coup ma porte s'ouvrit, et je vis entrer madame de Vernon, sa fille et M. de Fierville. Je fus extrêmement troublée de leur présence, et je regrettois surtout de n'avoir

pu m'expliquer avec Léonce, sur le refus qui
l'avoit blessé. Madame de Vernon ne m'ob-
serva pas, et s'assit fort simplement, en m'annonçant qu'elle venoit me chercher pour dîner
chez elle : Matilde eut un moment d'étonnement lorsqu'elle vit Léonce chez moi ; mais
cet étonnement se passa sans exciter en elle
aucun soupçon : la lenteur de ses idées et
leur fixité la préservent de la jalousie. —
A propos, me dit madame de Vernon, est-il
vrai que M. de Serbellane part après-demain
pour le Portugal ? — Je rougis à ce mot extrêmement, dans la crainte qu'il ne compromît
Thérèse, et je me hâtai de dire qu'il étoit parti
ce matin même. Léonce me regarda avec une
attention très-vive, puis il tomba dans la rêverie. Je sentis de nouveau le malheur du secret auquel j'étois condamnée, et je tressaillis
en moi-même, comme si mon bonheur eût
couru quelque grand hasard. Madame de Vernon me proposa de partir ; elle insista, mais
foiblement, pour que Léonce vînt chez elle :
M. Barton l'attendoit ; il refusa. Comme je
montois en voiture, il me dit à voix basse,
mais avec un ton très-solennel : — N'oubliez
pas qu'avec un caractère tel que le mien, un
tort du cœur, une dissimulation, détruiroit
sans retour et mon bonheur et ma confiance.

— Je le regardai pour me plaindre, ne pouvant lui parler entourée comme je l'étois ; il m'entendit, me serra la main et s'éloigna ; mais depuis une oppression douloureuse ne m'a point quittée.

Il est enfin convenu que demain au soir madame de Vernon me recevra seule. Avant cette heure, Thérèse et son amant se seront rencontrés chez moi ; c'est trop pour demain. J'ai vu ce soir Thérèse ; elle savoit ma promesse par un mot de M. de Serbellane; je n'aurois pu lui persuader moi-même, quand je l'aurois voulu, que j'étois capable de me rétracter. Son mari croit M. de Serbellane en route ; il va demain à Saint-Germain ; tout est arrangé d'une manière irrévocable, je suis liée de mille nœuds ; mais je l'espère au moins, c'est le dernier secret qui existera j'amais entre Léonce et moi. Vous, ma sœur, à qui j'ai tout dit, songez à moi ; mon sort sera bientôt décidé.

LETTRE XXXI.

Léonce à sa mère.

Mondoville, 6 juillet 1790.

Je suis dans cette terre où vous avez passé les plus heureuses années de votre mariage ; c'est ici, mon excellente mère, que vous avez élevé mon enfance ; tous ces lieux sont remplis de mes plus doux souvenirs, et je retrouve en les voyant cette confiance dans l'avenir, bonheur des premiers temps de la vie. J'y ressens aussi mon affection pour vous avec une nouvelle force ; cette affection de choix que mon cœur vous accorderoit, quand le devoir le plus sacré ne me l'imposeroit pas. Vous me connoissez d'autant mieux, qu'à beaucoup d'égards je vous ressemble ; fixez donc, je vous en conjure, toute votre attention, et tout votre intérêt sur la demande que je vais vous faire.

Je puis être malheureux de beaucoup de manières ; mon âme irritable est accessible à des peines de tout genre ; mais il n'existe pour moi qu'une seule source de bonheur, et je n'en goûterai point sur la terre, si je n'ai pas pour femme un être que j'aime, et dont l'esprit intéresse le mien. Ce n'est point le rapide enthousiasme d'un jeune homme pour une jolie femme, que je prends pour l'attachement nécessaire à toute ma vie; vous savez que la réflexion se mêle toujours à mes sentimens les plus passionnés : je suis profondément amoureux de madame d'Albémar; mais je n'en suis pas moins certain, que c'est la raison qui me guide, dans le choix que j'ai fait d'elle, pour lui confier ma destinée.

Mademoiselle de Vernon est une personne belle, sage et raisonnable ; je suis convaincu qu'elle ne donnera jamais à son époux aucun sujet de plainte, et que sa conduite sera conforme aux principes les plus réguliers ; mais est-ce l'absence des peines que je cherche dans le mariage ? je ferois tout aussi bien alors de rester libre. D'ailleurs je n'atteindrois pas même à ce but, en me résignant à l'union que l'on me propose. Que ferois-je de l'âme et de l'esprit que j'ai, avec une femme d'une nature tout-à-fait différente ? N'avez-vous pas souvent remarqué dans la vie combien les gens médiocres et les personnes distinguées s'accordent mal ensemble! Les esprits tout-à-fait vulgaires s'arrangent beaucoup mieux avec les esprits supérieurs ; mais la médiocrité ne suppose rien au-delà de sa propre intelligence, et regarde comme folie tout ce qui la dépasse. Mademoiselle de Vernon a déjà un caractère et un esprit arrêtés, qui ne peuvent plus ni se modifier, ni se changer; elle a des raisonnemens pour tout, et les pensées des autres ne pénètrent jamais dans sa tête. Elle oppose constamment une idée commune à toute idée nouvelle, et croit en avoir triomphé. Quel plaisir la conversation pourroit-elle donner avec une telle femme! et l'un des premiers bonheurs de la vie intime n'est-il pas de s'entendre et de se répondre? Que de mouvemens, que de réflexions, que de pensées, que d'observations ne me seroit-il pas impossible de communiquer à Matilde! et que ferois-je de tout ce que je ne pourrois pas lui confier, de cette moitié de ma vie à laquelle je ne pourrois jamais l'associer!

Ah! ma mère, je serai seul, pour jamais seul, avec toute autre femme que Delphine, et c'est une douleur toujours plus amère avec le temps, que cette solitude de l'esprit et du cœur, à côté de l'objet qui vers la fin de la vie doit être votre unique bien. Je ne supporterois point une telle situation; j'irois chercher ailleurs cette société parfaite, cette harmonie des âmes, dont jamais l'homme ne peut se passer; et quand je serois vieux, je rapporterois mes tristes jours à celle à qui je n'aurois pu donner un doux souvenir de mes jeunes années.

Quel avenir! ma mère, pouvez-vous y condamner votre fils, quand le hasard le plus favorable lui présente l'objet qui feroit le bonheur de toutes les époques de sa vie, la plus belle des femmes, et cependant celle qui, dépouillée de tous les agrémens de la jeunesse, posséderoit encore les trésors du temps; la douceur, l'esprit et la bonté! Vous avez donné, par une éducation forte, une grande activité à mes vertus, comme à mes défauts; pensez-vous qu'un tel caractère soit facile à rendre heureux?

Si vous eussiez pris des engagemens indissolubles, des engagemens consacrés par l'honneur, c'en étoit fait, j'immolois ma vie à votre parole; mais sans doute votre consentement n'avoit point un semblable caractère, puisque vous ne m'avez jamais fait cette objection, en réponse à dix lettres, qui vous interrogeoient, à cet égard. Vous ne m'avez parlé que des injustes préventions qu'on vous a données contre madame d'Albémar.

On vous a dit qu'elle étoit légère, imprudente, coquette, philosophe; tout ce qui vous déplaît en tout genre, on l'a réuni sur Delphine. Ne pouvez-vous donc pas, ma mère, en croire votre fils autant que madame du Marset? Delphine a été élevée dans la solitude, par des personnes qui n'avoient point la connoissance du monde, et dont l'esprit étoit cependant fort éclairé; elle ne vit à Paris que depuis un an, et n'a point appris à se défier des jugemens des hommes. Elle croit que la morale suffit à tout, et qu'il faut dédaigner les préjugés reçus, les convenances admises, quand la vertu n'y est point intéressée! Mais le soin de mon bonheur la corrigera de ce défaut; car ce qu'elle est avant tout, c'est bonne et sensible; elle m'aime, que n'obtiendrai-je donc pas d'elle, et pour vous, et pour moi?

On vous a parlé de la supériorité de son esprit; et comme à ma prière vous avez consenti à venir vivre chez moi l'année prochaine, vous craignez de rencontrer dans votre belle-fille un caractère despotique. Matilde, dont l'esprit est borné, a des volontés positives sur les plus petites circonstances de la vie domestique; Delphine n'a que deux intérêts au monde, le sentiment et la pensée : elle est sans désirs, comme sans avis sur les détails journaliers, et s'abandonne avec joie à tous les goûts des autres; elle n'attache du prix qu'à plaire et à être aimée. Vous serez l'objet continuel de ses soins les plus assidus ; je la vois avec madame de Vernon ; jamais l'amour filial, l'amitié complaisante et dévouée ne pourroient inspirer une conduite plus aimable. Ah! ma mère, c'est votre bonheur autant que le mien, que j'assure en épousant madame d'Albémar.

Vous n'avez pas réfléchi combien vous auriez de peine à ménager l'amour-propre d'une personne médiocre : tout est si doux, tout est si facile avec un être vraiment supérieur ! Les opinions même de Delphine sont mille fois plus aisées à modifier, que celles de Matilde. Delphine ne peut jamais craindre d'être humiliée ; Delphine ne peut jamais éprouver les inquiétudes de la vanité ; son esprit est prêt à reconnoître une erreur, accoutumé qu'il est à découvrir tant de vérités nouvelles, et son cœur se plaît à céder aux lumières de ceux qu'elle aime.

On vous a dit encore, j'ai honte de l'écrire, qu'elle étoit fausse et dissimulée ; que j'ignorois sa vie passée et ses affections présentes : sa vie passée ! tout le monde la sait ; ses affections présentes ! que vous a-t-on mandé sur M. de Serbellane ? pourquoi me le nommez-vous ? Non, Delphine ne m'a rien caché. Delphine fausse ! dissimulée !... Si cela pouvoit être vrai, son caractère seroit le plus méprisable de tous ; car elle profaneroit indignement les plus beaux dons que la nature ait jamais faits, ponr entraîner et convaincre.

Enfin, j'oserai vous le dire, sans porter atteinte au respect profond que j'aime à vous consacrer ; je suis résolu à épouser madame d'Albémar, à moins que vous ne me prouviez qu'une loi de l'honneur s'y oppose. Le sacrifice que je ferois alors seroit bientôt suivi de celui de ma vie : l'honneur peut l'exiger ; mais vous, ma mère, seriez-vous heureuse à ce prix ?

LETTRE XXXII.

Delphine à mademoiselle d'Albémar.

Bellerive, ce 6 juillet.

MA chère sœur, j'étois sans doute avertie par quelque pressentiment du ciel, lorsque j'éprouvois un si grand effroi de la journée d'hier. Oh ! de quel événement ma fatale complaisance est la première cause ! J'éprouve autant de remords que si j'étois coupable, et je n'échappe à ces réflexions que par une douleur plus vive encore, par le spectacle du désespoir de Thérèse. Et Léonce ! Léonce ! juste ciel! quelle impression recevra-t-il de mon imprudente conduite? Ma Louise, je me dis à chaque instant que si vous aviez été près de moi, aucun de ces malheurs ne me seroit arrivé. Mais la bonté, mais la pitié naturelles à mon caractère m'égarent, loin d'un guide qui sauroit joindre à ces qualités une raison plus ferme que la mienne.

Hier à deux heures après midi, M. d'Ervins alla dîner à Saint-Germain chez un de ses amis, se croyant assuré du départ de M. de Serbellane. Madame d'Ervins arriva chez moi vers cinq heures, seule, à pied, dans un état déplorable; et peu de momens après, M. de Serbellane vint très-secrètement pour lui dire un adieu, qui sera plus long, hélas! qu'ils ne l'imaginoient alors. Ma porte étoit défendue pour tout le monde, et pour M. d'Ervins en particulier; on disoit chez moi que j'étois partie pour Bellerive, et tous mes volets fermés du côté de la cour, servoient à le persuader. Je fus témoin, pendant trois heures, de la douleur la plus déchirante; je versai beaucoup de larmes avec Thérèse, et j'étois déjà bien abattue lorsque la plus terrible épreuve tomba sur moi.

Au moment où j'avois obtenu de Thérèse et de M. de Serbellane qu'ils se séparassent, un

de mes gens entra, et me dit qu'un domestique de madame de Vernon m'apportoit un billet d'elle, et demandoit à me parler ; je sors et je vois, jugez de ma terreur, je vois M. d'Ervins ! Il étoit déjà dans la chambre voisine, et se débarrassant d'une redingotte à la livrée des gens de madame de Vernon, dont il s'étoit revêtu pour se déguiser : il s'avance tout à coup, malgré mes efforts, se précipite sur la porte de mon salon, l'ouvre, et trouve M. de Serbellane à genoux devant Thérèse, la tête baissée sur sa main. Thérèse reconnoît son mari la première, et tombe sans connoissance sur le plancher. M. de Serbellane la relève dans ses bras, avant d'avoir encore aperçu M. d'Ervins, et croyant que la douleur des adieux étoit la seule cause de l'état où il voyoit Thérèse. M. d'Ervins arrache sa femme des bras de son amant, et la jette sur une chaise, en l'abandonnant à mes secours ; il se retourne ensuite vers M. de Serbellane, et tire son épée sans remarquer que son adversaire n'en avoit pas : les cris qui m'échappèrent attirèrent mes gens ; M. de Serbellane leur ordonna de s'éloigner, et, s'adressant à M. d'Ervins, il lui dit :
— Vous devez croire à madame d'Ervins, monsieur, des torts qu'elle n'a pas ; je la quittois, je la priois de recevoir mes adieux.

M. d'Ervins alors entra dans une colère, dont les expressions étoient à la fois insolentes, ignobles et furieuses. A travers tous ses discours, on voyoit cependant la plus ferme résolution de se battre avec M. de Serbellane. J'essayai de persuader à M. d'Ervins que cette scène pourroit être ignorée de tout le monde; mais je compris par ses réponses une partie de ce que j'ai su depuis avec détail; c'est que M. de Fierville savoit tout, avoit tout dit, et que cette raison, plus qu'aucune autre encore, animoit le courage de M. d'Ervins.

M. de Serbellane souffroit de la manière la plus cruelle; je voyois sur son visage le combat de toutes les passions généreuses et fières ; il étoit immobile devant une fenêtre, mordant ses lèvres, écoutant en silence les folles provocations de M. d'Ervins, et regardant seulement quelquefois le visage pâle et mourant de Thérèse, comme s'il avoit besoin de trouver dans ce spectacle des motifs pour se contenir.

Il me vint dans l'esprit, après avoir tout épuisé pour calmer M. d'Ervins, de détourner sa colère sur moi, et j'essayai de lui dire que c'étoit moi qui avois engagé madame d'Ervins à venir : je commençois à peine ces mots, que se rappelant ce qu'il avoit oublié, c'est que le rendez-vous s'étoit donné dans ma maison, il se permit sur ma conduite les réflexions les plus insultantes. M. de Serbellane alors ne se contint plus, et saisissant la main de M. d'Ervins, il lui dit : — C'en est assez, monsieur ; c'en est assez ; vous n'aurez plus affaire qu'à moi, et je vous satisferai. — Thérèse revint à elle dans ce moment. Quelle scène pour elle, grand Dieu ! une épée nue, la fureur qui se peignoit dans les regards de son amant et de son mari, lui apprirent bientôt de quel événement elle étoit menacée ; elle se jeta aux pieds de M. d'Ervins pour l'implorer.

Alors, soit que prêt à se battre, il éprouvât un ressentiment plus âpre encore contre celle qui en étoit la cause, soit qu'il fût dans son caractère de se plaire dans les menaces, il lui déclara qu'elle devoit s'attendre aux plus cruels traitemens, qu'il lui retireroit sa fille, qu'il l'enfermeroit dans une terre pour le reste de ses jours, et que l'univers entier connoîtroit sa honte, puisqu'il alloit s'en laver lui-même dans le sang de son amant. A ces atroces discours, M. de Serbellane fut saisi d'une colère telle, que je frémis encore en me la rappelant : ses lèvres étoient pâles et tremblantes, son visage n'avoit plus qu'une expression convulsive ; il me dit à voix basse en s'approchant de moi : — Voyez-vous cet homme, il est mort ; il vient de se condamner ; je perdrai Thérèse pour toujours, mais je la laisserai libre, et je lui conserverai sa fille. — A ces mots, avec une action plus prompte que le regard, il prit M. d'Ervins par le bras et sortit.

Thérèse et moi nous les suivîmes tous les deux ; ils étoient déjà dans la rue. Thérèse, en se précipitant sur l'escalier, tomba de quelques marches ; je la relevai, j'aidai à la reporter sur mon lit, et je chargeai Antoine, le valet de chambre intelligent que vous m'avez donné, de rejoindre M. d'Ervins et M. de Serbellane, et de nous rapporter à l'instant ce qui se seroit passé.

Je tins serrée dans mes bras pendant cette cruelle incertitude la malheureuse Thérèse, qui n'avoit qu'une idée, qui ne craignoit au monde que le danger de M. de Serbellane.

Antoine revint enfin, et nous apprit que dans le fatal combat, M. d'Ervins avoit été tué sur la place. Thérèse, en l'apprenant, se jeta à genoux, et s'écria : — Mon Dieu, ne condamnez pas aux peines éternelles la criminelle Thérèse ! accordez-lui les bienfaits de la pénitence ; sa vie ne sera plus qu'une expiation sévère, ses derniers jours seront consacrés à mériter votre miséricorde ! — En effet, depuis ce moment toutes ses idées semblent changées; le repentir et la dévotion se sont emparés de son esprit troublé : elle ne s'est pas permis de me prononcer une seule fois le nom de son amant.

Antoine, après nous avoir dit l'affreuse issue du combat, nous apprit qu'il avoit eu lieu dans les Champs-Élysées, presque devant le jardin de madame de Vernon. Lorsque M. d'Ervins fut tombé, M. de Serbellane vit Antoine et l'appela; il le chargea de me dire, n'osant pas prononcer le nom de Thérèse, qu'après un tel événement il étoit obligé de partir à l'instant même pour Lisbonne, mais qu'il m'écriroit dès qu'il y seroit arrivé. Ces derniers mots furent entendus de quelques personnes qui s'étoient rassemblées autour du corps de M. d'Ervins, et mon nom seul fut répété dans la foule. Antoine, appelé comme témoin par la justice, ne déposera rien qui puisse compromettre Thérèse, et mon nom seul, s'il le faut, sera prononcé; j'espère donc que je sauverai à Thérèse l'horrible malheur de passer pour la cause de la mort de son mari.

M. d'Ervins a un frère méchant et dur, qui seroit capable, pour enlever à Thérèse sa fille, et la direction de sa fortune, de l'accuser publiquement d'avoir excité son amant au meurtre de son mari. Thérèse me fit part de ses craintes, dont Isore seule étoit l'objet. Nous convînmes ensemble que nous ferions dire partout qu'une querelle politique, que je n'avois pu réussir à calmer, étoit la cause de ce duel. Je priai seulement madame d'Ervins de me permettre de tout confier à madame de Vernon, parce qu'elle étoit plus en état que personne de diriger l'opinion de la société sur cette affaire, et qu'elle avoit de l'ascendant sur M. de Fierville, qui paroissoit le seul instruit de la vérité. Je demandai aussi à Thérèse de me donner une grande preuve d'amitié, en consentant à ce que Léonce fût dépositaire de son secret; je lui avouai mon sentiment pour lui, et à ce mot Thérèse ne résista plus.

C'étoit peut-être trop exiger d'elle; mais redoutant l'éclat de cette aventure, à laquelle mon nom dans les premiers temps pouvoit être malignement associé, il m'étoit impossible de me résoudre à courir ce hasard auprès de Léonce. Je crains, je n'ai que trop de raisons de craindre qu'il ne blâme ma conduite, mais je veux au moins qu'il en connoisse parfaitement tous les motifs : il fut aussi décidé que j'emmenerois madame d'Ervins le soir même à ma campagne, et que nous y resterions quelques jours ensemble sans voir personne, jusques à ce qu'elle eût des nouvelles de la famille de son mari.

On vint me dire que madame de Vernon me demandoit. J'allai la recevoir dans mon cabinet ; il falloit enfin que cette journée si douloureuse se terminât par quelques sentimens consolateurs. Je l'ai souvent remarqué, un soin bienfaisant prépare dans les peines de la vie un soulagement à notre âme, lorsque ses forces sont prêtes à l'abandonner. Quelle affection madame de Vernon me témoigna ! avec quel intérêt elle me questionna sur tous les détails de cet affreux événement ! elle-même me raconta ce qui avoit été la première cause de notre malheur.

Hier au soir madame du Marset crut apercevoir dans la rue M. de Serbellane enveloppé dans un manteau, et le raconta à M. de Fierville. Celui-ci, dînant avec M. d'Ervins, à Saint-Germain, lui soutint que M. de Serbellane n'étoit pas parti pour le Portugal hier matin, comme il le croyoit : il paroît que M. de Fierville le dit d'abord sans mauvaise intention, mais il le soutint ensuite, malgré l'émotion qu'il remarqua chez M. d'Ervins, parce que la crainte de faire du mal ne l'arrête point, et qu'il aime assez les brouilleries quand il peut y jouer un rôle.

M. d'Ervins voulut partir à l'instant même; cet empressement piqua la curiosité de M. de Fierville : il lui demanda de l'accompagner. M. d'Ervins passa d'abord chez lui, et n'y trouva point sa femme : il vint à ma porte ; on la lui refusa, en lui disant que j'étois à Bellerive ; mais M. de Fierville prétendit qu'il avoit aperçu à travers une jalousie ma femme de chambre qui travailloit, et suggéra lui-même à M. d'Ervins, comme une bonne plaisanterie, d'aller secrètement chez madame de Vernon, et de donner un louis à son domestique pour qu'il lui prêtât sa redingotte. — Et vous ne fermerez pas votre porte à M. de Fierville ! dis-je à madame de Vernon avec indignation. — Mon Dieu ! je vous assure, me répondit-elle, qu'il ne se doutoit pas des conséquences de ce qu'il faisoit. — Et n'est-ce pas assez, lui dis-je, de cette existence sans but, de cette vie sans devoirs, de ce cœur sans bonté, de cette tête sans occupation ? n'est-il pas le fléau de la société, qu'il examine sans relâche, et trouble avec malignité ? — Ah ! dit madame de Vernon, il faut être indulgent pour la vieillesse et pour l'oisiveté ; mais laissons cela pour nous occuper de vous ; — et me parlant alors de Léonce, elle vint elle-même au-devant de la confiance que je voulois avoir en elle.

Combien elle me parut noble et sensible dans cet entretien! elle m'avoua que depuis long-temps elle m'avoit devinée, mais qu'elle avoit voulu savoir si Léonce me préféroit réellement à sa fille, et qu'en étant maintenant convaincue, elle ne feroit rien pour s'opposer au sentiment qui l'attachoit à moi. Elle ne me cacha point que la rupture de ce mariage lui étoit pénible; elle exprima ses regrets pour sa fille avec la plus touchante vérité. Néanmoins sa tendre amitié la ramenant bientôt à ce qui me concernoit, elle parut se consoler par l'espérance de mon bonheur. Je n'avois point d'expressions assez vives pour lui témoigner ma reconnoissance; je lui confiai mes craintes sur l'éclat qui venoit de se passer; je lui avouai que je redoutois l'impression qu'il pouvoit faire sur Léonce. Elle m'écouta avec la plus grande attention, et me dit après y avoir beaucoup pensé : — Il faut me charger de lui parler à son arrivée, avant qu'il ait appris **tout ce** qu'on ne manquera pas de dire contre vous. Il sait que je m'entends mieux qu'une autre à conjurer ces orages d'un jour; je le tranquilliserai. — Quoi! lui dis-je, vous me défendrez auprès de lui, avec ce talent sans égal, que je vous ai vu quelquefois? — En doutez-vous? me répondit-elle. — Son accent me pénétra.

Je veux lui écrire, lui dis-je; vous lui remettrez ma lettre. — Pourquoi lui écrire? reprit-elle; vos chevaux sont prêts pour partir, la nuit est déjà venue; vous n'auriez pas le temps de raconter toute cette histoire. — J'éprouve de la répugnance, lui répondis-je, à hasarder dans une lettre le secret de mon amie; mais je manderai seulement à Léonce que je vous ai tout confié, qu'il peut tout savoir de vous; et s'il vous témoigne le désir de venir à Bellerive, vous voudrez bien lui dire que je l'y recevrai. — Oui, reprit-elle vivement; c'est mieux comme cela; vous avez raison.

Je pris la plume, et je sentis une sorte de gêne, en écrivant à Léonce en présence de madame de Vernon; mon billet fut plus court et plus froid que je ne l'aurois voulu; tel qu'il étoit, je le remis à madame de Vernon; elle le lut attentivement, le cacheta, et me dit qu'il étoit à merveille, et que j'y conservois la dignité qui me convenoit. C'étoit à elle, ajouta-t-elle, à suppléer à ce que je ne disois pas; elle me rassura sur ce que je redoutois; elle me parut convaincue qu'elle me justifieroit entièrement auprès de Léonce; elle en prit presque l'engagement, et se plaisant à me raconter ce qu'elle lui diroit, elle me parla de moi sous cette forme indirecte, avec tant de grâce, de charme et même d'adresse, que je bénis le ciel d'avoir eu l'idée de lui confier ma défense. Non, il n'existe point de femme au monde qui sache faire valoir aussi habilement ceux qu'elle aime. Elle seule connoît assez bien le monde, pour rassurer Léonce sur l'éclat que peut avoir le funeste événement auquel mon nom est mêlé. Un sentiment indomptable d'amour et de fierté me rendroit impossible de m'excuser auprès de lui, si son premier mouvement ne m'étoit pas favorable.

Je finis en recommandant à madame de Vernon de veiller sur la réputation de Thérèse, de ne nommer que moi dans le monde, de me livrer mille fois plutôt qu'elle, et de raconter l'histoire du duel, telle que nous avions décidé qu'on la feroit; elle me le promit : je l'embrassai; nous nous séparâmes; j'emmenai Thérèse et sa fille, et nous arrivâmes à trois heures du matin à Bellerive : quel voyage ! quelle journée, ma chère Louise ! J'enverrai cette lettre à Paris demain, de peur que la nouvelle de la mort de M. d'Ervins ne vous arrive avant ma lettre, et ne vous effraie pour moi.

Ce soir, pendant que l'infortunée Thérèse avoit désiré d'être seule, je me suis promenée sur le bord de la rivière ; j'ai voulu me livrer au souvenir de Léonce ; mais je ne sais, une inquiétude que j'avois de la peine à m'avouer, m'empêchoit de m'abandonner au charme de cette idée. Je me rappelai quelques traits sévères de son caractère, ce qu'il en disoit lui-même dans sa lettre à M. Barton. Ce n'étoit plus un amant, c'étoit un juge que je croyois voir dans Léonce ; et des mouvemens d'une fierté douloureuse s'emparoient de mon âme en pensant à lui. Enfin, me retraçant tout ce que madame de Vernon m'avoit dit pour me rassurer, je me suis répété qu'un trait de bonté même indiscret ne pouvoit détruire les sentimens qu'il m'a témoignés, et je suis rentrée chez moi plus tranquille.

Hélas ! Thérèse, l'infortunée Thérèse est la seule à plaindre ! combien vous vous intéresserez à son malheur, bonne, excellente Louise ! combien vous serez disposée à me pardonner ce que j'ai fait pour elle ! Ce n'est pas vous qui seriez sévère envers les égaremens même de la pitié.

LETTRE XXXIII.

Delphine à mademoiselle d'Albémar.

Bellerive, 9 juillet.

Depuis trois jours, le croirez-vous, ma chère Louise, je n'ai pas reçu une seule lettre de madame de Vernon; je n'ai pas entendu parler de Léonce! peut-être n'est-il pas encore revenu de Mondoville! J'ai reçu seulement une lettre de madame d'Artenas, la tante de madame de R., qui me mande que la mort de M. d'Ervins fait un bruit horrible dans Paris, et que beaucoup de gens me blâment : elle me demande de l'instruire de la vérité des faits, pour qu'elle puisse me défendre. Eh! que m'importe ce qu'on dira de moi? c'est l'opinion de Léonce que je veux savoir.

J'avois envie d'aller à Paris pour parler encore à madame de Vernon; je ne puis abandonner Thérèse; elle a pris la fièvre avec un délire violent; elle veut me voir à tous les instans; hier j'étois sortie de sa chambre pendant quelques minutes, elle me demanda, et ne me trouvant point auprès d'elle, elle tomba dans un accès de pleurs qui me fit une peine profonde; non, je ne la quitterai point.

LETTRE XXXIV.

Delphine à mademoiselle d'Albémar.

Bellerive, 10 juillet.

Ce jour s'est encore passé sans nouvelles, et cependant Léonce est arrivé; un de mes gens, revenu ce soir de Paris, a rencontré un des siens. Je suis descendue vingt fois pendant le jour dans mon avenue, regardant si je ne voyois venir personne, reconnoissant de loin le facteur des lettres, courant d'abord au-devant de lui, mais bientôt forcée de m'appuyer contre un arbre pour l'attendre : les battemens de cœur qui me saisissoient m'ôtoient la force de marcher.

J'ai épuisé toutes les informations que l'on peut prendre sur les lettres, sur les moyens d'en recevoir, sur la possibilité d'en perdre; je suis honteuse auprès de mes gens de ces innombrables questions; je les ai cessées, n'en espérant plus rien.

Il est clair que madame de Vernon n'a pas été contente de Léonce, puisqu'elle ne m'a pas mandé à l'instant même ce qu'il lui a dit; elle espère le ramener. Non, je ne lui écrirai point; non, je n'entrerai avec lui dans aucune justification; je n'irai point à Paris pour le prévenir, pour lui demander grâce; je peux avoir eu tort selon son opinion, mais quand je lui confie mes motifs, mais quand je sollicite presque mon pardon, par l'entremise de mon amie; enfin, quand je suis seule ici dans la douleur, auprès du lit d'une infortunée, qui succombe aux tourmens du repentir et de l'amour, c'est à Léonce à venir me chercher.

LETTRE XXXV.

Léonce à sa mère.

Paris, 11 juillet.

JE vous ai écrit, je crois, il y a quatre jours, de Mondoville, ma chère mère, une lettre que je désavoue entièrement; vous aviez raison de choisir mademoiselle de Vernon pour ma femme. Madame de Vernon m'a remis une lettre de vous décisive; le contrat est signé d'hier au soir, et cependant je vis, vous ne pouvez rien désirer de plus.

J'avois abrégé mon séjour à Mondoville, mais ce n'étoit pas dans ce but. A mon arrivée, j'apprends que M. de Serbellane a tué M. d'Ervins à la suite d'une querelle politique chez madame d'Albémar; tout Paris retentit de cet éclat scandaleux; sur le champ de bataille même M. de Serbellane a nommé madame d'Albémar; il étoit renfermé chez elle depuis vingt-quatre heures; elle m'avoit dit qu'il étoit parti pour le Portugal; dans huit jours elle part pour Montpellier, d'où elle se rendra à Lisbonne, s'il n'est pas permis à M. de Serbellane de revenir en France pour l'épouser. Elle-même m'a écrit que madame de Vernon m'apprendroit toute son histoire. Enfin de quoi me plaindrois-je? elle est libre, son caractère devoit m'être connu : ne m'aviez-vous pas dit, ma mère, qu'il ne s'accorderoit jamais avec le mien? pardonnez-moi de vous en avoir parlé : oubliez-la.

Je le sais, il ne m'est pas permis d'en finir; l'existence que vous m'avez donnée vous appartient; j'ai éprouvé une émotion assez forte de tout ceci; mais ce n'est pas en vain que votre sang m'a transmis le courage et la fierté; j'en aurai, je serai dans deux jours l'époux de Matilde. Que dira madame d'Albémar alors, que pensera-t-elle? Mais qu'importe ce qu'elle pensera? ma mère, vous serez obéie.

Le pauvre Barton s'est démis le bras en tombant de cheval; il est obligé de rester à Mondoville encore quelque temps; il s'est aussi comme moi cruellement trompé; mais qu'en résulte-t-il pour lui? rien. Adieu, ma mère. —

LETTRE XXXVI.

Delphine à mademoiselle d'Albémar.

Bellerive, dans la nuit du 12 juillet.

Je n'ai plus rien à vous dire sur moi; aujourd'hui, à six heures du soir, mon sort a fini, et à neuf, j'ai reçu la lettre qui me l'annonce. J'existe; je crois que je ne mourrai pas; j'irai vous rejoindre dès que madame d'Ervins sera rétablie. Il y a quelques heures que je me suis crue très-mal, mais c'est une des illusions de la douleur: souffrir, ce n'est pas mourir, c'est vivre.

Lisez cette lettre; je suis parvenue à vous la copier; mais il faut que j'en conserve l'original toujours sous mes yeux; si je ne la voyois pas, je n'y croirois plus; j'irois trouver Léonce, j'irois lui dire que je l'aime encore; et de ma vie je ne dois le voir, ni lui parler.

Madame de Vernon à madame d'Albémar.

Ce 10 juillet.

La peine que je vais vous causer, ma chère Delphine, m'est extrêmement douloureuse.

J'ai remis votre billet à Léonce; je lui ai parlé avec la plus grande vivacité, mais il étoit déjà tellement prévenu par le bruit qu'a fait cette malheureuse aventure, qu'il m'a été impossible de le ramener; il prétend que vos caractères ne se conviennent point, que vous l'offenseriez sans cesse dans ce qu'il a de plus cher au monde, le respect pour l'opinion, et que vous vous rendriez malheureux mutuellement. Il avoit, d'ailleurs, reçu une lettre de sa mère, qui s'opposoit formellement à ce qu'il vous épousât, et le sommoit de remplir ses engagemens avec ma fille.

J'ai voulu lui rendre à cet égard toute sa liberté, mais il l'a refusée; et comme il étoit décidé à ne point s'unir avec vous, il m'a paru naturel de revenir à nos anciens projets; le contrat de Matilde et de Léonce a donc été signé aujourd'hui, et après-demain, à six heures du soir, ils se marient; je voudrois vous voir avant cet instant si solennel pour moi; venez demain à Paris, et j'irai chez vous. Adieu, je suis bien affectée de votre chagrin.

Sophie de Vernon.

Cette lettre, qui m'est parvenue par la poste, devoit, d'après la date, m'arriver avant-hier: est-ce la fatalité, ou madame de Vernon vouloit-elle s'épargner mes plaintes? Oh! j'en suis sûre, elle a froidement servi ma cause; je me suis confiée dans son amitié pour moi, et j'avois tort; son affection pour sa fille a sans doute affoibli toutes ses expressions en ma faveur. Mais Léonce! juste ciel! Léonce devoit-il avoir besoin qu'on me défendît? la vérité ne lui suffisoit-elle pas?

Ce matin je m'éveillois aux espérances des plus tendres affections du cœur; la nature me sembloit la même; je pensois, j'aimois, j'étois moi; et il se préparoit à conduire une autre femme à l'autel! Il ne me donnoit pas même un regret! il me croyoit indigne de son nom! Je voulois ce soir même aller trouver Léonce, oui, l'époux de Matilde, lui demander la raison de cette cruauté, de ce mépris qui l'avoient forcé de rompre nos liens. Mais quelle honte, grand Dieu! l'implorer! lui, qui me croit dégradée dans l'opinion des hommes! Ah! que je meure, mais que je meure immobile à la place où j'ai reçu le coup mortel.

Qu'avois-je donc fait, cependant, qui pût inspirer à Léonce cette haine subite contre moi? J'avois cédé à la pitié que m'inspiroit l'amour de Thérèse : ne la comprend-il donc pas, cette pitié? Se croit-il certain de n'en avoir jamais besoin? Ma condescendance peut être blâmée, je le sais ; mais pouvois-je aimer comme j'aimois Léonce, et n'avoir pas un cœur accessible à la compassion? L'amour et la bonté ne viennent-ils pas de la même source?

Non, ce ne sont pas les motifs de mon action qu'il juge, c'est ce que les autres en ont dit; c'est leur opinion qu'il consulte, pour savoir ce qu'il doit penser de moi; jamais il ne m'auroit rendue heureuse, jamais. Ah! qu'ai-je dit, Louise? aucune femme sur la terre ne l'auroit été comme moi : je me serois conformée à son caractère, je l'aurois consulté sur toutes mes actions; il m'aimoit, j'en suis sûre! sans cet éclat cruel..... Ah! Thérèse, vous nous avez perdues toutes les deux!

J'ai eu soin de lui cacher qu'elle étoit la cause de mon désespoir : elle est assez malheureuse. Cependant elle n'a point à se plaindre de son amant ; c'est le sort qui les sépare. Mais Léonce, ce sort, c'est ta volonté, c'est toi...... Louise, est-il sûr qu'ils sont mariés maintenant! qui le sait, qui me le dira? Sans doute, ils le sont depuis plusieurs heures; tout est irrévocable.

J'irai pourtant à Paris demain ; je n'y verrai personne, je ne verrai pas madame de Vernon.

Qu'a-t-elle affaire de moi? mais je saurai l'heure, le lieu, les circonstances; je veux me représenter l'événement qui sera désormais l'unique souvenir de ma vie : je veux d'autres douleurs que cette lettre, d'autres pensées non moins déchirantes, mais qui soulagent un peu ma tête : elle est là devant moi, cette lettre, je la regarde sans cesse, comme si elle devoit s'animer, et répondre à mes avides questions.

Louise, vous aviez raison de craindre le monde pour votre malheureuse Delphine; voilà mon âme bouleversée; le calme n'y rentrera plus, la tempête a triomphé de moi; vous qui m'aimez encore, il faut que vous me le pardonniez, mais je crois que je ne peux plus vivre; j'ai horreur de la société, et la solitude me rend insensée; il n'y a plus de place sur la terre où je puisse me reposer.

LETTRE XXXVII.

Delphine à mademoiselle d'Albémar.

Paris, le 13 juillet, à minuit.

Louise, hier il n'étoit pas marié, non il ne l'étoit pas encore! Juste ciel! seule maintenant, abandonnée de tout ce que j'aimois, vous dirai-je ce que mon désespoir peut à peine me persuader encore! Écoutez-moi: si je me rappelle ce que j'ai vu, ce que j'ai ressenti, ma raison n'est pas encore entièrement égarée.

Il me fut impossible de rester plus long-temps à Bellerive; l'inaction du corps, quand l'âme est agitée, est un supplice que la nature ne peut supporter; je montai en voiture; j'ordonnai qu'on me conduisît à Paris, sans aucun projet, sans aucune idée qu'il me fût possible de m'avouer; je sentois encore, non de l'espérance, mais quelque chose qui différoit cependant de l'impression qu'une nouvelle certaine fait éprouver. A force de réfléchir, mes idées s'étoient obscurcies, et j'étois parvenue à douter.

Je contemplois tous les objets dans le chemin avec ce regard fixe qui ne permet de rien distinguer: j'aperçus cependant un pauvre vieillard sur la route; je fis arrêter ma voiture pour lui donner de l'argent; ce mouvement n'appartenoit point à la bienfaisance; il étoit inspiré par l'idée confuse qu'une action charitable détourneroit de moi le malheur qui me menaçoit; je frémis en découvrant quelques restes d'espoir dans mon âme, en sentant que je n'étois pas encore au dernier terme de la douleur; je tombai à genoux dans ma voiture sans avoir la force de prier, et j'arrivai dans une anxiété inexprimable.

Antoine étoit chez moi; je n'osai lui faire une question directe; mais je lui dis, sur madame de Vernon, un mot qui devoit l'amener à me parler d'elle. — Sans doute, me répondit-il, madame vient ici pour assister au mariage de mademoiselle Matilde avec M. de Mondoville : c'est à six heures, à Sainte-Marie, près de Chaillot, à l'extrémité du faubourg, dans l'église du couvent où mademoiselle de Vernon a été élevée : il n'est pas cinq heures. Madame a bien le temps de faire sa toilette. — Oh! Louise! il n'étoit pas encore son époux! j'étois à cinquante pas de lui, je pouvois aller me jeter en travers de la porte, et sa voiture auroit passé sur mon cœur avant que le mariage s'accomplît!

Non, jamais une heure n'a fait naître tant de pensées diverses, tant de projets adoptés, rejetés à l'instant! je me suis crue vingt fois décidée à tout hasarder pour lui parler encore, avant qu'il eût prononcé le serment éternel; et vingt fois la fierté, la timidité glacèrent mes mouvemens, et renfermèrent en moi-même la passion qui me consumoit : je me disois : Léonce, que mon imprudence a détaché de moi, que pensera-t-il d'une action inconsidérée? Faut-il le voir marcher à l'autel après avoir foulé ma prière ! Cette réflexion m'arrêtoit, mais le souvenir des jours où il m'avoit aimée la combattoit bientôt avec force. Pendant ces incertitudes je voyois l'heure s'écouler, et le temps décidoit pour moi de l'irrévocable destinée.

Je ne sais par quel mouvement je pris tout à coup un parti, dont l'idée me donna d'abord quelque soulagement. Je résolus d'aller moi-même, couverte d'un voile, à cette église où ils devoient se marier, et d'être ainsi témoin de la cérémonie. Je ne comprends pas encore quel étoit mon projet; je n'avois pas celui de m'opposer au mariage, d'oser faire un tel scandale; j'espérois, je crois, que je mourrois; ou plutôt, la réflexion ne me guidoit pas : la douleur me poursuivoit, et je fuyois devant elle.

Je sortis seule, et tellement enveloppée d'un voile et d'un vêtement blanc, qu'on ne me reconnut point à ma porte; je marchois dans la rue rapidement; je ne sais d'où me venoit tant de force; mais il y avoit sans doute dans ma démarche quelque chose de convulsif, car je voyois ceux qui passoient s'arrêter en me regardant; une agitation intérieure me soutenoit; je craignois de ne pas arriver à temps, j'étois pressée de mon supplice; il me sembloit qu'en atteignant au plus haut degré de la souffrance, quelque chose se briseroit dans ma tête ou dans mon cœur, et qu'alors j'oublierois tout.

J'entrai dans l'église sans avoir repris ma raison ; la fraîcheur du lieu me calma pendant quelques instans ; il y avoit très-peu de monde ; je pus choisir la place que je voulois, et je m'assis derrière une colonne qui me déroboit aux regards ; mais cependant, hélas ! me permettoit de tout voir. J'aperçus quelques femmes âgées dans le fond de l'église, qui prioient avec recueillement ; et comparant le calme de leur situation avec la violence de la mienne, je haïssois ma jeunesse qui donnoit à mon sang cette activité de malheur.

Des instrumens de fête se firent entendre en dehors de l'église ; ils annonçoient l'arrivée de Léonce ; les orgues bientôt aussi la célébrèrent, et mon cœur seul mêloit le désespoir à tant de joie. Cette musique produisit sur mes sens un effet surnaturel ; dans quelque lieu que j'entendisse l'air que l'on a joué, il seroit pour moi comme un chant de mort. Je m'abandonnai, en l'écoutant, à des torrens de larmes, et cette émotion profonde fut un secours du ciel ; j'éprouvai tout à coup un mouvement d'exaltation qui soutint mon âme abattue : la pensée de l'Être suprême s'empara de moi : je sentis qu'elle me relevoit à mes propres yeux : Non, me dis-je à moi-même, je ne suis point coupable ; et lorsque tout bonheur m'est enlevé, le refuge de ma conscience, le secours d'une Providence miséricordieuse me restera. Je vivrai de larmes ; mais aucun remords ne pouvant s'y mêler, je ne verrai dans la mort que le repos. Ah ! que j'ai besoin de ce repos !

Je n'avois pas encore osé lever les yeux ; mais quand les sons eurent cessé, cette douleur déchirante qu'ils avoient un moment suspendue, me saisit de nouveau ; je vis Léonce à la clarté des flambeaux ; pour la dernière fois sans doute je le vis ! il donnoit la main à Matilde ; elle étoit belle, car elle étoit heureuse ; et moi, mon visage couvert de pleurs ne pouvoit inspirer que de la pitié.

Léonce, est-ce encore une illusion de mon cœur ? Léonce me parut plongé dans la tristesse ; ses traits me sembloient altérés, et ses regards erroient dans l'église, comme s'il eût voulu éviter ceux de Matilde. Le prêtre commença ses exhortations, et lorsqu'il se tourna vers Léonce pour lui adresser des conseils sur le sentiment qu'il devoit à sa femme, Léonce soupira profondément, et sa tête se baissa sur sa poitrine.

Vous le dirai-je! un instant après je crus le voir qui cherchoit dans l'ombre ma figure appuyée sur la colonne, et je prononçai dans mon égarement ces mots d'une voix basse : — *C'étoit à Delphine, Léonce, que cette affection étoit promise; oui, Léonce la devoit à Delphine; elle n'a point cessé de la mériter.* — Il se troubla visiblement, quoiqu'il ne pût m'entendre; madame de Vernon se leva pour lui parler; elle se mit entre lui et moi : il s'avança cependant encore pour regarder la colonne; son ombre s'y peignit encore une fois.

J'entendis la question solennelle qui devoit décider de moi, un frissonnement glacé me saisit; je me penchai en avant, j'étendis la main; mais bientôt épouvantée de la sainteté du lieu, du silence universel, de l'éclat que feroit ma présence, je me retirai par un dernier effort, et j'allai tomber sans connoissance derrière la colonne. Je ne sais ce qui s'est passé depuis; je n'ai point entendu le *oui* fatal; le froid bienfaisant de la mort m'a sauvé cette angoisse.

A dix heures du soir, le gardien de l'église, au moment où il alloit la fermer, s'est aperçu qu'une femme étoit étendue sur le marbre; il m'a relevée, il m'a portée à l'air; enfin, il m'a rendu cette fièvre douloureuse qu'on appelle la vie : je me suis fait conduire chez moi ; j'ai trouvé mes gens inquiets, et de quoi, juste ciel ! que ne pleuroient-ils de me revoir !

Après trois heures d'une immobilité stupide, j'ai retrouvé la force de vous écrire ; Louise, ma seule amie, rappelez-moi près de vous ; ils sont tous heureux ici, qu'ai-je à faire dans ce pays de joie ? Peut-être les lieux que vous habitez ranimeront-ils en moi les sentimens que j'y ai long-temps éprouvés ; une année ne peut-elle se retrancher de la vie ? mais un jour, un seul jour ! Ah ! c'est celui-là qui ne s'effacera point.

LETTRE XXXVIII.

Léonce à M. Barton.

Paris, ce 14 juillet.

JE vous ai mandé ma résolution : sachez à présent que je suis marié ; oui, depuis hier, à Matilde, je suis marié : je vous ai épargné tout ce que j'ai souffert ; pourquoi mêler à vos douleurs les inquiétudes de l'amitié ? Mais il faut cependant, si je ne veux pas devenir fou, que je vous confie une seule chose ; et que direz-vous de moi si ce secret impossible à garder est une apparition, un fantôme, une chimère ?

Voilà ce qu'est devenu votre misérable ami, voilà dans quel état elle m'a jeté par sa perfidie.

Je savois hier que madame d'Albémar étoit à Bellerive, s'occupant de son départ pour Lisbonne ; je le savois ; eh bien ! au milieu de la cérémonie imposante, qui pour jamais disposoit de mon sort ; dans cette église, où la fierté, le devoir, la volonté de ma mère m'ont entraîné, j'ai cru voir, derrière une colonne, madame d'Albémar couverte d'un voile blanc ; mais sa figure s'offrit à mes regards si pâle et si changée, que c'est ainsi que son image devroit m'apparoître après sa mort. Plus je fixois les yeux sur cette colonne, plus mon illusion devenoit forte, et je crus que mon nom et le sien avoient été prononcés par sa voix, que j'entends souvent, il est vrai, quand je suis seul.

Madame de Vernon s'approcha de moi, et me rappela doucement à ce que je devois à Matilde : je me levai pour prononcer le serment irrévocable ; à l'instant même je vis cette même ombre s'avancer, étendre la main, et mon trouble fut tel qu'un nuage couvrit mes yeux. Je fis cependant un nouvel effort pour examiner cette colonne, dont j'avois cru voir sortir l'image persécutrice de ma vie ; mais je n'aperçus plus rien ; l'effet des lumières dans cette vaste église, et mon imagination agitée avoient sans doute créé cette chimère.

Mon silence et mon trouble, cependant, embarrassoient Matilde ; je me hâtai de dire *oui*, comme dans l'égarement d'un rêve. Mon âme tout entière étoit ailleurs ; n'importe, le lien est serré, je suis l'époux de Matilde ! quand il seroit vrai que Delphine m'auroit aimé quelques instans, elle a senti, je n'en puis douter, qu'après l'éclat de son aventure, elle seroit perdue, si elle n'épousoit pas M. de Serbellane ; mais si je savois au moins qu'elle m'a regretté ! indigne foiblesse ! Delphine m'a trompé, la nature n'a plus rien de vrai.

Vous saurez une fois, si je puis raconter ces derniers jours sans tomber dans des accès de rage et de douleur, vous saurez une fois tout ce qui s'est passé. Mais ce fantôme blanc, hier, qu'étoit-il ? Je le vois encore.... Ah ! mon ami, quand vous serez guéri, venez ; j'ai plus besoin de vous que dans les débiles jours de mon enfance ; ma raison est sans force, et je n'ai plus d'un homme que la violence des passions.

SECONDE PARTIE.

LETTRE PREMIÈRE.

Mademoiselle d'Albémar à Delphine.

Montpellier, 20 juillet 1790.

Après avoir reçu votre lettre, j'ai passé le jour entier dans les larmes, et je peux à peine voir assez pour vous écrire, tant mes yeux sont fatigués de pleurer. Ma chère enfant, à quelles douleurs vous avez été livrée! ah! que n'étois-je là, pour exprimer ma haine contre les méchans, et pour consoler la bonté malheureuse! Je m'étois attachée à Léonce, je le regardois déjà comme un époux, comme un ami digne de vous; il a été capable d'une telle cruauté; il a volontairement renoncé à la plus aimable femme du monde, parce qu'il avoit à lui reprocher une faute dont toutes les vertus généreuses étoient la cause; une faute, comme les anges en commettroient s'ils étoient témoins des foiblesses et des souffrances des hommes!

Sans doute, madame de Vernon n'a point su vous défendre; je vais plus loin, et je la soupçonne d'avoir empoisonné l'action qu'elle étoit chargée de justifier; mais ce n'est point une excuse pour Léonce. Celui que vous aviez daigné préférer devoit-il avoir besoin d'un guide pour vous juger? Non, il ne vous a jamais aimée; il faut l'oublier et relever votre âme par le sentiment de ce que vous valez. Ma chère Delphine, la vie n'est jamais perdue à vingt ans; la nature, dans la jeunesse, vient au secours des douleurs, les forces morales s'accroissent encore à cet âge, et ce n'est que dans le déclin que sont les maux irréparables.

J'ose vous le conseiller, quittez pour quelque temps le monde, et venez auprès de moi; je l'entrevois confusément ce monde, mais il me semble qu'il ne suffit pas de toutes les qualités du cœur et de l'esprit pour y vivre en paix; il exige une certaine science qui n'est pas précisément condamnable, mais qui vous initie cependant trop avant dans le secret du vice, et dans la défiance que les hommes doivent inspirer. Vous avez l'esprit le plus étendu, mais votre âme est trop jeune, trop prompte à se livrer; mettez votre sensibilité sous l'abri de la solitude, fortifiez-vous par la retraite, et retournez ensuite dans la société; si vous y restiez maintenant, vous ne guéririez point des peines que vous avez éprouvées.

Venez goûter le calme, venez vous reposer par l'absence des objets pénibles, et par la suspension momentanée de toute émotion nouvelle ; ce tableau sans couleurs n'a rien d'attirant, mais, à la longue, une situation monotone fait du bien ; si les consolations qu'il faut puiser en soi-même ne sont pas rapides, leur effet au moins est durable.

Je ne vous parle point de mon affection, c'est avec timidité que je la rappelle, quand il s'agit des peines de l'amour ; cependant une fois, je l'espère, votre âme tendre y trouvera peut-être encore quelque douceur.

LETTRE II.

Réponse de Delphine à mademoiselle d'Albémar.

Bellerive, 26 juillet 1790.

Oui, j'irai vous rejoindre et pour toujours ; cependant, pourquoi dites-vous qu'il ne m'a jamais aimée ? Je sais bien que je n'ai plus d'avenir, mais il ne faut pas m'ôter le passé.

Au concert, au bal, la dernière fois que je l'ai vu, j'en suis sûre, il m'aimoit ! il y a maintenant douze jours que je ne fais plus que repasser sur les mêmes souvenirs ; je me suis rappelé des mots, des regards, des accens dont je n'avois pas assez joui, mais qui doivent me convaincre de son affection. Il m'aimoit, j'étois libre, et il est l'époux d'une autre ; ne croyez pas que jamais ma pensée puisse sortir de ce cercle cruel que les regrets tracent autour de moi. Depuis le jour où j'aurois dû mourir, j'ai vécu seule, je n'ai vu que Thérèse, je n'ai point répondu aux lettres de madame de Vernon, je lui ai fait dire que je ne pouvois pas la voir, vous-même vous ne m'auriez pas fait du bien.

Je saurai recouvrer quelque empire sur moi-même, mais le bonheur ! votre raison même vous dira qu'il n'en est plus pour moi. Vous ne pensez pas que jamais je puisse aimer un autre homme que Léonce ; ce charme irrésistible, qui m'avoit inspiré la première passion de ma vie, vous ne pensez pas que jamais je puisse l'oublier. Eh bien ! le sort d'une femme est fini quand elle n'a pas épousé celui qu'elle aime ; la société n'a laissé dans la destinée des femmes qu'un espoir ; quand le lot est tiré et qu'on a perdu, tout est dit : on essaie de vains efforts, souvent même on dégrade son caractère en se flattant de réparer un irréparable malheur ; mais cette inutile lutte contre le sort ne fait qu'agiter les jours de la jeunesse, et dépouiller les dernières années de ces souvenirs de vertu, l'unique gloire de la vieillesse et du tombeau.

Que faut-il donc faire quand une cause, inconnue ou méritée, vous a ravi le bien suprême, l'amour dans le mariage? que faut-il donc faire, quand vous êtes condamnée à ne jamais le connoître? Éteindre ses sentimens, se rendre aride, comme tant d'êtres qui disent qu'ils s'en trouvent bien; étouffer ces élans de l'âme qui appellent le bonheur et se brisent contre la nécessité; j'y ai presque réussi, c'est aux dépens de mes qualités, je le sais; mais qu'importe! pour qui maintenant les conserverois-je?

Je suis moins tendre avec Thérèse; j'ai quelque chose de contraint dans mes paroles, dans mon air, qui m'inspire de la déplaisance pour moi-même; ces défauts me conviennent: Léonce ne m'a-t-il pas jugée indigne de lui! pourquoi ne lui donnerois-je pas raison? Vous voulez que je retourne vers vous, ma chère Louise; mais pourrez-vous me reconnoître? J'ai fait sur moi un travail qui a singulièrement altéré ce que j'avois d'aimable; ne falloit-il pas roidir son âme pour supporter ce que je souffre! S'éveiller sans espoir, traîner chaque minute d'un long jour comme un fardeau pénible, ne plus trouver d'intérêt ni de vie à aucune des occupations habituelles, regarder la nature sans plaisir, l'avenir sans projet; juste ciel, quelle destinée! et si je me livre à ma douleur, savez-vous quelle est l'idée, l'indigne idée qui s'empare de moi? le besoin d'une explication avec Léonce.

Il me semble que je lui dirois des paroles qui me vengeroient....; mais à quoi me serviroit-il de me venger? la fierté seule peut me conserver quelques restes de son estime. Cependant pourra-t-il éviter de me voir? c'est à moi de m'y refuser, je le dois, je le veux; Louise, ce qui m'a perdue, c'est trop d'abandon dans le caractère; je me sens de l'admiration pour les qualités, pour les défauts même qui préservent de l'ascendant des autres. J'aime, j'estime la froideur, le dédain, le ressentiment; Léonce verra si moi aussi je ne puis pas lui ressembler.... Que verra-t-il? Il ne me regarde plus; je m'agite, et il est en paix. Ma vie n'est de rien dans la sienne; il continue sa route et me laisse en arrière, après m'avoir vue tomber du char qui l'entraîne.

Vous me parlez de la retraite! j'ai le monde en horreur, mais la solitude aussi m'est pénible. Dans le silence qui m'environne, je suis poursuivie par l'idée que personne sur la terre ne s'intéresse à moi; personne! ah! pardonnez, c'est à Léonce seul que je pensois; funeste sentiment, qui dévaste le cœur, et n'y laisse plus subsister aucune des affections douces qui le remplissoient! C'est pour vous, pour vous seule, ma sœur, que j'essaie de vivre; madame de Vernon que j'ai tant aimée ne m'est plus qu'une pensée douloureuse; je lui adresse, au fond de mon cœur, des reproches pleins d'amertume; hélas! peut-être que Léonce seul les mérite; je veux me préserver du premier tort des malheureux, de l'injustice. Je recevrai madame de Vernon, puisqu'elle veut me voir: elle m'écrit que mon refus l'afflige; oh! je ne veux pas l'affliger: peut-être, en la revoyant, reprendrai-je à son charme.

Je redemande un intérêt, un moment agréable, comme on invoqueroit les dons les plus merveilleux de l'existence; il me semble que cesser de souffrir est impossible, et qu'il n'y a plus au monde que de la douleur.

LETTRE III.

Delphine à mademoiselle d'Albémar.

Ce 30 juillet.

J'ai vu madame de Vernon; elle est venue passer deux jours à Bellerive; je me promenois seule sur ma terrasse, lorsque de loin je l'ai aperçue: j'ai été saisie d'un tel tremblement à sa vue, que je me suis hâtée de m'asseoir pour ne pas tomber; mais cependant, comme elle approchoit, un sentiment d'irritation et de fierté m'a soutenue, et je me suis levée pour lui cacher mon trouble.

Toute l'expression de son visage étoit triste et abattue; nous avons gardé l'une et l'autre le silence; enfin elle l'a rompu, en me disant que sa fille alloit la quitter, et s'établir avec son mari dans une maison séparée. — Ce projet n'étoit pas le vôtre, lui ai-je dit. — Non, répondit-elle; il dérange, et mon aisance de fortune, et l'espoir que j'avois d'être entourée de ma famille; mais qui peut prétendre au bonheur! — J'ai soupiré. — Vous avez fait cependant, lui dis-je avec amertume, beaucoup de sacrifices à votre fille; elle, du moins, vous devroit de la reconnoissance. — Vous m'accusez, répondit-elle après quelques momens de réflexion, vous m'accusez de vous avoir mal défendue auprès de Léonce ; je peux mériter ce reproche ; cependant je vous l'assure, son irritation ne pouvoit être calmée ; vos ennemis l'avoient prévenu avant que je le visse ; le blâme que vous avez encouru avoit particulièrement offensé son respect pour l'opinion publique, et vos caractères se convenoient si peu, que vous auriez été très-malheureux ensemble. — Vous avois-je chargée d'en juger, lui dis-je, et n'aviez-vous pas accepté, ou plutôt recherché le devoir de me justifier ? — Et vous aussi, s'écria-t-elle, vous voulez m'abandonner! vous en avez plus le droit que ma fille, et je me résigne à mon sort, sans vouloir lutter contre lui. — Elle s'assit en finissant ces mots ; je la vis pâlir et trembler; je l'avouerai, d'abord je n'en fus point émue ; j'ai tant souffert depuis huit jours, que mon âme est devenue plus ferme contre la douleur des autres ; cependant lorsqu'elle versa des larmes, je me sentis attendrie, je lui pris la main, je lui demandai de se justifier; elle se tut, et continua de pleurer.

C'étoit la première fois de ma vie que je la voyois dans cet état ; tous mes souvenirs parlèrent pour elle dans mon cœur. — Eh bien !

lui dis-je, eh bien ! je puis vous aimer assez pour vous pardonner le malheur de ma vie; vous ne m'avez point servie auprès de Léonce, mais en effet c'étoit à son cœur à plaider pour moi; lui qui étoit l'objet de ma tendresse, lui qui ne pouvoit douter de mon amour, ne savoit-il pas ma meilleure excuse ? Cependant, comment avez-vous pu vous résoudre à précipiter ce mariage ? n'aviez-vous pas besoin de mon consentement, après l'aveu que je vous avois fait ? Vous étiez mère; mais n'étois-je pas devenue votre fille en vous confiant mon sort ? — Oui ! s'écria-t-elle en soupirant, ma fille, et bien plus tendre que ma fille : je suis coupable, je le suis. — Et sa pâleur et l'altération de ses traits devenoient à chaque instant plus remarquables. Je ne pus résister à ce spectacle, et je me jetai dans ses bras en lui disant : — Je vous pardonne; si j'en meurs, souvenez-vous que je vous ai pardonné. — Elle me regarda avec une émotion extrême; elle eut presque le mouvement de se jeter à mes pieds; mais se reprenant tout à coup, elle se leva, et me demanda la permission de se promener un instant seule.

Je résolus, pendant qu'elle fut loin de moi, de l'interroger sur tout ce qui s'étoit passé. Quand elle revint, je le tentai : cette conversation lui étoit pénible, et j'étois sans cesse combattue entre l'intérêt qui me faisoit dévorer ses réponses, et le sentiment de pitié qui me défendoit d'insister : si elle avoit voulu se vanter et me tromper, notre liaison étoit rompue ; mais elle me peignit avec une telle vérité les nuances précises de son désir secret en faveur de sa fille, et de son exactitude cependant à dire ce que j'avois exigé d'elle, qu'elle exerça sur moi l'empire de la vérité. Je la condamnois, mais je l'aimois toujours ; et comme ses manières étoient restées naturelles, son charme existoit encore.

Elle m'avoua, avec confusion, qu'elle avoit en effet pressé Léonce de conclure son mariage avec sa fille ; mais elle m'affirma que jamais il ne m'auroit épousée, après l'éclat du duel de M. de Serbellane. Il étoit convaincu, me dit-elle, que tout le monde sauroit un jour que j'avois réuni chez moi une femme avec son amant, à l'insu de son mari, et que la mort de M. d'Ervins en étant la suite, on ne me pardonneroit jamais. Le prétexte dont on vouloit couvrir ce malheur, les opinions politiques, lui déplaisoit presque autant que la vérité même. Enfin, madame de Vernon ajouta que Léonce avoit reçu la lettre de sa mère la plus vive contre moi, et ne cessa de me répéter que ma destinée eût été très-malheureuse, avec deux personnes qui auroient traité la plupart de mes qualités comme des défauts.

Je repoussai ces consolations pénibles, et je ne lui trouvois pas le droit de me les donner. Je n'aimois pas davantage ses conseils répétés de fuir Léonce, et d'aller passer quelque temps auprès de vous, jusques à ce qu'il partît pour l'Espagne, comme c'étoit son dessein; ces conseils étoient d'accord avec mes résolutions; mais je n'avois pas rendu à madame de Vernon le pouvoir de me diriger; et c'étoit presque malgré moi que je me laissois captiver par sa grâce et sa douceur.

Dans le cours de cette conversation, je lui demandai une fois si Léonce n'avoit pas imaginé que je m'intéressois trop vivement à M. de Serbellane; mais elle repoussa bien facilement cette supposition, qui m'auroit été plus douce. En effet, la jalousie que M. de Serbellane avoit un moment inspirée à Léonce, n'étoit-elle pas tout-à-fait détruite, par la confidence même du secret de madame d'Ervins? Non, Louise, il ne reste aucune pensée sur laquelle mon cœur puisse se reposer.

Madame de Vernon me parla ensuite de Matilde et de Léonce. — Il ne l'aime pas, me dit-elle; depuis leur mariage, il la voit à peine, mais elle lui convient mieux qu'aucune autre, parce qu'elle ne fera jamais parler d'elle, et que c'est ainsi que doit être la femme d'un homme si sensible au moindre blâme. Quant à Matilde, elle aimera Léonce de toutes les puissances de son âme; mais elle a une telle confiance dans l'ascendant du devoir, qu'elle ne forme pas un doute sur l'affection de son mari pour elle; elle n'observe rien, et passe la plus grande partie de sa journée dans les pratiques de dévotion. Elle ne sera point ombrageuse en jalousie; mais si quelques circonstances frappantes lui découvroient l'attachement de Léonce pour une autre femme, elle seroit aussi véhémente qu'elle est calme, et la roideur même de son esprit et l'inflexibilité de ses principes ne lui permettroient plus ni tolérance, ni repos. — Hélas! m'écriai-je, ce ne sera pas moi qui troublerai son bonheur; l'on n'a rien à craindre de moi; ne suis-je pas un être immolé, anéanti : Ah! Sophie, lui dis-je, deviez-vous.... Mais ne parlons plus ensemble de Léonce, afin que je puisse goûter le seul plaisir dont mon âme soit encore susceptible, le charme de votre entretien.

Madame de Vernon vouloit voir madame d'Ervins, elle s'y est refusée; Thérèse ne se montrant pas, pendant que madame de Vernon étoit à Bellerive, j'ai passé deux jours tête-à-tête avec elle. Je l'avoue, le second jour j'éprouvai quelque soulagement; il y a dans l'attrait que je ressens pour madame de Vernon à présent quelque chose d'inexplicable : elle ne m'inspire plus une estime parfaite, ma confiance n'est plus sans bornes; mais sa grâce me captive; quand je la vois, je m'en crois aimée, je suis moins oppressée auprès d'elle, et je ne puis l'entendre quelques heures, sans imaginer confusément qu'elle m'a offert des consolations inattendues. Hélas! cette illusion a peu duré! Quand madame de Vernon a été partie, je me suis retrouvée plus mal qu'avant son arrivée : le bien qu'elle fait au cœur n'y reste pas.

Quel trouble je sens dans mon âme! mes idées, mes sentimens sont bouleversés : je ne sais pour quel but, ni dans quel espoir je dois me créer un esprit, une manière d'être nouvelle! je flotte dans la plus cruelle des incertitudes, entre ce que j'étois, et ce que je veux devenir; la douleur, la douleur est tout ce qu'il y a de fixe en moi : c'est elle qui me sert à me reconnoître. Mes projets varient, mes desseins se combattent; mon malheur reste le même; je souffre, et je change de résolution pour souffrir encore. Louise, faut-il vivre, quand on craint l'heure qui suit, le jour qui s'avance, comme une succession de pensées amères et déchirantes ? Si le temps ne me soulage pas, tout n'est-il pas dit ? Le secret de la raison, c'est d'attendre; mais qui attend en vain n'a plus qu'à mourir.

LETTRE IV.

Léonce à M. Barton.

Paris, ce 5 août.

Vous me demandez comment je passe ma vie avec Matilde : ma vie ! elle n'est pas là. Je me promène seul tout le jour, et Matilde ne s'en inquiète pas; pendant ce temps elle va à la messe, elle voit son évêque, ses religieuses, que sais-je ? elle est bien. Quand je la retrouve, de la politesse et de la douceur lui paroissent du sentiment; elle s'en contente, et cependant elle m'aime. La fille de la personne du monde qui a le plus de finesse dans l'esprit et de flexibilité dans le caractère, marche droit dans la ligne qu'elle s'est tracée sans apercevoir jamais rien de ce qu'on ne lui dit pas. Tant mieux.... Je ne la rendrai pas malheureuse. Et que m'importe son esprit, puisque je ne veux jamais lui communiquer mes pensées ?

Nous avancerons l'un à côté de l'autre dans cette route vers la tombe, que nous devons faire ensemble ; ce voyage sera silencieux et sombre comme le but. Pourquoi s'en affliger ? Un seul être au monde changeoit en pompe de bonheur cette fête de mort que les hommes ont nommée le mariage ; mais cet être étoit perfide, et un abîme nous a séparés.

Mon ami, je voudrois venger M. d'Ervins. Pourquoi M. de Serbellane existe-t-il après avoir tué un homme? n'a-t-il tué que ce d'Ervins? Et moi, juste ciel! est-ce que je vis? Je ne suis pas content de ma tête, elle s'égare quelquefois ; ce que j'éprouve surtout, c'est de la colère : une irritabilité que vous aviez adoucie ne me laisse plus de repos ; je n'ai pas un sentiment doux. Si je pense que je pourrois la rencontrer, je ne me plais qu'à lui parler avec insulte ; il n'y a plus de bonté en moi : mais qu'en ferois-je ? ne disoit-on pas que Delphine étoit remarquable par la bonté? je ne veux pas lui ressembler.

Tous les jours une circonstance nouvelle accroît mon amertume ; j'étois étonné de ce que le départ de madame d'Albémar n'avoit pas encore eu lieu ; je remarquois le séjour de madame d'Ervins chez elle, et j'avois fait de ce séjour même une sorte d'excuse à sa conduite; je me disois qu'apparemment elle n'avoit point pris avec trop de chaleur et d'éclat le parti de M. de Serbellane, puisque la femme de M. d'Ervins avoit choisi sa maison pour asile; et, quoique cette circonstance ne changeât rien aux relations de madame d'Albémar avec M. de Serbellane, à ces vingt-quatre heures passées chez elle, misérable que je suis! je sentois mon ressentiment adouci : mais hier, mon banquier, chez qui j'étois entré pour je ne sais quelle affaire, reçut devant moi deux lettres de M. de Serbellane pour madame d'Albémar, et les lui adressa dans l'instant même, en faisant une plaisanterie sur ce qu'elle avoit envoyé plusieurs fois demander si ces lettres étoient arrivées. Je n'apprenois rien par cet incident; eh bien! j'en ai été comme fou tout le jour.

Que me demandez-vous encore? si Matilde et moi nous restons chez madame de Vernon? Matilde veut avoir un établissement séparé; elle aime l'indépendance dans les arrangemens domestiques, et d'ailleurs la vie de sa mère n'est point d'accord avec ses goûts. Madame de Vernon se couche tard, aime le jeu, voit beaucoup de monde; Matilde veut régler son temps d'après ses principes de dévotion. Je la laisse libre de déterminer ce qui lui convient : comment, dans l'état où je suis, pourrois-je avoir la moindre décision sur quelque objet que ce soit ? Je ne remarque rien, je ne sens la différence de rien ; j'ai une pensée qui me dévore, et je fais des efforts pour la cacher ; voilà tout ce qui se passe en moi.

Il m'a paru cependant que madame de Vernon étoit plus affectée du projet de sa fille, que je ne m'y serois attendu d'un caractère aussi ferme que le sien ; elle a prononcé à demi-voix, et avec émotion, les mots d'*isolement* et d'*oubli* ; mais, reprenant bientôt les manières indifférentes dont elle sait si bien couvrir ce qu'elle éprouve : — Faites ce que vous voudrez, ma fille, a-t-elle dit ; il ne faut vivre ensemble que si l'on y trouve réciproquement du bonheur. — Et en finissant ces mots, elle est sortie de la chambre. Singulière femme ! Excepté un seul et funeste jour, elle ne m'a jamais parlé avec confiance, avec chaleur, sur aucun sujet ; mais, ce jour-là, elle exerça sur moi un ascendant inconcevable.

Ah ! quels mouvemens de fureur et d'humiliation ce qu'elle m'a dit ne m'a-t-il pas fait éprouver ! Ne me demandez jamais de vous en parler ; je ne le puis. Je veux aller

en Espagne voir ma mère, m'éloigner d'ici ;
je l'ai annoncé à Matilde ; je pars dans un
mois, plus tôt peut-être, quand je serai sûr
de ne pas rencontrer madame d'Albémar sur
la route.

Un homme de mes amis m'a assuré que
madame de Vernon avoit beaucoup de dettes,
cela se peut ; la précipitation avec laquelle
j'ai tout signé ne m'a permis de rien examiner. Si madame de Vernon a des dettes, il est
du devoir de sa fille de les payer ; ce mariage
avec Matilde me ruinera peut-être entièrement; eh bien ! cette idée me satisfait ; madame d'Albémar aura jeté sur moi tous les
genres d'adversités ; elle ne croira pas du
moins qu'en m'unissant à une autre, je me
sois ménagé pour le reste de ma vie aucune
jouissance, ni même aucun repos. Elle ne
croira pas.... Mais insensé que je suis, s'oc-
cupe-t-elle de moi ? n'écrit-elle pas à M. de
Serbellane ? ne reçoit-elle pas de ses lettres ?
ne doit-elle pas le rejoindre ?... Ah ! que je
souffre ! Adieu.

LETTRE V.

Delphine à mademoiselle d'Albémar.

Bellerive, ce 4 août.

Depuis que j'existe, vous le savez, ma sœur, l'idée d'un Dieu puissant et miséricordieux ne m'a jamais abandonnée ; néanmoins dans mon désespoir je n'en avois tiré aucun secours : le sentiment amer de l'injustice que j'avois éprouvée s'étoit mêlé aux peines de mon cœur, et je me refusois aux émotions douces qui peuvent seules rendre aux idées religieuses tout leur empire ; hier je passai quelques instans plus calmes, en cessant de lutter contre mon caractère naturel.

Je descendis vers le soir dans mon jardin, et je méditai pendant quelque temps, avec assez d'austérité, sur la destinée des âmes sensibles au milieu du monde. Je cherchois à repousser l'attendrissement que me causoit l'image de Léonce ; je voulois le confondre avec les hommes injustes et cruels, avides de déchirer le cœur qui se livre à leurs coups. J'essayai d'étouffer les sentimens jeunes et tendres dont j'ai goûté le charme depuis mon enfance. La vie, me disois-je, est une œuvre qui demande du courage et de la raison. Au sommet des montagnes, à l'extrémité de l'horizon, la pensée cherche un avenir, un autre monde, où l'âme puisse se reposer, où la bonté jouisse d'elle-même, où l'amour enfin ne se change jamais en soupçons amers, en ressentimens douloureux : mais dans la réalité, dans cette existence positive qui nous presse de toutes parts, il faut, pour conserver la dignité de sa conduite, la fierté de son caractère, réprimer l'entraînement de la confiance et de l'affection, irriter son cœur lorsqu'on le sent trop foible, et contenir dans son sein les qualités malheureuses qui font dépendre tout le bonheur des sentimens qu'on inspire.

Je me ferai, disois-je encore, une destinée fixe, uniforme, inaccessible aux jouissances comme à la douleur; les jours qui me sont comptés seront remplis seulement par mes devoirs. Je tâcherai surtout de me défendre de cette rêverie funeste, qui replonge l'âme dans le vague des espérances et des regrets; en s'y livrant, on éprouve une sensation d'abord si douce, et ensuite si cruelle! on se croit attiré par une puissance surnaturelle, elle vous fait pressentir le bonheur à travers un nuage; mais ce nuage s'éclaircit par degrés, et découvre enfin un abîme où vous aviez cru voir une route indéfinie de vertus et de félicités.

Oui, me répétois-je, j'étoufferai en moi tout ce qui me distinguoit parmi les femmes, pensées naturelles, mouvemens passionnés, élans généreux de l'enthousiasme ; mais j'éviterai la douleur, la redoutable douleur. Mon existence sera tout entière concentrée dans ma raison, et je traverserai la vie, ainsi armée contre moi-même et contre les autres.

Sans interrompre ces réflexions, je me levai, et je marchai d'un pas plus ferme, me confiant davantage dans ma force. Je m'arrêtai près des orangers que vous m'avez envoyés de Provence ; leurs parfums délicieux me rappelèrent le pays de ma naissance, où ces arbres du Midi croissent abondamment au milieu de nos jardins. Dans cet instant, un de ces orgues que j'ai si souvent entendus dans le Languedoc passa sur le chemin, et joua des airs qui m'ont fait danser quand j'étois enfant. Je voulois m'éloigner, un charme irrésistible me retint ; je me retraçai tous les souvenirs de mes premières années, votre affection pour moi, la bienveillante protection dont votre frère cherchoit à m'environner, la douce idée que je me faisois, dans ce temps, de mon sort et de la société ; combien j'étois convaincue qu'il suffisoit d'être aimable et bonne pour que tous les cœurs s'ouvrissent à votre aspect, et que les rapports du monde ne fussent plus qu'un échange continuel de reconnoissance et d'affection. Hélas! en comparant ces délicieuses illusions avec la disposition actuelle de mon âme, j'éprouvai des convulsions de larmes, je me jetai sur la terre avec des sanglots qui sembloient devoir m'étouffer : j'aurois voulu que cette terre m'ouvrît son repos éternel.

En me relevant j'aperçus les étoiles brillantes, le ciel si calme et si beau. — O Dieu! m'écriai-je, vous êtes là, dans ce sublime séjour, si digne de la toute-puissance et de la souveraine bonté! les souffrances d'un seul être se perdent-elles dans cette immensité? ou votre regard paternel se fixe-t-il sur elles pour les soulager et les faire servir à la vertu? Non, vous n'êtes point indifférent à la douleur; c'est elle qui contient tout le secret de l'univers; secourez-moi, grand Dieu! secourez-moi. Ah! pour avoir aimé, je n'ai pas mérité d'être oubliée de vous! Aucun être, dans le petit nombre d'années que j'ai passées sur cette terre, aucun être n'a souffert par moi; vous n'avez entendu aucune plainte qui fût causée par mon existence; j'ai été jusqu'à ce jour une créature innocente ; pourquoi donc me livrez-vous à des tourmens si cruels? Ma Louise, en prononçant ces mots, j'avois pitié de moi-même : ce sentiment a quelque douceur.

Un secours plus efficace pénétra dans mon cœur ; je me blâmai d'avoir tardé si long-temps à recourir à la prière ; je repoussai le système que je m'étois fait de froideur et d'insensibilité : ce que je craignois, c'étoit l'amour, c'étoit la foiblesse, qui m'inspiroit quelquefois le désir d'aller vers Léonce, de me justifier moi-même à ses yeux, de braver pour lui parler, tous les devoirs, tous les sentimens délicats : je trouvai bien plus de ressource contre ces indignes mouvemens dans l'élévation de mon âme vers son Dieu, dans les promesses que je lui fis de rester fidèle à la morale, et je revins chez moi plus satisfaite de mes résolutions.

Depuis, je me suis occupée de Thérèse ; il y avoit quelques jours que je ne l'avois vue : elle passe presque toutes ses heures seule avec un prêtre vénérable qui a pris beaucoup d'ascendant sur elle ; son dessein est d'aller à Bordeaux pour arranger ses affaires, lorsqu'elle se croira sûre de n'avoir rien à craindre de la famille de son mari. Comme nous cau-

sions ensemble, je reçus des lettres de M. de
Serbellane que mon banquier m'envoyoit,
parce que c'est sous mon nom qu'il écrit à Thérèse ; je les lui remis ; elle pleura beaucoup en
les lisant et me dit : — Il m'est permis de les
recevoir encore, mais dans quelques mois je
ne le pourrai plus. — Je voulois qu'elle s'expliquât davantage ; elle s'y refusa : je n'osai
pas insister. J'ignore par quelles pratiques,
par quelles pénitences elle essaie de se consoler ; sans partager ses opinions, je n'ai point
cherché jusqu'à ce jour à les combattre ; qui
sait, Louise, s'il n'y a pas des malheurs pour
lesquels toutes les idées raisonnables sont
insuffisantes ?

LETTRE VI.

Delphine à mademoiselle d'Albémar.

Bellerive, ce 6 août.

JE me croyois mieux, ma sœur, la dernière
fois que je vous ai écrit ; aujourd'hui les circonstances les plus simples, telles qu'il en
naîtra chaque jour de semblables, ont rempli
mon âme d'amertume : le fond triste et sombre sur lequel repose ma destinée ne peut
varier, et cependant ma douleur se renouvelle

sous mille formes, et chacune d'elles exige un nouveau combat pour en triompher. Oh! qui pourroit supporter long-temps l'existence à ce prix?

Ce matin un de mes gens m'a apporté de Paris des lettres assez insignifiantes, et la liste des personnes qui sont venues me voir pendant mon absence : je regardois avec distraction ces détails de la société, qui m'intéressent si peu maintenant, lorsqu'une lettre imprimée, que je n'avois point remarquée, attira mon attention ; je l'ouvris et j'y vis ces mots : *M. Léonce de Mondoville a l'honneur de vous faire part de son mariage avec mademoiselle de Vernon.* Le mal que m'a fait cette vaine formalité est insensé ; mais tout n'est-il pas folie dans les sensations des malheureux? J'ai été indignée contre Léonce; il me sembloit qu'il auroit dû veiller à ce qu'on ne suivît pas l'usage envers moi : je trouvois de l'insulte dans cet envoi d'une annonce à ma porte, comme s'il avoit oublié que c'étoit une sentence de mort qu'il m'adressoit ainsi, par forme de circulaire, sans daigner y joindre je ne sais quel mot de douceur ou de pitié. Je passai la matinée entière dans un sentiment d'irritation inexprimable. Le croiriez-vous? je commençai vingt lettres à Léonce pour m'abandonner à peindre ce qui m'oppressoit ; mais je savois, en les écrivant, que je les brûlerois toutes ; soyez-en sûre, je le savois : je ne puis répondre des mouvemens qui m'agitent, mais quand il s'agira des actions, ne doutez pas de moi.

Ce jour si péniblement commencé me réservoit encore des impressions plus cruelles : madame de Vernon vint me demander à dîner. Une demi-heure après son arrivée, comme j'étois appuyée sur ma fenêtre, je vis dans mon avenue cette voiture bleue de Léonce qui m'étoit si bien connue ; un tremblement affreux me saisit ; je crus qu'il venoit avec sa femme accomplir encore son barbare cérémonial : j'étois dans un état d'agitation inexprimable, je regardai madame de Vernon, et ma pâleur l'effraya tellement, qu'elle avança rapidement vers moi pour me soutenir. Elle aperçut alors cette voiture que je regardois fixement, sans pouvoir en détourner les yeux. — C'est ma fille seule, me dit-elle promptement ; il n'y sera pas, j'en suis sûre ; il ne viendroit pas chez vous. — Ces mots produisirent sur moi les impressions les plus diverses ; je respirai de ce qu'il ne venoit pas. L'attente d'une si douloureuse émotion me faisoit éprouver une terreur insupportable ;

mais je fus couverte de rougeur, en me répétant les paroles de madame de Vernon : *il ne viendroit pas chez vous.* Elle sait donc qu'il me croit indigne de sa présence, ou qu'il a pitié de ma foiblesse, de l'amour qu'il me croit encore pour lui. Ah! si je le voyois, combien je serois calme, fière, dédaigneuse! Pendant que je cherchois à reprendre quelque force, les deux battans de mon salon s'ouvrirent, et l'on annonça madame de Mondoville.

Louise, c'est ainsi que l'heureuse Delphine se fût appelée, si Thérèse..... Ah! ce n'est pas Thérèse; c'est lui, c'est lui seul! A l'abri de ce nom de Mondoville, si doux, si harmonieux quand il présageoit sa présence ; à l'abri de ce nom, Matilde s'avançoit avec fierté, avec confiance; et moi qu'il en a dépouillée, je n'osois lever les regards sur elle, je pouvois à peine me soutenir. Elle m'aborda fort simplement, et ne me parut pas avoir la moindre idée des motifs de mon absence; elle attribua tout à mes soins pour madame d'Ervins, et me parut avoir gagné depuis qu'elle passoit sa vie avec Léonce. *Je ne suis pas la rose*, dit un poète oriental, *mais j'ai habité avec elle.* Dieu! que deviendrai-je, moi condamnée à ne plus le revoir!

Une fois, dans la conversation, il me sembla que Matilde avoit pris un geste, un mot familier à Léonce ; mon sang s'arrêta tout à coup à ce souvenir, si doux en lui-même, si amer quand c'étoit Matilde qui me le retraçoit. Un des gens de Léonce servoit Matilde à table ; tous ces détails de la vie intime me faisoient mal. Si je restois ici, j'éprouverois à chaque instant une douleur nouvelle. Voir sans cesse Matilde, sentir son bonheur goutte à goutte ! non, je ne le puis. Quand il falloit m'adresser à elle, lui offrir ce qui se trouvoit sur la table, j'évitois de lui donner aucun nom ; madame de Vernon l'appeloit souvent madame de Mondoville, et chaque fois je tressaillois.

Je m'aperçus aisément que madame de Vernon étoit blessée contre sa fille ; mais je gardois le silence sur tout ce qui pouvoit amener une conversation animée ; à peine pouvois-je articuler les mots les plus insignifians sans me trahir. Enfin, après le dîner, madame de Vernon demanda à Matilde quand son nouvel appartement seroit prêt. — Dans six jours, répondit Matilde ; et se retournant vers moi, elle me dit : Je vois bien que cet arrangement déplaît à ma mère, mais je vous en fais juge, ma cousine, n'est-il pas convenable que nous vivions dans des maisons séparées ? nos goûts et nos opinions diffèrent extrêmement ; ma mère aime le jeu, elle passe une partie de la nuit au milieu du monde, la solitude me convient, et nous serons beaucoup plus heureuses toutes les deux, en nous voyant souvent, mais en n'habitant pas sous le même toit. — Finissons-en sur ce sujet, lui dit madame de Vernon assez vivement ; j'aurois modifié mes habitudes avec plaisir, je les aurois même sacrifiées, si je m'étois crue nécessaire à votre bonheur : quant à vos opinions, puisque c'est moi qui ai dirigé votre éducation, il n'y a pas apparence que je ne sache pas ménager une manière de penser que j'ai voulu vous inspirer ; mais vous parlez de goûts, d'habitudes, et jamais d'affections ; celle que vous avez pour moi, en effet, a bien peu d'ascendant sur votre vie ; n'en parlons plus : j'avois encore une illusion, vous venez de me prouver qu'il suffit d'en avoir une, quelque aride que soit d'ailleurs la vie, pour éprouver de la douleur. — Matilde rougit, je serrai la main de madame de Vernon, et nous gardâmes toutes les trois le silence pendant quelques minutes ; enfin madame de Vernon le rompit, en demandant à Matilde si elle avoit été voir sa cousine madame de Lebensei. — Je ne pense pas assurément, répondit Matilde, que vous exigiez de moi d'aller voir une femme qui s'est remariée pendant que son premier mari vivoit encore; un pareil scandale ne sera jamais autorisé par ma présence. — Mais son premier mari étoit étranger et protestant, lui répondit madame de Vernon; elle a fait divorce avec lui selon les lois de son pays. — Et sa religion, à elle-même, reprit Matilde, la comptez-vous pour rien ? Elle est catholique : pouvoit-elle se croire libre, quand sa religion ne le permettoit pas ? — Vous savez, reprit madame de Vernon, que son premier mari étoit un homme très-méprisable; qu'elle aime le second depuis six ans ; qu'il lui a rendu des services généreux. — Je ne m'attendois pas, je l'avoue, interrompit Matilde, que ma mère justifieroit la conduite de madame de Lebensei. — Je ne sais si je la justifie, répondit madame de Vernon ; mais quand madame de Lebensei auroit commis une faute, la charité chrétienne commanderoit l'indulgence envers elle. — La charité chrétienne, répondit Matilde, est toujours accessible au repentir; mais quand on persiste dans le crime, elle ordonne au moins de s'éloigner des coupables. — Et vous voudriez, ma fille, que madame de Lebensei quittât maintenant M. de Lebensei ? — Oui, je le voudrois, s'écria Matilde, car il n'est point, car il ne peut être son mari. On dit de plus que c'est un homme dont les opinions politiques et religieuses ne valent rien ; mais je ne m'en mêle point : il est protestant, il est tout simple que sa morale soit fort relâchée. Il n'en est pas de même de madame de Lebensei, elle est catholique, elle est ma parente ; je vous le répète, ma conscience ne me permet pas de la voir. — Eh bien, j'irai seule chez elle, répondit madame de Vernon. — Je vous y accompagnerai, ma chère tante, lui dis-je, si vous le permettez. — Aimable Delphine ! s'écria madame de Vernon en soupirant ! eh bien ! nous irons ensemble ; elle demeure à deux lieues de chez vous, elle passe sa vie dans la retraite, elle sait combien sa conduite a été, non-seulement blâmée, mais calomniée ; elle ne veut point s'exposer à la société qui est très-mal pour elle. — Dites-lui bien, reprit Matilde avec assez de vivacité, que ce n'est point ce qu'on peut dire d'elle qui m'empêche d'aller la voir ; je ne suis point soumise à l'opinion, et personne ne sauroit la braver plus volontiers que moi, si le moindre de mes devoirs y étoit intéressé ; au premier signe de repentir que donnera madame de Lebensei, je volerai auprès d'elle, et je la servirai de tout mon pouvoir. Matilde, m'écriai-je involontairement, Matilde, croyez-vous qu'on se repente d'avoir épousé ce qu'on aime? — A peine ces mots m'étoient-ils échappés, que je craignis d'avoir attiré son attention sur le sentiment qui me les avoit inspirés; mais je me trompois; elle ne vit dans ces paroles qu'une opinion qui lui parut immorale, et la combattit dans ce sens. Je me tus, elle et sa mère repartirent pour Paris, et je vis ainsi finir une contrainte douloureuse. Mais que de sentimens amers se sont ranimés dans mon cœur! Quelle conduite que celle de Léonce! Il ne me fait pas dire un mot, il ne veut pas me voir, il m'accable de mépris!... Louise, j'ai écrit ce mot; malgré ce qu'il m'en a coûté, j'ai pu l'écrire! car c'est de toute la hauteur de mon âme que je considère l'injustice même de Léonce. Je voudrois cependant, je voudrois au prix de ma misérable vie, qu'il me fût possible de le rencontrer encore une fois par hasard, sans qu'il pût me soupçonner de l'avoir recherché. Je saurois alors, soyez-en sûre, je saurois reconquérir son estime; je m'enorgueillis à cette idée; je l'aime peut-être encore; mais ce qui m'est nécessaire surtout, c'est qu'il me rende cette considération à laquelle il a sacrifié son bonheur, oui, son bonheur.... Je valois mieux pour lui que Matilde.

Se peut-il qu'un mouvement de regret ne lui inspire pas le besoin de me parler! Louise, ne condamnez pas celle que vous avez élevée ; ce souhait, le ciel m'en est témoin, je ne le forme point pour me livrer aux sentimens les plus criminels. Mais je voudrois du moins refuser de le voir, qu'il le sût, qu'il en souffrît un moment, et qu'il cessât de me croire le plus foible des êtres, le plus indigne de son inflexible caractère. Louise, j'éprouve les douleurs les plus poignantes, et celles que je confie, et celles qui me font mal à développer ! Pardonnez-moi si j'y succombe ; c'est pour vous seule que je vis encore.

LETTRE VII.

Delphine à mademoiselle d'Albémar.

Bellerive, ce 8 août.

Ne puis-je donc faire un pas qui ne renouvelle plus cruellement encore les chagrins que je ressens? pourquoi m'a-t-on conduite chez madame de Lebensei? Elle est heureuse par le mariage ; elle l'est parce que son mari a su braver l'opinion, parce qu'il a méprisé les vains discours du monde, et qu'à cet égard il est en tout l'opposé de Léonce. Madame de

Lebensei est heureuse, et je l'aurois été bien plus qu'elle, car son caractère ne la met point entièrement au-dessus du blâme; son cœur est bien loin d'aimer comme le mien; et quel homme, en effet, pourroit inspirer à personne ce que j'éprouve pour Léonce?

Madame de Vernon vint me prendre hier pour aller à Cernay comme nous en étions convenues. En arrivant nous apprîmes que M. de Lebensei étoit absent. Madame de Lebensei, en nous voyant, fut émue; elle cherchoit à le cacher, mais il étoit aisé de démêler cependant qu'une visite de ses parens étoit un événement pour elle, dans la proscription sociale où elle vivoit. Vous avez connu madame de Lebensei à Montpellier : elle a près de trente ans; sa figure, calme et régulière, est toujours restée la même. Nous parlâmes quelque temps sur tous les sujets convenus dans le monde, pour éviter de se connoître et de se pénétrer : cette manière de causer n'intéressoit point une personne qui, comme madame de Lebensei, passe sa vie dans la retraite; néanmoins elle craignoit de s'approcher la première d'aucun sujet qui pût nous engager à lui parler de sa situation. J'essàyai de nommer quelques personnes de sa connoissance; il me parut, par ce qu'elle m'en dit, qu'elle ne les voyoit plus ; je remarquai bien qu'elle souffroit d'en avoir été abandonnée, mais je ne m'en aperçus qu'à la fierté même avec laquelle elle repoussoit tout ce qui pouvoit ressembler à une tentative pour se justifier, ou à des efforts pour se rapprocher du monde. Elle veut briser ce qu'elle pourroit conserver encore de liens avec la société, non par indifférence, mais pour n'avoir plus aucune communication avec ce qui lui fait mal.

Madame de Lebensei a pris tellement l'habitude de se contenir en présence des autres, qu'il étoit difficile de l'amener à nous parler avec confiance. Cependant, comme madame de Vernon lui faisoit quelques excuses polies sur l'absence de sa fille, il lui échappa de dire : — Vous avez la bonté de me cacher, madame, la véritable raison de cette absence; madame de Mondoville ne veut pas me voir depuis que j'ai épousé M. de Lebensei. — Madame de Vernon sourit doucement, je rougis, et madame de Lebensei continua. — Vous, madame, dit-elle en s'adressant à madame de Vernon, vous, qui m'avez connue dans mon enfance, et qui avez été l'amie de ma famille, je vous remercie d'être venue me trouver dans cette circonstance; je remercie madame d'Albémar de vous avoir accompagnée ici; je ne cherche pas le monde; je ne veux pas lui donner le droit de troubler mon bonheur intérieur; mais une marque de bienveillance m'est singulièrement précieuse, et je sais la sentir. — Ses yeux se remplirent alors de larmes ; et, se levant pour nous les dérober, elle nous mena voir son jardin et le reste de sa maison.

L'un et l'autre étoit arrangé avec soin, goût et simplicité ; c'étoit un établissement pour la vie, rien n'y étoit négligé : tout rappeloit le temps qu'on avoit déjà passé dans cette demeure, et celui plus long encore qu'on se proposoit d'y rester. Madame de Lebensei me parut une femme d'un esprit sage sans rien de brillant, éclairée, raisonnable plutôt qu'exaltée. Je ne concevois pas bien comment, avec un tel caractère, sa conduite avoit été celle d'une personne passionnée, et j'avois un grand désir de l'apprendre d'elle; mais madame de Vernon ne m'aidoit point à l'y engager ; elle étoit triste et rêveuse, et ne se mêloit point à la conversation.

En parcourant les jardins de madame de Lebensei, je découvris, dans un bois retiré, un autel élevé sur quelques marches de gazon; j'y lus ces mots : *A six ans de bonheur, Élise et Henri.* Et plus bas : *L'amour et le courage réunissent toujours les cœurs qui s'aiment.* Ces paroles me frappèrent ; il me sembla qu'elles faisoient un douloureux contraste avec ma destinée ; et je restai tristement absorbée devant ce monument du bonheur. Madame de Lebensei s'approcha de moi ; et, troublée comme je l'étois, je m'écriai involontairement : — Ah ! ne m'apprendrez-vous donc pas ce que vous avez fait pour être heureuse ? Hélas ! je ne croyois plus que personne le fût sur la terre. — Madame de Lebensei, touchée, sans doute, de mon attendrissement, me dit avec un mouvement très-aimable : —Vous saurez, madame, puisque vous le désirez, tout ce qui concerne mon sort ; je ne puis être insensible à l'espoir de captiver votre estime. Un sentiment de timidité, que vous trouverez naturel, me rendroit pénible de parler long-temps de moi ; j'aurai plus de confiance en écrivant. — Madame de Vernon nous rejoignit alors, et fut témoin de l'expression de ma reconnoissance.

Madame de Lebensei nous pria toutes les deux de rester chez elle quelques jours ; je m'y refusai pour cette fois, n'en ayant pas prévenu Thérèse ; mais nous promîmes de revenir ; je désirois revoir madame de Lebensei, et j'aurois craint de la blesser en la refusant :

on a de la susceptibilité dans sa situation, et cette susceptibilité, les âmes sensibles doivent la ménager, car elle donne aux plus petites choses une grande influence sur le bonheur.

En revenant avec madame de Vernon, je fus encore plus frappée que je ne l'avois été le matin de sa pâleur et de sa tristesse, et je lui demandai à quelle heure elle s'étoit couchée la nuit dernière. — A cinq heures du matin, me répondit-elle. — Vous avez donc joué ? — Oui. — Mon Dieu ! repris-je, comment pouvez-vous vous abandonner à ce goût funeste ? vous y aviez renoncé depuis si long-temps ! — Je m'ennuie dans la vie, me répondit-elle ; je manque d'intérêt, de mouvement, et mon repos n'a point de charmes : le jeu m'anime sans m'émouvoir douloureusement ; il me distrait de toute autre idée, et je consume ainsi quelques heures sans les sentir. — Est-ce à vous, lui dis-je, de tenir ce langage ? votre esprit.... — Mon esprit ! interrompit-elle ; vous savez bien que je n'en ai que pour causer, et point du tout pour lire, ni pour réfléchir ; j'ai été élevée comme cela ; je pense dans le monde ; seule, je m'ennuie ou je souffre. — Mais ne savez-vous donc pas, lui dis-je, jouir des sentimens que vous inspirez ? —

Vous voyez quelle a été la conduite de ma fille pour moi, me répondit-elle ; de ma fille à qui j'avois fait tant de sacrifices ; peut-être qu'en voulant la servir, je me suis rendue moins digne de votre amitié ; vous me l'accordez encore, mais votre confiance en moi n'est plus la même ; tout est donc altéré pour moi. Néanmoins les momens que je passe avec vous sont encore les plus agréables de tous ; ainsi ne parlons pas de mes peines dans le seul instant où je les oublie. — Alors elle ramena la conversation sur madame de Lebensei ; et comme elle a tout à la fois de la grâce et de la dignité dans les manières, il est impossible de persister à lui parler d'un sujet qu'elle évite, ni de résister au charme de ce qu'elle dit.

Elle fut si parfaitement aimable pendant la route, qu'elle suspendit un moment l'amertume de mes chagrins. La finesse de son esprit, la délicatesse de ses expressions, un air de douceur et de négligence, qui obtient tout sans rien demander ; ce talent de mettre son âme tellement en harmonie avec la vôtre, que vous croyez sentir avec elle, en même temps qu'elle, tout ce que son esprit développe en vous ; ces avantages qui n'appartiennent qu'à elle, ne peuvent jamais perdre entièrement leur ascendant. Il me semble impossible, quand je vois madame de Vernon, de ne pas me confier à son amitié; et cependant, dès que je suis loin d'elle, le doute me ressaisit de nouveau : que le cœur humain est bizarre! on a des sentimens que l'on cherche à se justifier, parce qu'on a toujours en soi quelque chose qui les blâme; et l'on cède à de certains agrémens, à de certains esprits, avec une sorte de crainte, qui ajoute peut-être encore à l'attrait qu'ils inspirent et qu'on voudroit combattre.

Ce matin, comme je me levois, ayant passé presque toute la nuit à réfléchir sur l'heureux et doux asile de Cernay, je reçus la lettre que madame de Lebensei m'avoit promis de m'écrire : la voici; jugez, Louise, de ce que j'ai dû souffrir en la lisant.

Madame de Lebensei à madame d'Albémar.

PARMI les sacrifices qui me sont imposés, madame, le seul que j'aurois de la peine à supporter, ce seroit de vous avoir connue, et de ne pas chercher à vous prouver que je ne mérite point l'injustice dont on a voulu me rendre victime. Mettez quelque prix à mes efforts pour obtenir votre approbation; car jusqu'à ce jour, satisfaite de mon bonheur, et fière de mon choix, je n'ai pas fait une démarche pour expliquer ma conduite.

En prenant la résolution de faire divorce avec mon premier mari, et d'épouser quelques années après M. de Lebensei, j'ai parfaitement senti que je me perdois dans le monde, et j'ai formé, dès cet instant, le dessein de n'y jamais reparoître. Lutter contre l'opinion, au milieu de la société, est le plus grand supplice dont je puisse me faire l'idée. Il faut être, ou bien audacieuse, ou bien humble pour s'y exposer. Je n'étois ni l'une ni l'autre, et je compris très-vite qu'une femme qui ne se soumet pas aux préjugés reçus, doit vivre dans la retraite, pour conserver son repos et sa dignité ; mais il y a une grande différence entre ce qui est mal en soi, et ce qui ne l'est qu'aux yeux des autres ; la solitude aigrit les remords de la conscience, tandis qu'elle console de l'injustice des hommes.

Si j'avois été très-aimable, très-remarquable par la grâce et l'esprit de société, le sacrifice de mes succès m'eût peut-être été pénible ; mais j'étois une femme ordinaire dans la conversation, quoique j'eusse une manière de sentir très-forte et très-profonde ; je pouvois donc renoncer au monde, sans craindre ces regrets continuels de l'amour-propre, qui troublent tôt ou tard les affections les plus tendres.

Je n'avois point à redouter non plus le réveil des passions exaltées ; j'ai de la raison, quoique ma conduite ne soit pas d'accord avec ce qu'on appelle communément ainsi. C'est d'après des réflexions sages et calmes, que j'ai pris un parti qui sort de toutes les règles communes ; et rien de ce qui m'a décidée ne peut changer, car c'est d'après mon caractère et celui de Henri que je me suis déterminée.

Les événemens de ma vie sont très-simples et peu mutipliés ; la suite de mes impressions est le seul intérêt de mon histoire.

Un Hollandois, M. de T., avoit rapporté des colonies une très-grande fortune ; il passa quelque temps à Montpellier pour rétablir sa santé. Il se prit, je ne sais pourquoi, d'une passion très-vive pour moi, me demanda, m'obtint, et m'enmena dans son pays, où je ne connoissois personne. Il fallut, à dix-huit ans, rompre avec tous les souvenirs de ma vie. Je voulois m'attacher à mon mari : il y avoit, dans nos esprits et dans nos caractères, une opposition continuelle ; il étoit amoureux de moi, parce qu'il me trouvoit jolie : car, d'ailleurs, il sembloit qu'il auroit dû me haïr. Cette espèce d'attachement que je lui inspirois ajoutoit donc encore à mon malheur; car si ma figure ne lui avoit pas été agréable, il se seroit éloigné de moi, et je n'aurois pas senti à chaque instant de la journée les défauts qui me le rendoient insupportable.

Avarice, dureté, entêtement, toutes les bornes de l'esprit et de l'âme se trouvoient en lui. Je me brisois sans cesse contre elles; j'essayois sans cesse un plan quelconque de bonheur, et tous échouoient contre son active et revêche médiocrité.

Il avoit fait sa fortune en Amérique, en exerçant sur ses malheureux esclaves un despotisme tyrannique; il y avoit contracté l'habitude de se croire supérieur à tout ce qui l'entouroit; les sentimens nobles, les idées élevées lui paraissoient de l'affectation ou de la niaiserie : exerciez-vous une vertu généreuse à vos dépens; il se moquoit de vous : l'opposiez-vous à ses désirs; non-seulement il s'irritoit contre vous, mais il cherchoit à dégrader vos motifs; il vouloit qu'il n'y eût qu'une seule chose de considérée dans le monde, l'art de s'enrichir, et le talent de faire prospérer, en tout genre, ses propres intérêts. Enfin, je l'ai doublement senti, dans le temps de mon malheur et dans les années heureuses qui l'ont suivi, l'étendue des lumières, le caractère et les idées que l'on nomme philosophiques, sont aussi nécessaires au charme, à l'indépendance, et à la douceur de la vie privée, qu'elles peuvent l'être à l'éclat de toute autre carrière.

Il falloit, pour vivre bien avec M. de T. que je renonçasse à tout ce que j'avois de bon en moi; je n'aurois pu me créer un rapport avec lui qu'en me livrant à un mauvais sentiment.

Quoiqu'il ne cherchât point à plaire, il étoit très-inquiet de ce qu'on disoit de lui; il n'avoit ni l'indifférence sur les jugemens des hommes, que la philosophie peut inspirer, ni les égards pour l'opinion, qu'auroit dû lui suggérer son désir de la captiver. Il vouloit obtenir ce qu'il étoit résolu de ne pas mériter, et cette manière d'être lui donnoit de la fausseté dans ses rapports avec les étrangers, et de la violence dans ses relations domestiques.

Il songeoit du matin au soir à l'accroissement de sa fortune; et je ne pouvois pas même me représenter cet accroissement comme de nouvelles jouissances, car j'étois assurée qu'une augmentation de richesses lui faisoit toujours naître l'idée d'une diminution de dépense, et je ne disputois sur rien avec lui dans la crainte de prolonger l'entretien, et de sentir nos âmes de trop près dans la vivacité de la querelle.

L'exercice d'aucune vertu ne m'étoit permis; tout mon temps étoit pris par le despotisme ou l'oisiveté de mon mari. Quelquefois les idées religieuses venoient à mon secours; néanmoins combien elles ont acquis plus d'influence sur moi depuis que je suis heureuse! Des souffrances arides et continuelles, une liaison de toutes les heures avec un être indigne de soi, gâtent le caractère, au lieu de le perfectionner. L'âme qui n'a jamais connu le bonheur ne peut être parfaitement bonne et douce; si je conserve encore quelque sécheresse dans le caractère, c'est à ces années de douleur que je le dois. Oui, je ne crains pas de le dire, s'il étoit une circonstance qui pût nous permettre une plainte contre notre Créateur, ce seroit du sein d'un mariage mal assorti que cette plainte échapperoit; c'est sur le seuil de la maison habitée par ces époux infortunés qu'il faudroit placer ces belles paroles du Dante, qui proscrivent l'espérance. Non, Dieu ne nous a point condamnés à supporter un tel malheur! le vice s'y soumet en apparence, et s'en affranchit chaque jour; la vertu doit le briser, quand elle se sent incapable de renoncer pour jamais au bonheur d'aimer, à ce bonheur dont le sacrifice coûte bien plus à notre nature que le mépris de la mort.

Je ne vous développerai point ici mon opinion sur le divorce ; quand M. de Lebensei sera assez heureux pour vous connoître, madame, il vous dira mieux que personne les raisonnemens qui m'ont convaincue ; je ne veux vous peindre que les sentimens qui ont décidé de mon sort.

Un jour, à La Haye, chez l'ambassadeur de France, on m'annonça qu'un jeune François étoit arrivé le matin de Paris, et devoit nous être présenté le soir même. Une femme me dit que ce François passoit pour sauvage, savant et philosophe, que sais-je ? tout ce que les François sont rarement à vingt-cinq ans ; elle ajouta qu'il avoit fait ses études à Cambridge, et que sans doute il s'étoit gâté par les manières angloises ; mais comme il n'existe pas, selon mon opinion, de plus noble caractère que celui des Anglois, je ne me sentois point prévenue contre l'homme qui leur ressembloit. Je demandai son nom, elle me nomma Henri de Lebensei, gentilhomme protestant du Languedoc ; sa famille étoit alliée de la mienne ; je ne l'avois jamais vu, mais il connoissoit le séjour de mon enfance ; il étoit François; il avoit au moins entendu parler de mes parens; cette idée, dans l'éloignement où je vivois de tout ce qui m'avoit été cher, cette idée m'émut profondément.

M. de Lebensei entra chez l'ambassadeur avec plusieurs autres jeunes gens; je reconnus à l'instant l'image que je m'en étois faite : il avoit l'habillement et l'extérieur d'un Anglois, rien de remarquable dans la figure, que de l'élégance, de la noblesse, et une expression très-spirituelle. Je ne fus point frappée en le voyant, mais plus je causai avec lui, plus j'admirai l'étendue et la force de son esprit, et plus je sentis qu'aucun caractère ne convenoit mieux au mien.

Depuis ce jour jusqu'à présent, depuis six années, loin de me reprocher d'aimer Henri de Lebensei, il m'a semblé toujours que si je l'éloignois de moi je repousserois une faveur spéciale de la Providence, le signe le plus manifeste de sa protection, l'ami qui me rend l'usage de mes qualités naturelles, et me conduit dans la route de la morale, de l'ordre et du bonheur.

Vous avez peut-être su les cruels traitemens que M. de T. me fit éprouver quand il sut que j'aimois M. de Lebensei. Je n'avois point d'enfans; je demandai le divorce selon les lois de Hollande. M. de T., avant d'y consentir, voulut exiger de moi une renonciation absolue à toute ma fortune ; quand je la refusai, il m'enferma dans sa terre et me menaça de la mort ; son amour s'étoit changé en haine, et toute sa conduite étoit alors soumise à sa passion dominante, à l'avidité. Henri me sauva par son courage, exposa mille fois sa vie pour me délivrer, et me ramena enfin en France après deux années, pendant lesquelles il m'avoit rendu tous les services que l'amour et la générosité peuvent inspirer.

Mon divorce fut prononcé ; je ne vous fatiguerai point des peines qu'il m'en coûta pour l'obtenir ; c'est Henri que je veux vous faire connoître, toute ma destinée est en lui. Je vais peut-être vous étonner, jeune et charmante Delphine ; mais ce n'est point la passion de l'amour, telle qu'on peut la ressentir dans l'effervescence de la jeunesse, qui m'a décidée à choisir Henri pour le dépositaire de mon sort ; il y a de la raison dans mon sentiment pour lui, de cette raison qui calcule l'avenir autant que le présent, et se rend compte des qualités et des défauts qui peuvent fonder une liaison durable. On parle beaucoup des folies que l'amour fait commettre : je trouve plus de vraie sensibilité dans la sagesse du cœur que dans son égarement ; mais toute cette sagesse consiste à n'aimer, quand on est jeune, que celui qui vous sera cher également dans tous les âges de la vie. Quel doux précepte de morale et de bonheur! Et la morale et le bonheur sont inséparables, quand les combinaisons factices de la société ne viennent pas mêler leur poison à la vie naturelle.

Henri de Lebensei est certainement l'homme le plus remarquable par l'esprit qu'il soit possible de rencontrer ; une éducation sérieuse et forte lui a donné sur tous les objets philosophiques des connoissances infinies, et une imagination très-vive lui inspire des idées nouvelles sur tous les faits qu'il a recueillis. Il se plaît à causer avec moi, d'autant plus qu'une sorte de timidité sauvage et fière le rend souvent taciturne dans le monde ; comme son esprit est animé et son caractère assez sérieux, plus le cercle se resserre, plus il déploie dans la conversation d'agrémens et de ressources, et seul avec moi il est plus aimable encore qu'il ne s'est jamais montré aux autres. Il réserve pour moi des trésors de pensées et de grâce, tandis que le commun des hommes s'exalte pour les auditeurs, s'enflamme par l'amour-propre, et se refroidit dans l'intimité : tous ceux qui aiment la solitude, ou que des circonstances ont appelés à y vivre, vous diront de quel prix est dans les jouissances habituelles ce besoin de communiquer ses idées, de développer ses sentimens, ce goût de conversation qui jette de l'intérêt dans une vie où le calme s'achète d'ordinaire aux dépens de la variété ; et ne croyez point que cet empressement de Henri pour mon entretien naisse seulement de son amour pour moi ; ma raison m'auroit dit encore qu'il ne faut jamais compter sur les qualités que l'amour donne, ou se croire préservé des défauts dont il corrige. Ce qui me rend certaine de mon bonheur avec Henri, c'est que je connois parfaitement son caractère tel qu'il est, indépendamment de l'affection que je lui inspire, et que je suis la seule personne au monde avec laquelle il ait entièrement développé ses vertus comme ses défauts.

Henri possède un genre d'agrément et de gaîté qui ne peut se développer que dans la familiarité de sentimens intimes ; ce n'est point une grâce de parure, mais une grâce d'originalité dont la parfaite aisance augmente beaucoup le charme : quand l'intimité est arrivée à ce point, qui fait trouver du charme dans des jeux d'enfans, dans une plaisanterie vingt fois répétée, dans de petits détails sans fin auxquels personne que vous deux ne pourroit jamais rien comprendre; mille liens sont enlacés autour du cœur, et il suffiroit d'un mot, d'un signe, de l'allusion la plus légère à des souvenirs si doux, pour rappeler ce qu'on aime du bout du monde.

J'ai de la disposition à la jalousie; Henri ne m'en fait jamais éprouver le moindre mouvement : je sais que seule je le connois, que seule je l'entends, et qu'il jouit d'être senti, d'être estimé par moi, sans avoir jamais besoin de mettre en dehors ce qu'il éprouve. Il a des opinions très-indépendantes, assez de mépris pour les hommes en général, quoiqu'il ait beaucoup de bienveillance pour chacun d'eux en particulier. On a dit assez de mal de lui, surtout depuis que, dans les querelles politiques, il s'est montré partisan de la révolution; il tient cette injustice pour acceptée, et rien au monde ne pourroit le contraindre à une justification, pas même à une démonstration de ce qu'il est : dès que cette démonstration peut être demandée, elle lui devient impossible. Le parfait naturel de son caractère m'est encore un garant de sa fidélité; s'il formoit une nouvelle liaison, il seroit obligé d'entrer dans des explications sur lui-même, sur ses défauts, sur ses qualités, dont sa conduite envers moi le dispense; il m'a parlé par ses actions, et c'est de cette manière qu'un caractère fier et souvent calomnié aime à se faire connoître.

Sous des formes froides et quelquefois sévères, il est plus accessible que personne à la pitié; il cache ce secret, de peur qu'on n'en abuse; mais moi, je le sais et je m'y confie. Sans doute je serois bien malheureuse, s'il n'étoit retenu près de moi que par la crainte de m'affliger en s'éloignant; mais tout en jouissant de l'amour que je lui inspire, je songe avec bonheur que deux vertus me répondent de son cœur, la vérité et la bonté. Nous nous faisons illusion; mais quand on observe la société, il est aisé de voir que les hommes ont bien peu besoin des femmes; tant d'intérêts divers animent leur vie, que ce n'est pas assez du goût le plus vif, de l'attrait le plus tendre, pour répondre de la durée d'une liaison : il faut encore que des principes et des qualités invariables préservent l'esprit de se livrer à une affection nouvelle, arrêtent les caprices de l'imagination, et garantissent le cœur long-temps avant le combat; car s'il y avoit combat, le triomphe même ne seroit plus du bonheur.

Que de qualités cependant, que de singularités même ne faut-il pas trouver réunies dans le caractère d'un homme, pour avoir la certitude complète de son affection constante et dévouée! et, sans cette certitude, combien le parti que j'ai adopté seroit insensé! car lorsqu'on prend une résolution contraire à l'opinion générale, rien ne vous soutient que vous-même : vous avez contracté l'engagement d'être heureuse, et si jamais vous laissiez échapper quelques regrets, le public et vos amis seroient prêts à les repousser au fond de votre cœur comme dans leur seul asile.

Je ne le dissimulerai point, les opinions philosophiques de Henri, la force de son caractère, son indifférence absolue pour la manière de penser des autres, quand elle n'est pas la sienne, tous ces appuis m'ont été bien nécessaires pour lutter contre la défaveur du monde. Un homme s'affranchit aisément de tout ce qui n'est pas sa conscience, et s'il possède des talens vraiment distingués, c'est en obtenant de la gloire qu'il cherche à captiver l'opinion publique; la gloire commence à une grande distance du cercle passager de nos relations particulières, et n'y pénètre même qu'à la longue. M. de Lebensei, par un contraste singulier, mais naturel, est parfaitement indifférent à l'opinion de ce qu'on appelle la société, et très-ambitieux d'atteindre un jour à l'approbation du monde éclairé : moi, qui ne puis être connue qu'autour de moi, je ne nie point que je ne sois affligée quelquefois d'être généralement blâmée ; mais comme ce blâme ne produit pas sur Henri la plus légère impression, comme je suis assurée qu'il y est tout-à-fait indifférent, je me distrais facilement de ma peine. L'on n'est inconsolable, dans un sentiment vrai, que de la douleur de ce qu'on aime ; l'on finit toujours par oublier la sienne propre.

J'étois convaincue que la morale et la religion bien entendues ne me défendoient point d'épouser Henri, puisque je ne troublois, par cette résolution, la destinée de personne, et que je n'avois à rendre compte qu'à Dieu de mon bonheur. Devois-je donc, quand le ciel m'avoit fait rencontrer le seul caractère qui pût s'identifier avec le mien, le seul homme qui pût tirer de mes qualités et de mes défauts des sources de félicité pour tous les deux ; devois-je sacrifier ce sort unique au mal que pouvoient dire de moi de froids amis qui m'ont bientôt oubliée, des indifférens qui savent à peine mon nom? Ils me conseilleroient de renoncer au seul être qui m'aime, au seul être qui me protége dans ce monde, tout en se préparant à me refuser du secours si j'en avois besoin, si, redevenue isolée par déférence pour leurs avis, j'allois leur demander l'un des milliers de services qu'Henri me rendroit sans les compter.

Non, ce n'est point à l'opinion des hommes, c'est à la vertu seule qu'on peut immoler les affections du cœur; entre Dieu et l'amour, je ne reconnois d'autre médiateur que la conscience.

De quoi vous menace donc la société? de ne plus vous voir? la punition n'est pas égale à la sévérité des lois qu'elle impose. Cependant, je le répète à vous, madame, qui êtes encore dans les premières années de la jeunesse, mon exemple ne doit entraîner personne à m'imiter. C'est un grand hasard à courir pour une femme, que de braver l'opinion; il faut, pour l'oser, se sentir, suivant la comparaison d'un poète, *un triple airain autour du cœur*, se rendre inaccessible aux traits de la calomnie, et concentrer en soi-même toute la chaleur de ses sentimens; il faut avoir la force de renoncer au monde, posséder les ressources qui permettent de s'en passer, et ne pas être douée cependant d'un esprit ou d'une beauté rare, qui feroient regretter les succès pour toujours perdus. Enfin, il faut trouver dans l'objet de nos sacrifices la source toujours vive des jouissances variées du cœur et de la raison, et traverser la vie appuyés l'un sur l'autre, en s'aimant et faisant le bien.

Vous connoissez maintenant ma situation, madame; vous aurez aperçu que mon bonheur n'est pas sans mélange; mais le bonheur parfait ne peut jamais être le partage d'une femme à qui l'erreur de ses parens ou la sienne propre ont fait contracter un mauvais mariage. Si l'enfant que je porte dans mon sein est une fille, ah! combien je veillerai sur son choix! combien je lui répéterai que, pour les femmes, toutes les années de la vie dépendent d'un jour! et que d'un seul acte de leur volonté dérivent toutes les peines ou toutes les jouissances de leur destinée.

Quand des personnes que j'estime condamnent la résolution que j'ai prise; quand j'éprouve la foiblesse ou la dureté de mes amis, quelquefois je ne retrouve plus, même dans la solitude, le repos que j'espérois, et le souvenir du monde s'y introduit pour la troubler. Mais dans les momens où je suis le plus abattue, un beau jour avec Henri relève mon âme : nous sommes jeunes encore l'un et l'autre, et néanmoins nous parlons souvent ensemble de la mort, nous cherchons dans nos bois quelque retraite paisible pour y déposer nos cendres ; là, nous serons unis, sans que les générations successives qui fouleront notre tombe nous reprochent encore notre affection mutuelle !

Nous nous entretenons souvent sur les idées religieuses, nous interrogeons le ciel par des regards d'amour : nos âmes, plus fortes de leur intimité, essaient de pénétrer à deux dans les mystères éternels. Nous existons par nous-mêmes, sans aucun appui, sans aucun secours des hommes. M. de Lebensei, je l'espère, est plus heureux que moi, car il est beaucoup plus indépendant des autres. Quand les chagrins, causés par l'opinion, me font souffrir, je me dis que j'aurois été trop heureuse, si les hommes avoient joint leur suffrage à ma félicité intérieure, si j'avois vu, pour ainsi dire, mon bonheur se répéter de mille manières dans leurs regards approbateurs. L'imparfaite destinée jette toujours des regrets à travers les plus pures jouissances ; la peine que j'éprouve, la seule de ma vie, me garantit peut-être la possession de tout ce qui m'est cher ; elle m'acquitte envers la douleur, qui ne veut pas qu'on l'oublie, et j'obtiendrai peut-être en compensation le seul bien que je demande maintenant au ciel......... Mourir avant Henri, recevoir ses soins à ma dernière heure, entendre sa douce voix me remercier de l'avoir rendu heureux, de l'avoir préféré à tout sur cette terre ; alors j'aurai vécu de la vraie destinée pour laquelle les femmes sont faites; aimer, encore aimer, et rendre enfin au Dieu qui nous l'a donnée une âme que les affections sensibles auront seules occupée.

ÉLISE DE LEBENSEI.

Ah! ma chère Louise, maintenant que vous avez fini cette lettre, avez-vous donné quelques larmes aux regrets qu'elle a ranimés dans mon cœur? Avez-vous pressenti toutes les réflexions amères qu'elle m'a suggérées? Que d'obstacles M. de Lebensei n'a-t-il pas eus à vaincre pour épouser celle qu'il aimoit! Et Léonce, comme aisément il y a renoncé! C'est madame de Lebensei qui pense à la défaveur de l'opinion ; mais son mari ne s'en est pas occupé un seul instant; il ne dépend que de ses propres affections, il ne se soumet qu'à ce qu'il aime ; et Léonce..... Ne croyez pas cependant que son caractère ait moins de force, qu'il soit en rien inférieur à personne; mais il a manqué d'amour : je veux en vain me faire illusion, tout le mal est là.

Hélas! sans le savoir, madame de Lebensei condamne à chaque ligne la conduite de

Léonce. La douleur que m'a causée cette lettre ne me sera point inutile; si je le revoyois, je pourrois lui parler, je serois calme et fière en sa présence.

LETTRE VIII.

Delphine à mademoiselle d'Albémar.

Louise, qu'ai-je éprouvé? Que m'a-t-il dit? Je n'en sais rien; je l'ai vu; mon âme est bouleversée; je croyois entrevoir une espérance, madame de Vernon me l'a presque entièrement ravie. Pouvez-vous m'éclairer sur mon sort? Ah! je ne suis plus capable de rien juger par moi-même.

Je reçus hier à Paris, où j'étois venue pour reconduire madame de Vernon, une lettre vraiment touchante de madame d'Ervins. Dans cette lettre, elle me conjuroit d'aller chez un peintre au Louvre, où le portrait de M. de Serbellane étoit encore, et de le lui apporter pour le considérer une dernière fois. Elle me disoit : « Je me suis persuadée la nuit passée
» que ses traits étoient effacés de mon souve-
» nir; je les cherchois comme à travers des
» nuages qui se plaçoient toujours entre ma

» mémoire et moi : je le sais, c'est une chi-
» mère insensée ; mais il faut que j'essaie de
» me calmer avant le dernier sacrifice. Ces
» condescendances que j'ai encore pour mes
» foiblesses ne vous compromettront plus
» long-temps, ma chère amie ; ma résolution
» est prise, et tout ce qui semble m'en écarter
» m'y conduit. »

Je n'hésitai pas à donner à Thérèse la consolation qu'elle désiroit, et madame de Vernon, à qui j'en parlai, fut entièrement de mon avis.

J'allai donc ce matin au Louvre ; mais avant d'arriver à l'atelier du peintre de M. de Serbellane, je m'arrêtai dans la galerie des tableaux ; il y en avoit un qu'un jeune artiste venoit de terminer (1) : il me frappa tellement, qu'à l'instant où je le regardai, je me sentis baignée de larmes. Vous savez que de tous les arts, c'est à la peinture que je suis le moins sensible ; mais ce tableau produisit sur moi l'impression vive et pénétrante, que jusqu'alors je n'avois jamais éprouvée que par la poésie ou la musique.

Il représente Marcus Sextus, revenant à Rome après les proscriptions de Sylla. En

---

(1) Le Marcus Sextus de Guérin.

rentrant dans sa maison, il retrouve sa femme étendue sans vie, sur son lit; sa jeune fille, au désespoir, se prosterne à ses pieds. Marcus tient la main pâle et livide de sa femme dans la sienne; il ne regarde pas encore son visage; il a peur de ce qu'il va souffrir; ses cheveux se hérissent, il est immobile; mais tous ses membres sont dans la contraction du désespoir. L'excès de l'agitation de l'âme semble lui commander l'inaction du corps. La lampe s'éteint, le trépied qui la soutient se renverse, tout rappelle la mort dans ce tableau; il n'y a de vivant que la douleur.

Je fus saisie, en le voyant, de cette pitié profonde que les fictions n'excitent jamais dans notre cœur, sans un retour sur nous-mêmes; et je contemplai cette image du malheur comme si, dangereusement menacée au milieu de la mer, j'avois vu de loin, sur les flots, les débris d'un naufrage.

Je fus tirée de ma rêverie par l'arrivée du peintre qui me mena dans son atelier; je vis le portrait de M. de Serbellane, très-frappant de ressemblance. Je demandai qu'on le portât dans ma voiture : pendant qu'on l'arrangeoit, je revins dans la galerie pour revoir encore le tableau de Marcus Sextus.

En entrant, j'aperçois Léonce placé comme

je l'étois devant ce tableau, et paroissant ému comme moi de son expression ; sa présence m'ôta dans l'instant toute puissance de réflexion, et je m'avançai vers lui sans savoir ce que je faisois. Il leva les yeux sur moi, et ne parut point surpris de me voir. Son âme étoit déjà ébranlée ; il me sembla que j'arrivois comme il pensoit à moi, et que ses réflexions le préparoient à ma présence.

— On plaint, me dit-il avec une sorte d'égarement tout-à-fait extraordinaire, et presque sans me regarder, oui, l'on plaint ce Romain infortuné qui, revenant dans sa patrie, ne trouve plus que les restes inanimés de l'objet de sa tendresse ; eh bien ! il seroit mille fois plus malheureux s'il avoit été trompé par la femme qu'il adoroit, s'il ne pouvoit plus l'estimer ni la regretter sans s'avilir. Quand la mort a frappé celle qu'on aime, la mort aussi peut réunir à elle ; notre âme, en s'échappant de notre sein, croit s'élancer vers une image adorée ; mais si son souvenir même est un souvenir d'amertume, si vous ne pouvez penser à elle sans un mélange d'indignation et d'amour, si vous souffrez au dedans de vous par des sentimens toujours combattus, quel soulagement trouverez-vous dans la tombe ? Ah ! regardez-le encore, madame, cet homme malheureux qui va succomber sous le poids de ses peines; il ne connoissoit pas les douleurs les plus déchirantes; la nature, inépuisable en souffrances, l'avoit encore épargné. Il tient, s'écria Léonce avec l'accent le plus amer, et en me saisissant le bras comme un furieux, il tient la main décolorée de la compagne de sa vie; mais la main cruelle de celle qui lui fut chère n'a pas plongé dans son sein un fer empoisonné.

— Effrayée de son mouvement, ne pouvant comprendre ses discours, je voulois lui répondre, l'interroger, me justifier; un de mes gens apporta dans cet instant le portrait de M. de Serbellane, et le peintre qui le suivoit lui dit : — Mettez ce tableau avec beaucoup de soin dans la voiture de madame d'Albémar. — Léonce me quitte, s'approche du portrait, lève la toile qui le couvroit, la rejette avec violence, et se retournant vers moi avec l'expression de visage la plus insultante : — Pardonnez-moi, me dit-il, madame, les momens que je vous ai fait perdre; je ne sais ce qui m'avoit troublé; mais ce qui est certain, ajouta-t-il en pesant sur ce mot de toute la fierté de son âme, ce qui est certain, c'est que je suis calme à présent. — En prononçant ces paroles, il enfonça son chapeau sur ses yeux, et disparut.

Je restai confondue de cette scène, immobile à la place où Léonce m'avoit laissée, et cherchant à deviner le sens des reproches sanglans qu'il m'avoit adressés : cependant une idée me saisit, c'est que tout ce qu'il m'avoit dit, et l'impression qu'avoit produite sur lui le portrait de M. de Serbellane pouvoit appartenir à la jalousie ; cette pensée, peut-être douce, n'étoit encore que confuse dans ma tête, lorsque madame de Vernon arriva ; je ne l'attendois point ; elle avoit été chez moi, ne me croyant pas encore partie, et voulant m'amener elle-même chez le peintre. Je lui exprimai dans mon premier mouvement toutes les idées qui m'agitoient, et je lui demandai vivement comment il seroit possible que Léonce pût croire que j'aimois M. de Serbellane, lui qui devoit savoir l'histoire de madame d'Ervins. — Aussi, me répondit-elle, ne le croit-il pas. Mais vous n'avez pas d'idée de son caractère, et de l'irritation qu'il éprouve sur tout ce qui vous regarde. — Cette réponse ne me satisfit pas, et je regardai madame de Vernon avec étonnement ; je ne sais ce qui se passa dans son esprit alors ; mais elle se tut pendant quelques instans, et reprit ensuite d'un ton ferme, qui me fit rougir des pensées que j'avois eues, et ne me prouva que trop combien elles étoient fausses.

— Je pénètre, me dit madame de Vernon, l'injuste défiance que vous avez contre moi, je ne puis la supporter, il faut que tout soit éclairci; je forcerai Léonce, malgré les motifs qu'il pourroit m'opposer, à vous expliquer lui-même les raisons qui l'ont déterminé à ne pas s'unir à vous. Je fais peut-être une démarche contraire à mon devoir de mère, en vous rapprochant du mari de ma fille, car certainement il ne pourra jamais vous voir sans émotion, quelle que soit son opinion sur votre conduite; mais ce qu'il m'est impossible de tolérer, c'est votre défiance, et pour qu'elle finisse, je vais écrire dès demain à Léonce que je le prie d'avoir un entretien avec vous.

— Jugez, ma sœur, de l'effroi qu'un tel dessein dut me causer; je conjurai madame de Vernon d'y renoncer; elle me quitta sans vouloir me dire ce qu'elle feroit; elle étoit blessée, je n'en pus obtenir un seul mot; mais je pars à l'instant même pour passer deux jours à Cernay chez madame de Lebensei; si madame de Vernon, malgré mes instances, me ménage assez peu pour demander à Léonce de me voir, au moins il saura que je n'ai point consenti à cette humiliation; il ne me trouvera point chez moi, à Paris, ni à Bellerive.

LETTRE IX.

Madame de Vernon à Léonce.

Après tout ce que je vous ai dit, après tout ce qui s'est passé, votre agitation, en parlant hier matin à madame d'Albémar, l'a fort étonnée, mon cher Léonce: elle voudroit ne point partir sans que vous fussiez en bonne amitié l'un avec l'autre; elle pense avec raison qu'étant devenus proches parens par votre mariage avec ma fille, vous ne devez pas rester brouillés; je désirerois donc que vous vous rencontrassiez tous les deux chez moi demain soir; le voulez-vous?

LETTRE X.

Réponse de Léonce à madame de Vernon.

Je n'ai rien à dire à madame d'Albémar, madame, qui pût motiver l'entretien que vous me demandez. Nous sommes et nous resterons parfaitement étrangers l'un à l'autre : l'amitié comme l'amour doivent être fondés sur l'estime, et quand je suis forcé d'y renoncer, dispensez-moi de le déclarer.

LETTRE XI.

Léonce à M. Barton.

Paris, ce 14 août.

Je l'ai offensée, mortellement offensée, mon ami, je le voulois, et néanmoins je m'en repens avec amertume; mais aussi comment se peut-il que le jour même où j'apprends par hasard de madame de Vernon, que madame d'Albémar doit aller chez le peintre de M. de Serbellane, le jour où je la vois emporter ce portrait avec elle, madame de Vernon me propose de rencontrer chez elle madame d'Albémar, de lui dire adieu, lorsqu'elle part pour rejoindre M. de Serbellane ! et de quels termes madame de Vernon, inspirée sans doute par madame d'Albémar, se sert-elle pour m'y engager! elle me rappelle l'amitié, les liens de famille qui doivent me rapprocher de sa nièce! Non, je ne suis ni le parent, ni l'ami de Delphine; je la hais ou je l'adore, mais rien ne sera simple entre nous, rien ne se passera selon les règles communes. Il est vrai, je ne devois pas me servir d'expressions blessantes en refusant de la voir ; tant de circonstances cependant s'étoient réunies pour m'irriter! je fus tout le jour assez content de moi-même, mais la nuit, mais le lendemain qui suivit, je ne pus me défendre du remords d'avoir outragé celle que j'ai si tendrement aimée. J'allai chez madame de Vernon pour la conjurer de ne pas montrer ma réponse à madame d'Albémar. Madame de Vernon étoit partie pour la campagne de madame de Lebensei; il n'y avoit pas une heure, me dit-on, qu'elle étoit en route : j'eus l'espoir, en montant à cheval, de la rejoindre, et je partis à l'instant ; j'arrive à Cernay, sans rencontrer madame de Vernon ; un de mes gens me précède, on ouvre la grille, j'entre, et j'aperçois d'abord la voiture de madame d'Albémar, qui étoit avancée devant la porte de l'intérieur de la maison. J'imaginai que madame d'Albémar étoit au moment de partir, et je ne sais par quelle inconséquence du cœur, quoique je ne fusse pas venu dans l'intention de la voir, je ne supportai pas l'idée que cela me seroit impossible. Sans projet ni réflexion, j'avance et je crie au cocher : — Reculez. — J'attends madame, me répondit-il.—Reculez, lui dis-je; — et je sautai en bas de mon cheval avec une action si véhémente, qu'il m'obéit de frayeur. Je fus honteux de ma folle colère, quand je me trouvai seul au milieu de la cour, examiné par tous les domestiques qui y étoient. Celui de madame d'Albémar, se ressouvenant du temps où sa maîtresse avoit du plaisir à me voir, me dit qu'elle étoit dans le jardin; j'y entrai par la porte de la cour, toujours dans le même égarement; j'étois dans une maison étrangère, je n'y connoissois personne, mais j'allois où elle étoit, comme un malheureux entraîné par une force surnaturelle. Il étoit neuf heures du soir, le ciel étoit parfaitement serein, et la beauté de la nuit auroit calmé tout autre cœur que le mien; mais dans mon agitation, je ne pouvois éprouver aucune impression douce. Je la cherchois, et mes yeux repoussoient tout ce qui n'étoit pas elle. J'aperçus d'une des hauteurs du jardin, à travers l'ombre des arbres, cette charmante figure que je ne puis méconnoître; elle étoit appuyée sur un monument qu'elle sembloit considérer avec attention; une petite fille à ses pieds, habillée de noir, la tiroit par sa robe pour la rappeler à elle. Je m'approchai sans me montrer: Delphine levoit ses beaux yeux vers le ciel, et je crus la voir pâle et tremblante, telle que son image m'étoit apparue à l'église.

Elle prioit, car toute l'expression de son visage peignoit l'enthousiasme de l'inspiration. Le vent venoit de son côté, il agitoit les plis de sa robe avant d'arriver jusqu'à moi ; en respirant cet air je croyois m'enivrer d'elle ; il m'apportoit un souffle divin. Je restai quelques instans dans cette situation : depuis un mois, mon cœur oppressé n'avoit pas cessé de me faire mal ; je le sentois alors battre avec moins de peine, j'y pouvois poser la main sans douleur. Je serois resté long-temps dans cet état, si je n'avois pas vu Delphine sortir du bosquet, pour lire, aux rayons de la lune, une lettre qu'elle tenoit entre ses mains : il me vint dans l'esprit que c'étoit celle que j'avois écrite à madame de Vernon, et que les signes de douleur que je remarquois sur le visage de Delphine, venoient peut-être de la peine que je lui avois causée. Je ne pus résister à cette idée ; je m'approchai précipitamment de madame d'Albémar ; elle se retourna, tressaillit, et prête à tomber, elle s'appuya sur un arbre. Je reconnus ma lettre qu'elle regardoit encore : j'allois m'en saisir pour la déchirer, lorsque Delphine, reprenant ses forces, s'avança vers moi, et tenant ma lettre dans l'une de ses mains, elle leva l'autre vers le ciel. Jamais je ne l'avois vue si ravissante ;

je crus un moment que moi seul j'étois coupable; il me sembloit que j'entendois les anges qu'elle invoquoit à son secours parler pour elle et m'accuser. Je tombai à genoux devant le ciel, devant elle, devant la beauté; je ne sais ce que j'adorois, mais je n'étois plus à moi. — Parlez, m'écriai-je, parlez; prosterné devant vous, je vous demande de vous justifier. — Non, me dit-elle en mettant sa main sur son cœur, ma réponse est là, celui qui put m'offenser n'a pas mérité de l'entendre. — Elle s'éloigna de moi, je la conjurai de s'arrêter, mais en vain; je vis de loin madame de Vernon qui venoit rapidement vers nous avec madame de Lebensei; je fis un dernier effort pour obtenir un mot, il fut inutile, et mon cœur irrité reprit l'indignation que le regard de Delphine avoit comme suspendue. Je voulus paroître calme en présence des étrangers, et ne pas rendre Delphine témoin de mon abattement. Je parlai vite, je rassemblai au hasard tout ce que je pouvois dire à madame de Lebensei et à madame de Vernon, et quand je crus en avoir assez fait pour avoir l'air d'être tranquille, je regardai Delphine, d'abord avec assurance. Elle n'avoit point essayé, comme moi, de cacher son émotion; elle s'appuyoit sur la fille de madame d'Ervins,

marchoit avec peine, ne répondoit à rien, et
cherchoit seulement avec ses regards la route
qui conduisoit hors du parc. Dès que je vis
sa tristesse, je me tus, et je la suivis en silence; madame de Vernon et madame de Lebensei tâchoient en vain de soutenir la conversation; au moment où nous approchâmes
de la porte, les yeux de madame d'Albémar
tombèrent sur moi; si je n'avois vu que ce regard, il me semble que ma situation ne seroit
point amère, mais elle a refusé de se justifier....
Insensé que je suis! que pouvoit-elle me dire?
désavouera-t-elle son choix? ne m'a-t-elle
pas trompé? peut-elle anéantir le passé? mais
pourquoi donc voulois-je la voir, et pourquoi
ne puis-je jamais oublier cette expression de
douleur qui s'est peinte dans tous ses traits?
Est-ce encore un art perfide? mais de l'art avec
ce visage, avec cet accent! feignoit-elle aussi
l'état où je l'ai vue, lorsqu'elle ne pouvoit
m'apercevoir? Sa voiture en s'en allant passoit devant une des allées du parc; j'ai fait
quelques pas derrière les arbres, pour la suivre encore des yeux; la fille de madame d'Ervins avoit jeté ses bras autour d'elle, et Delphine la tenoit serrée contre son cœur, avec
un abandon si tendre, une expression si touchante! il m'a semblé que sa poitrine se sou-

levoit par des sanglots. Une femme dissimulée pourroit-elle presser ainsi un enfant contre son sein? cet âge si vrai, si pur, seroit-il associé déjà par elle aux artifices de la fausseté? non, elle a été émue en me revoyant; non, ce sentiment n'étoit point un mensonge; mais elle est liée à M. de Serbellane, elle n'auroit pu me le nier; je devois m'y attendre, je ne la chercherai plus. Avant de l'avoir rencontrée, j'espérois toujours que si je la revoyois, cet instant changeroit mon sort. Je l'ai revue, et c'en est fait. Je n'en suis que plus malheureux. Que venois-je faire chez madame de Lebensei? Pourquoi madame d'Albémar y étoit-elle? C'est une maison qui me deplaît sous tous les rapports. M. de Lebensei étoit absent, je ne le regrettai point. M. de Lebensei n'a-t-il pas entraîné la femme qu'il aimoit dans une démarche qui l'expose au blâme universel? Je suis sûr qu'elle n'est point heureuse, quoiqu'elle ait eu soin de répéter plusieurs fois qu'elle l'étoit : son inquiétude secrète, son calme apparent, ce mélange de timidité et de fierté qui rend ses manières incertaines, tout en elle est une preuve indubitable qu'on ne peut braver l'opinion sans en souffrir cruellement; mais moi qui la respecte, mais moi qui n'ai rien fait que l'on puisse me reprocher, en suis-je plus heureux? mon ami, il n'est pas d'homme sur la terre aussi misérable.

Pourquoi, tout en m'écrivant avec intérêt, avec affection, ne me dites-vous rien sur le sujet de mes peines? craignez-vous de me montrer que vous aimez encore madame d'Albémar? j'y consens, je suis peut-être même assez foible pour le désirer; mais de grâce, parlez-moi d'elle, et ne m'abandonnez pas seul au tourment de mes pensées.

LETTRE XII.

Mademoiselle d'Albémar à Delphine.

Montpellier, 23 août.

Pour la première fois, ma chère amie, je désapprouve entièrement les sentimens que vous m'exprimez. Quoi! Léonce, en se refusant à vous voir, écrit formellement qu'il a cessé de vous estimer, et dans le moment où cette conduite révoltante ne devroit vous inspirer que de l'indignation, votre lettre à moi (1) n'est remplie que du regret de ne lui avoir pas parlé, de n'avoir pas essayé de vous jus-

(1) Cette lettre, ainsi que quelques autres dont il est parlé, ne se trouve pas dans le recueil.

tifier à ses yeux ! on diroit que vous devenez plus foible, quand il se montre plus injuste; vainement vous vous faites illusion, en m'assurant que ce n'est point l'amour, mais la fierté, mais le sentiment de votre dignité blessée, qui ne vous permet pas de supporter qu'il se croye le droit de vous offenser, en parlant, en pensant mal de vous. Voulez-vous savoir la vérité? La lettre de Léonce vous cause une douleur plus vive que toutes celles que vous aviez ressenties, et vous n'avez plus la force de vous y résigner : ce n'est pas tout encore; en revoyant ce redoutable Léonce, votre sentiment pour lui s'est ranimé, et peut-être, pardonnez-moi de vous le dire, il le faut pour vous éclairer sur vous-même, peut-être avez-vous aperçu qu'il avoit éprouvé près de vous une émotion profonde, et qu'un plus long entretien le rameneroit à vos pieds. Pardon encore une fois, votre cœur ne s'est pas rendu compte de ses impressions, mais pensez à l'irréparable malheur d'exciter dans le cœur de Léonce une passion qui lui inspireroit sans doute de l'éloignement pour Matilde !

Delphine, souvenez-vous que, dans vos conversations avec mon frère, vous répétiez souvent que la vertu dont toutes les autres dérivoient, c'étoit la bonté, et que l'être qui n'avoit jamais fait de mal à personne étoit exempt de fautes au tribunal de sa conscience. Je le crois comme vous, la véritable révélation de la morale naturelle est dans la sympathie que la douleur des autres fait éprouver, et vous braveriez ce sentiment, vous Delphine ! Je ne raisonnerai point avec vous sur vos devoirs, mais je vous dirai : songez à Matilde ; elle a dix-huit ans, elle a confié son bonheur et sa vie à Léonce, abuserez-vous des charmes que la nature vous a donnés, pour lui ravir le cœur que Dieu et la société lui ont accordé pour son appui ? Vous ne le voulez pas, mais que d'écueils dans votre situation, si vous n'avez pas le courage de quitter Paris, et de revenir auprès de moi !

Je songe aussi avec inquiétude que cette madame de Vernon, dont la conduite est si compliquée, quoique sa conversation soit si simple, est la seule personne qui ait du crédit sur vous à Paris ; pourquoi ne répondez-vous pas à l'empressement que madame d'Artenas a pour vous, depuis que vous avez rendu service à sa nièce, madame de R. ? Elle m'a écrit plusieurs fois qu'elle désireroit se lier plus intimement avec vous ; je sais que quand elle vint nous voir à Montpellier, à son retour de

Barège, vous ne me permettiez pas de la comparer à madame de Vernon. Elle est certainement moins aimable ; elle n'a pas surtout cette apparence de sensibilité, cette douceur dans les discours, cet air de rêverie dans le silence, qui vous plaisent dans madame de Vernon ; mais son caractère a bien plus de vérité : elle a une parfaite connoissance du monde ; je conviens qu'elle y attache trop de prix, et que si elle n'avoit pas vraiment beaucoup d'esprit, l'importance qu'elle met à tout ce qu'on dit à Paris pourroit passer pour du *commérage* : néanmoins personne ne donne de meilleurs conseils, et soit vertu, soit raison, elle est toujours pour le parti le plus honnête.

Ne vous refusez pas à l'écouter : vous ne lui parlerez pas, je le comprends, des sentimens qu'on ne peut confier qu'à des âmes restées jeunes ; mais elle vous donnera des avis utiles ; tandis que madame de Vernon, qui ne cherche qu'à vous plaire, ne songe point à vous servir.

Je vous en conjure aussi, ma chère Delphine, continuez à ne rien me cacher de tout ce qui se passe dans votre cœur et dans votre vie ; vous avez besoin d'être soutenue dans la noble résolution de partir. Croyez-moi, dans cette occasion, si la passion ne vous troubloit pas, quel être sur la terre seroit assez présomptueux pour comparer sa raison à la vôtre ? mais vous aimez Léonce, et je n'aime que vous ; confiez-vous donc sans réserve à ma tendresse, et laissez-vous guider par elle.

LETTRE XIII.

Madame d'Artenas à madame de R.

Paris, ce 1ᵉʳ septembre 1790.

Revenez donc à Paris, ma chère nièce; vous avez pris cette année trop de goût pour la solitude ; depuis cette malheureuse scène des Tuileries, vous êtes triste ; je voulois bien que vous sentissiez un peu la nécessité d'en croire mes conseils, mais je serois bien fâchée que votre caractère perdît sa gaîté naturelle.

J'ai enfin rencontré chez elle madame d'Albémar que vous m'aviez chargée de voir, et que je rechercherois volontiers pour moi-même, tant je la trouve aimable et bonne. J'aurois désiré qu'elle me parlât avec confiance sur sa situation actuelle ; mais madame de Vernon possède seule toute son amitié, et je doute fort cependant qu'elle en fasse un bon usage. J'ai trouvé madame d'Albémar triste, et surtout fort agitée ; elle avoit l'air d'une personne tourmentée par une indécision cruelle ; il étoit neuf heures du soir, elle étoit encore vêtue de sa robe du matin, ses beaux cheveux n'avoient point encore été rattachés ; à l'extérieur négligé de sa personne, à sa démarche lente, à sa tête baissée, l'on auroit dit que depuis long-temps elle n'avoit rien fait que songer à la même pensée, et souffrir de la même douleur.

Dans cet état cependant, elle étoit jolie comme le jour, et je ne pus m'empêcher de le lui dire. — Moi, jolie ! me répondit-elle, je ne dois plus l'être. — Et elle se tut. Je voulois apprendre d'elle quelles sont à présent ses relations avec M. de Serbellane ; on rapporte à ce sujet des choses très-diverses dans Paris ; les uns disent qu'elle ne part pour le Languedoc que pour aller de là rejoindre M. de Serbellane, s'il n'obtient pas, à cause de son duel, la permission de revenir en France : d'autres murmurent tout bas que madame d'Albémar a été fort coquette pour M. de Mondoville, et que M. de Serbellane irrité s'est brouillé tout-à-fait avec elle : enfin une lettre de Bordeaux m'avoit fait naître une idée très-différente de toutes celles-là, et je l'avois gardée jusqu'à présent pour moi seule ; je pensois qu'il se pourroit bien que M. de Serbellane fût l'amant de madame d'Ervins, et que madame d'Albémar les ayant réunis tous les deux chez elle un peu indiscrètement, M. d'Ervins les y eût surpris, et se fût battu avec M. de Serbellane, pour se venger de l'infidélité de sa femme.

J'essayai de provoquer la confiance de madame d'Albémar, en lui disant ce qui étoit vrai, c'est que je voyois avec peine que les différens bruits qui se répandoient dans Paris sur son compte, pouvoient nuire à sa réputation ; elle me répondit avec un découragement qui me toucha beaucoup : — Il fut une époque de ma vie dans laquelle j'aurois attaché de l'importance à ce qu'on pouvoit dire de moi ; mais à présent que mon nom ne doit plus être uni à celui de personne, je ne m'inquiète plus de l'injustice dont ce nom peut être l'objet. — Ces paroles me persuadèrent qu'elle étoit en effet brouillée avec M. de Serbellane, et comme je commençois à lui donner des consolations douces sur la peine qu'elle devoit en éprouver, elle m'arrêta pour me demander de m'expliquer mieux, et lorsque je l'eus fait, elle eut l'air étonné ; mais, sans y mettre un intérêt très-vif, elle me déclara qu'elle n'avoit jamais pensé à épouser M. de Serbellane.

Le soupçon que j'avois formé sur madame d'Ervins me revint à l'instant, et je le dis à Delphine, en lui avouant que je regardois dans ce cas madame d'Ervins comme la véritable cause de la mort de son mari. Delphine ne m'eut pas plus tôt comprise que, se relevant de l'abattement où je l'avois vue jusqu'alors, elle me protesta que je me trompois. Je persistai dans mon opinion, et je lui dis positivement qu'un duel aussi sanglant ne pouvoit avoir été provoqué par de simples discussions politiques, et que l'amour de M. de Serbellane pour elle ou pour madame d'Ervins en devoit être la cause : quand madame d'Albémar vit que cette opinion étoit arrêtée dans ma tête, elle finit par me laisser croire tout ce que je voulus sur son attachement pour M. de Serbellane, exigeant seulement que je n'accusasse pas madame d'Ervins.

Que vous dirai-je, ma chère nièce? Il me fut impossible de démêler la vérité. Ce n'est pas qu'assurément madame d'Albémar ne soit la femme la plus vraie que j'aie jamais connue; mais il y a dans son caractère une générosité si singulière, que je ne suis pas parvenue à découvrir avec certitude si tout le mystère ne vient pas de la crainte qu'elle a de compromettre madame d'Ervins. Aime-t-elle réellement M. de Serbellane? sa tristesse vient-elle de leur séparation, et peut-être de leur brouillerie? ou bien a-t-elle consenti à tout ce qu'on pourroit dire d'elle et de lui, pour détourner l'attention qui se seroit portée sur madame d'Ervins, et la sauver de l'indignation qu'elle auroit excitée dans le public, et dans la famille de son mari? Je l'ignore, mais j'exige de vous le plus profond secret sur cette dernière supposition ; vous en sentez les conséquences.

Quoi qu'il en soit, madame d'Albémar a rendu ma pénétration tout-à-fait inutile ; je me vante de deviner les caractères dissimulés; mais quand une âme franche ne veut pas laisser connoître un secret, sa réserve simple et naturelle déconcerte les efforts de l'esprit observateur.

Après quelques momens de silence, je n'insistai plus; et me bornant à tâcher d'éclairer Delphine sur madame de Vernon, je lui dis: — Quels que soient vos motifs pour ne pas donner à ceux qui s'intéressent à vous le moyen de répondre clairement aux malveillans qui vous supposent des torts, de bons amis en imposent toujours, quand ils le veulent, aux discours médisans de la société de Paris: pourquoi donc madame de Vernon, qui se dit votre amie, ne fait-elle pas taire la phalange des sots? Ils attaquent, il est vrai, de préférence, les personnes distinguées; mais ils ne s'y hasardent cependant que dans les momens où ils ne les croient pas courageusement défendues par leurs parens ou leurs amis. — Je dois croire, me répondit Delphine en retombant dans cet état de tristesse insouciante dont elle étoit un moment sortie, je dois croire que madame de Vernon est mon amie. — Je n'ai pas entendu dire, répondis-je, qu'elle se permît aucun genre de blâme sur vous, ma chère Delphine; mais cependant je n'ai pas une confiance entière dans son amitié; ceux qui l'entourent se montrent souvent mal pour vous; rarement on peut se tromper à cet indice; on inspire à ses amis ce que l'on éprouve sincèrement; et, dans son cercle du moins, une femme sait faire aimer ce qu'elle aime; elle vous loue beaucoup, j'en conviens, mais à haute voix, comme s'il lui importoit surtout qu'on vous le répétât; et je ne vois pas dans sa conversation, quand il s'agit de vous, ce talent conciliateur qu'elle porte sur tous les autres sujets: elle dit souvent que vous êtes la plus jolie, la plus spirituelle; mais c'est à des femmes qu'elle s'adresse, pour vous donner cet éloge qui peut les humilier; et je ne l'entends jamais leur parler de cette bonté, de cette douceur, de cette sensibilité touchante qui pourroient vous faire pardonner tous vos charmes, par celles même qui en sont jalouses. Enfin, souffrez que je vous le dise, on pourroit croire, en entendant madame de Vernon parler de vous, qu'elle s'acquitte par ses discours plutôt qu'elle ne jouit par ses sentimens, et que, prévoyant d'une manière confuse que votre amitié finira peut-être un jour, elle ne veut pas à tout hasard vous donner des armes contre elle, en contribuant elle-même à consolider votre réputation.

— Si vous avez raison, me répondit Delphine, je n'en suis que plus à plaindre; je l'aime, je l'ai aimée, madame de Vernon, de l'attrait du monde le plus vif et le plus tendre; si tant de dévouement, tant d'affection n'ont point obtenu son amitié, il est donc vrai qu'il n'est rien en moi qui puisse attacher à mon sort, il est donc vrai que je ne puis être aimée.

— Vous vous trompez, ma chère Delphine, repris-je alors vivement; vous méritez d'avoir des amis plus que personne au monde; mais vous ne savez pas encore ce que c'est que la vie : vous vous croyez deux excellens guides, l'esprit et la bonté; eh bien! ma chère, ce n'est pas assez d'être aimable et excellente, pour se démêler heureusement des difficultés du monde; il y a d'utiles défauts, tels que la froideur, la défiance, qui vaudroient beaucoup mieux pour égide que vos qualités mêmes; tout au moins faut-il diriger ces qualités avec une grande force de raison : moi qui ne suis pas née très-sensible, j'ai deviné le monde assez vite; laissez-moi vous l'apprendre. Madame de Vernon vous paroît plus digne de votre amitié, elle sait mieux vous tenir le langage qui vous séduit : moi, je reste toujours ce que je suis; je n'ai pas assez d'imagination pour feindre, je le voudrois en vain; je ne suis plus jeune, mon esprit n'est plus flexible, il ne peut aller que dans sa ligne; mais je sais que mes avertissemens vous sont nécessaires, et c'est cette conviction qui me fait solliciter votre confiance. On vous l'aura dit, je crois; d'ordinaire, je ne me mets pas en avant : je suis sur la défensive avec la société, et c'est ainsi qu'il faut être; je m'offre à vous cependant, ma chère Delphine, parce que vous avez un caractère qui donne tout et n'abuse de rien : servez-vous donc de moi, si je puis vous être utile; ce sera ce que je pourrai faire de mieux de mon oisive existence.

— Madame d'Albémar parut fort touchée des preuves d'amitié que je lui donnois, et je croyois même l'avoir un peu ébranlée dans son aveugle amitié pour madame de Vernon ; mais le surlendemain elle est revenue chez moi, presque uniquement pour me dire qu'elle avoit revu depuis moi madame de Vernon, et s'étoit assurée qu'elle n'avoit aucun tort. — Elle n'auroit pu me défendre, continua madame d'Albémar, sans compromettre mes amis ; elle a bien fait de se conduire avec prudence, et de ne pas se livrer à son sentiment. — Je vous le répète, ma chère nièce, on ne peut arracher madame d'Albémar à l'empire de madame de Vernon.

Je l'ai souvent remarqué en vivant dans leur société, madame de Vernon met beaucoup d'intérêt à captiver Delphine ; elle est avec elle fière, sensible, délicate ; elle rend hommage au caractère de son amie, en imitant toutes les vertus pour lui plaire : moi, je ne puis ni ne veux me montrer autrement que la nature ne m'a faite, bonne et raisonnable, mais point du tout exaltée ; je vaux mieux réellement que madame de Vernon ; Delphine a tort de ne pas s'en apercevoir.

J'obtiendrai cependant un jour l'amitié de madame d'Albémar, si quelques circonstances me mettent dans le cas de la servir ; je vous promets que je veillerai sur elle comme sur ma fille; vous aussi, ma chère nièce, vous allez devenir l'objet de tous mes soins, si vous continuez à m'écouter et à me croire.

H. d'Artenas.

LETTRE XIV.

Delphine à mademoiselle d'Albémar.

Paris, ce 3 septembre.

Non, vous l'exigez en vain; non, je n'ai pas la force de souffrir une telle incertitude; qu'il me dise ce qu'il éprouve, que je connoisse la cause de l'état extraordinaire où je le vois, et je me soumets à mon sort; mais le doute, le doute! cette douleur qui prend toutes les formes pour vous poursuivre, sans que vous ayez jamais aucune arme pour l'atteindre; je ne puis me résoudre à la supporter : les malheureux condamnés au supplice savent au moins pour quels crimes ils sont punis, et moi je l'ignore : ce que je croyois ne me paroît plus vraisemblable; écoutez ce qui s'est passé hier, et, si vous le pouvez, continuez à me commander de partir sans le voir.

On jouoit hier Tancrède; madame de Vernon me proposa d'y aller : j'y consentis, parce que de toutes les tragédies c'est celle qui m'a fait verser le plus de larmes : nous nous plaçâmes dans la loge de madame de Vernon, qui est en bas, sur l'orchestre. Pendant le premier acte, je remarquai à quelque distance de nous un homme enveloppé d'un manteau, la tête appuyée sur le banc de devant, couvrant son visage avec ses mains, et mettant du soin à se cacher. Malgré tous ses efforts je reconnus Léonce ; il y a tant de noblesse dans sa taille que rien ne peut la déguiser.

Mes yeux étoient fixés sur lui, je n'entendois presque rien de la pièce, mais je le regardois ; il tressaillit en écoutant la scène où Tancrède apprend l'infidélité d'Aménaïde : son émotion, depuis cet instant, sembloit s'accroître toujours ; il cherchoit à la dérober à tous les regards, mais je ne pouvois m'y méprendre. Ah ! que j'aurois voulu m'approcher de lui ! combien j'étois touchée de ses larmes ! C'étoient les premières que je voyois répandre à cet homme d'un caractère si ferme et si soutenu : étoit-ce pour moi qu'il pleuroit ? seroit-il possible que son âme fût ainsi bouleversée, si Matilde suffisoit à son bonheur ? ne donnoit-il point de regrets à celle qui entend mieux les sentimens d'Aménaïde, qui est plus digne d'admirer avec lui le langage que le génie prête à l'amour ?

Enfin, au quatrième acte, il me parut qu'il n'avoit plus le pouvoir de se contraindre ; je vis son visage baigné de pleurs, et je remarquai dans toute sa personne un air de souffrance qui m'effraya ; je crois même que, dans mon trouble, je fis un mouvement qu'il aperçut, car à l'instant même il se baissa de nouveau pour se dérober à mes regards ; mais lorsque Tancrède, après avoir combattu et triomphé pour Aménaïde, revient avec la résolution de mourir ; lorsqu'un souvenir mélancolique, dernier regret vers l'amour et la vie, lui inspire ces vers, les plus touchans qu'il y ait au monde :

> Quel charme, dans son crime, à mes esprits rappelle
> L'image des vertus que je crus voir en elle !
> Toi qui me fais descendre avec tant de tourment
> Dans l'horreur du tombeau dont je t'ai délivrée,
> Odieuse coupable !... et peut-être adorée !
> Toi qui fais mon destin jusqu'au dernier moment !
> Ah ! s'il étoit possible ! ah ! si tu pouvois être
> Ce que mes yeux trompés t'ont vu toujours paroître !
> Non, ce n'est qu'en mourant que je peux l'oublier.

Un soupir, un cri même étouffé sortit du cœur de Léonce ; tous les yeux se tournèrent vers lui : il se leva avec précipitation et se hâta de s'en aller, mais il chanceloit en marchant, et s'arrêta quelques instans pour s'appuyer ; son visage me parut d'une pâleur mortelle, et comme on refermoit la porte sur lui, je crus le voir manquer de force et tomber.

Dieu! comment ne l'ai-je pas suivi! La présence de madame de Vernon, qui me regardoit attentivement, et la curiosité des spectateurs que j'aurois attirée sur moi, me retinrent; mais jamais un sentiment plus passionné ne m'avoit entraînée vers Léonce : il me suffisoit de le retrouver sensible; j'oubliois qu'il ne l'étoit plus pour moi, et qu'il avoit pris volontairement des liens qui nous séparoient pour toujours; je me hâtai de revenir chez moi, et quand je fus seule, une réflexion me saisit fortement; je crus voir quelques rapports entre les vers qui avoient touché Léonce, et les sentimens qu'il pouvoit éprouver, s'il m'aimoit encore et me croyoit coupable. Néanmoins, quelque exagéré que soit Léonce sur les vertus qu'impose le monde, pourroit-il donner le nom de crime à la conduite que j'ai tenue? Non! m'écriai-je seule avec transport, on m'a calomniée près de lui, je ne puis deviner de quelle manière, mais il faut qu'il m'entende, il le faut à tout prix! Louise, il n'est aucun devoir sur la terre qui pût me faire consentir à lui laisser une opinion injuste de moi : que je meure, mais qu'il me regrette; n'exigez pas que je vive avec son mépris.

Cependant, en me rappelant la lettre qu'il a répondue, la seule pensée de lui écrire, de le chercher, me fait mourir de honte. Quoi qu'il arrive, je ne confierai point à madame de Vernon les pensées qui m'agitent; je ne sais ce qu'elle a cru devoir ou me dire ou me taire, mais la voix seule de Léonce peut me persuader maintenant; c'est de lui seul que j'apprendrai s'il me hait ou s'il m'aime, s'il est injuste ou malheureux. C'est à lui.... Eh quoi! bravant tout ce qui devroit me retenir, j'irois implorer une explication de ce caractère si soupçonneux, si rigide et si fier! Quelle perplexité cruelle! comment jamais en sortir!

Ne me dites pas que tout est fini, qu'il est marié, que je dois renoncer à son opinion comme à son amour; son estime est encore mon seul bien sur la terre; il a besoin des suffrages de tous, je ne veux que le sien, mais il faut que je l'emporte dans ma retraite: si je ne l'obtenois pas, vous me verriez poursuivie par une agitation que rien ne pourroit calmer; je n'aurois pas le repos que peut donner le malheur même, quand il n'y a plus rien à faire ni rien à vouloir. Je ne me résignerois jamais; et en expirant, ma dernière parole seroit encore pour me justifier auprès de lui.

LETTRE XV.

Léonce à M. Barton.

Ce 4 septembre 1790.

JE vous envoie un courrier qui a ordre de revenir dans vingt-quatre heures avec une lettre de vous. Vous ne répondez pas depuis huit jours aux lettres que je vous ai écrites sur ce qui s'étoit passé entre madame d'Albémar et moi. Quel est le motif de votre silence? pourquoi ne m'avez-vous pas écrit? Me trouvez-vous injuste envers Delphine? et si vous le croyez, juste ciel! pensez-vous que ce seroit me faire du mal que de me le dire?

LETTRE XVI.

Réponse de M. Barton à Léonce.

Mondoville, 6 septembre.

Vous avez eu tort d'attacher tant d'importance à un silence de quelques jours: je souffre toujours de mon bras, et j'ai de la peine à écrire jusqu'à ce que je sois guéri.

Vous êtes l'époux de mademoiselle de Vernon; c'est une personne très-vertueuse, uniquement attachée à vous ; il me semble que vous ne devez plus vous occuper des circonstances qui ont précédé votre mariage. Je ne puis les approfondir de loin ; ce que vous m'en avez dit ne suffit pas pour juger une femme à qui j'ai voué de l'estime et de l'attachement ; mais ce dont je me crois sûr, c'est qu'elle-même à présent désire que vous soyez occupé de votre bonheur et de celui de Matilde, et que vous oubliiez entièrement l'affection que vous avez pu concevoir l'un pour l'autre, quand vous étiez libres.

Je vous en conjure, mon cher élève, calmez-vous sur toutes ces idées, le temps en est passé ; votre sort est fixé comme votre devoir ; rappelez-vous ce que vous avez toujours pensé des liens que vous venez de contracter, et songez qu'il faut se soumettre, quand la passion nous aveugle, aux jugemens qu'on a prononcés dans le calme de sa raison. Je suis désolé d'être hors d'état d'aller en voiture ; je pourrois espérer que nos entretiens vous feroient du bien. Adieu.

LETTRE XVII.

Madame de R. à madame d'Artenas.

Ce 14 septembre.

Je suis arrivée, il y a deux jours, pour vous voir, mon aimable tante, et l'on m'a dit chez vous que vous étiez à la campagne; vous auriez dû m'en prévenir; je ne reviens à Paris que pour vous : quand nous serons bien seules une fois, je vous expliquerai mon goût pour la retraite; vous m'encouragerez à vous en parler, car ce sujet m'est pénible.

J'ai commencé par m'informer de madame d'Albémar, je ne veux point aller chez elle; hélas! je sais trop que sa liaison avec moi ne pourroit que lui nuire; mais je n'ai pas dans le cœur un sentiment plus vif que mon intérêt pour son sort. Madame de Vernon me fit inviter hier à une grande assemblée qu'elle donnoit, et j'y allai dans l'espérance de rencontrer madame d'Albémar qui n'y fut point. En traversant les appartemens de madame de Vernon, je me rappelai la dernière fois que j'y vins, le jour de ce grand bal où Delphine eut tant de succès, et montra si visiblement son intérêt pour M. de Mondoville; je réfléchissois aux événemens inattendus qui avoient suivi ce jour, lorsque M. de Mondoville entra dans le salon avec sa femme.

Je vous ai dit, je crois, ma tante, que la première fois que j'avois vu Léonce, je fus si frappée du charme et de la noblesse de sa figure, que tout à coup l'impression que j'en reçus me fit réfléchir avec amertume sur les torts de ma vie. Je sentis que je n'étois pas digne d'intéresser un tel homme, et madame d'Albémar me parut la seule femme qui méritât de lui plaire. Eh bien! hier, l'expression du visage de Léonce étoit entièrement changée; la beauté de ses traits restoit toujours la même, mais son regard sombre et distrait ne s'arrêtoit plus sur aucune femme. Il se hâta de saluer, et s'assit dans un coin de la chambre où il n'y avoit personne à qui parler. Sa femme s'approcha de lui; je ne sais ce qu'elle lui demandoit: il lui répondit d'un air doux, mais dès qu'elle l'eut quitté, il soupira comme s'il venoit de se contraindre.

Une fois madame de Vernon voulut conduire son gendre auprès d'une dame étrangère qui ne le connoissoit pas: je crus voir dans les manières de Léonce une répugnance secrète à se laisser ainsi présenter comme un nouvel époux; il restoit en arrière, suivoit avec peine, et se prêtoit gauchement à tout ce qui pouvoit ressembler à des félicitations.

Madame du Marset, placée à côté de moi, vit que j'observois attentivement monsieur et madame de Mondoville, et me dit tout bas en souriant : — J'ai été leur rendre visite deux ou trois fois, et les ai vus souvent chez madame de Vernon ; il n'y a rien de si singulier que la conduite de Léonce, il semble qu'il veuille être, comme le disoit le duc de B., *le moins marié qu'il est possible ;* il évite avec un soin extraordinaire les sociétés, les occupations communes avec sa femme. Matilde, charmée de sa douceur, de sa politesse, de la liberté qu'il lui laisse, ne remarque pas l'indifférence qu'il a pour elle, et la crainte qu'il éprouve de resserrer ses liens, en se servant du pouvoir qu'ils lui donnent. Matilde a de l'amour pour son mari, et se persuade fermement qu'il en a pour elle : ces dévotes ont en toutes choses une merveilleuse faculté de croire. On diroit que Léonce attend toujours quelque événement extraordinaire, et qu'il n'est dans sa maison qu'en passant; il n'arrange rien chez lui, n'a pas seulement encore fait ouvrir la caisse de ses livres, aucun de ses meubles n'est à sa place ; ce sont de petites observations, mais qui n'en prouvent pas moins l'état de son âme : tout ce qui lui rappelle sa situation lui fait mal, et quoiqu'il ne puisse la changer, il s'épargne autant qu'il peut les circonstances journalières qui lui retracent la grande douleur de sa vie, son mariage : enfin je vous garantis qu'il est très-malheureux.

— J'allois répondre à madame du Marset et l'interroger encore, mais notre conversation fut interrompue. Comme il y avoit beaucoup de jeunes personnes dans la chambre, on proposa de danser, une femme se mit au clavecin, une autre prit la harpe, moi je regardois Léonce ; il cherchoit les moyens de sortir de la chambre : mais un homme âgé, qui lui parloit, le retenoit impitoyablement. Je compris que la danse devoit lui rappeler des souvenirs pénibles, et j'espérois qu'on ne lui proposeroit pas de s'en mêler, lorsque madame du Marset prenant la main de Matilde et la mettant dans celle de Léonce, leur dit : — Allons les jeunes mariés, dansez ensemble. — *Bravo !* se mit-on à crier de toutes parts, *oui, qu'ils dansent ensemble.* La musique commence à l'instant, et tout le monde s'écarte pour laisser Matilde et Léonce seuls au milieu de la chambre.

Tout cela s'étoit fait si rapidement, que

Léonce, toujours absorbé, ne sut pas d'abord ce qu'on vouloit de lui ; mais quand il entendit la musique, qu'il vit le cercle formé, et près de lui Matilde qui se préparoit à danser, saisi à l'instant comme par un sentiment d'effroi, frappé sans doute du souvenir de Delphine que tout lui retraçoit, il rejeta la main de Matilde avec violence, recula de quelques pas devant elle, puis se retournant tout à coup, il sortit en un clin d'œil de la chambre et s'élança dans le jardin ; le cercle qui l'entouroit s'ouvrit subitement pour le laisser passer ; la vivacité de son action faisoit tant d'impression sur tout le monde, que personne n'eut l'idée de prononcer un mot pour l'arrêter.

Madame de Vernon, remarquant l'étonnement de la société, se hâta de dire que M. de Mondoville ne pouvoit supporter d'être l'objet de l'attention générale, et qu'il étoit très-timide, malgré les bonnes raisons qu'on pouvoit lui trouver de ne pas l'être. Chacun eut l'air de le croire ; et, chose étonnante, Matilde qui aime certainement son mari, fut la première à se tranquilliser complétement, et se mit à danser à la même place où Léonce l'avoit quittée.

Je sortis pour prendre l'air ; à l'extrémité

du jardin de madame de Vernon, je trouvai Léonce assis sur un banc, et profondément rêveur ; il me vit pourtant au moment où je me détournois pour ne pas le troubler ; et lui, qui jusqu'alors ne m'avoit jamais adressé la parole, vint à moi, et me dit : — Madame de R., la dernière fois que je vous ai vue, vous étiez avec madame d'Albémar : vous en souvenez-vous ? — Oui, sûrement, lui répondis-je, je ne l'oublierai jamais. — Eh bien ! dit-il alors, asseyez-vous sur ce banc avec moi ; cela vous fera-t-il de la peine de quitter le bal ? — Non, je vous assure, lui répétai-je plusieurs fois. — Mais lorsque nous fûmes assis, il garda le silence et n'eut plus l'air de se souvenir que c'étoit lui qui vouloit me parler. J'éprouvois un embarras qui ne me convient plus, et je me hâtai d'en sortir par mes anciennes manières étourdies et coquettes ; car c'est une coquetterie que de parler à un homme de ses sentimens, même pour une autre femme. — Que vous est-il donc arrivé, lui dis-je, en mon absence ? Je croyois avoir remarqué que madame d'Albémar vous aimoit, que vous aimiez madame d'Albémar ; je vais passer un mois à la campagne, je reviens, tout est changé : une aventure cruelle fait un bruit épouvantable ; madame d'Albémar, dit-on, doit épouser M. de Serbellane, je vous retrouve l'époux de Matilde, et cependant vous êtes triste; madame d'Albémar ne part point, et ne voit plus personne; qu'est-ce que cela signifie? — Léonce reprit l'air de réserve qu'il avoit un moment perdu, et me dit assez froidement : — Madame d'Albémar sera sans doute très-heureuse dans le choix qu'elle a fait de M. de Serbellane. — On ne m'ôtera pas de l'esprit, repartis-je, qu'elle vous préfère à tout; mais il est inutile de vous en parler à présent que vous êtes marié; ainsi donc, adieu. — Je me levois pour m'en aller; Léonce me retint par ma robe, et me dit : — Vous êtes bonne, quoiqu'un peu légère; vous n'avez pas voulu me faire de la peine, expliquez-vous davantage. — Je ne sais rien, repris-je, je vous assure; je me souviens seulement d'avoir vu madame d'Albémar traverser ici la salle du bal, un soir où vous étiez prêt à vous trouver mal après avoir dansé avec elle. L'émotion qui la trahissoit ce jour-là ne peut appartenir qu'à un sentiment vrai, pur, abandonné, tel qu'on l'éprouve, ajoutai-je en soupirant, quand d'illusions en illusions on n'a pas flétri son cœur: il se peut qu'elle ait eu des engagemens antérieurs avec M. de Serbellane; mais je suis convaincue qu'elle ne l'épousera pas, parce qu'elle vous aime, et qu'elle a rompu ses liens avec lui à cause de vous.

— Léonce parut frappé de ce que je venois de lui dire. Madame de Vernon étant venue nous rejoindre, je rentrai dans le salon, et ne parlai plus à M. de Mondoville de la soirée, qu'un moment lorsque je m'en allois, et qu'il venoit d'avoir un assez long entretien seul avec sa belle-mère. — N'écoutez pas trop madame de Vernon, lui dis-je tout bas; je me méfie beaucoup, même de son amitié pour madame d'Albémar; elle est bien fine, madame de Vernon; elle n'est point dévote, elle n'a guère de principes sur rien, elle a beaucoup d'esprit, elle n'a point aimé son mari, et cependant elle n'a jamais eu d'amant. Défiez-vous de ces caractères-là, il faut que leur activité s'exerce de quelque manière. Croyez-moi, les pauvres femmes qui, comme moi, se sont fait beaucoup de mal à elles-mêmes, ont été bien moins occupées d'en faire aux autres. — Hélas! me répondit Léonce, en me donnant la main pour me reconduire jusqu'à ma voiture, il y a peut-être une vie dont le sort a été décidé par ce que vous dites si gaîment.

Madame de Mondoville sortoit en même temps que moi; elle exprima son mécontenttement d'une manière très-visible de la politesse que me faisoit Léonce; ce n'étoit pas la jalousie qui l'irritoit: votre pauvre nièce ne passera jamais pour attirer l'attention de Léonce; mais madame de Mondoville, avant son mariage comme depuis, n'a jamais manqué d'exercer sur moi toute la rigueur de sa pruderie; je le mérite peut-être, mais que la charmante Delphine, aussi pure que Matilde, et mille fois plus aimable, sait mieux trouver l'art de faire aimer la vertu!

Adieu ma chère tante; revenez, revenez vite, je puis vous promettre avec certitude, que désormais je contribuerai tous les jours plus à votre bonheur.

Cécile de R.

LETTRE XVIII.

Léonce à M. Barton.

Paris, ce 15 septembre.

Enfin, je suis décidé, mon cher maître, sur le parti que je dois prendre; je verrai madame d'Albémar avant d'aller en Espagne: une femme à qui je n'aurois pas permis dans le temps heureux de ma vie, de prononcer le nom de Delphine, madame de R., m'a expliqué, je le crois, les contradictions qui m'étonnoient dans la conduite de madame d'Albémar. Avant mon arrivée, elle avoit contracté des engagemens avec M. de Serbellane; mais il est vrai que depuis elle m'a aimé, et peut-être l'est-il aussi que ce sentiment a blessé M. de Serbellane, et qu'ils sont maintenant brouillés. Le séjour de madame d'Albémar à Bellerive, son trouble, son embarras en me voyant, tout peut se comprendre, si, en effet, elle se reproche de n'avoir pas été vraie avec moi.

Je ne puis plus avoir pour elle cet enthousiasme sans bornes, qui me la représentoit comme une créature sublime; mais n'est-il pas simple que si elle a sacrifié ses liens avec M. de Serbellane à son attachement pour moi, j'éprouve encore pour elle un attendrissement profond? Cependant... ne me connoissoit-elle pas lorsque son amant a passé vingt-quatre heures chez elle? Oh! pensée de l'enfer! écartons-la s'il est possible; je veux revoir Delphine, c'est un ange tombé, mais il lui reste encore quelque chose de son origine.

Je lui dois, d'ailleurs, quelques excuses avant de la quitter pour toujours; elle a peut-être souffert quand elle m'a su l'époux de Matilde; c'étoit une action dure de me marier, de rompre avec elle, sans l'informer même par un mot de mon dessein.

Madame de Vernon m'a fortement pressé hier encore d'aller en Espagne; elle craint, je crois, que je ne lui fasse des reproches sur ses pertes continuelles au jeu : son inquiétude est mal fondée ; c'est le moment d'avoir des torts avec moi ; je ne me souviens de rien, je suis insensible à tout : mais pourquoi madame de Vernon ne m'a-t-elle jamais dit que Delphine m'avoit aimé, qu'elle désiroit pouvoir rompre avec son premier choix? Madame de Vernon avoit-elle peur qu'après tout ce qui s'étoit passé, je consentisse à remplacer M. de Serbellane? c'étoit bien peu me connoître! mais elle ne devoit pas se refuser à me donner un sentiment doux quand j'étois irrité, dévoré ; quand un mot qui m'eût laissé respirer, m'auroit fait plus de bien qu'une goutte d'eau dans le désert.

Le soulagement dont j'ai besoin, je le trouverai peut-être dans une conversation de quelques heures avec madame d'Albémar. Je suis donc résolu de lui écrire pour lui demander de me recevoir à Bellerive. Ce n'est point à Paris, c'est dans la solitude que je veux lui parler ; elle y retournera demain, ma lettre lui sera remise après-demain, à son réveil.

Vous n'avez rien à redouter pour mes devoirs, de cette explication, mon cher maître; j'apprendrois que Delphine m'aime encore, que mes résolutions ne seroient point changées; elle ne peut plus se montrer à moi telle que je la croyois, et l'idée parfaite que j'avois d'elle pourroit seule décider de mon sort. Si, comme je l'espère, madame d'Albémar consent à me recevoir, si elle me montre quelques regrets, je saurai me tracer un plan de vie triste, mais calme. Je partirai pour l'Espagne, j'y resterai quelques années, dussé-je y faire venir madame de Mondoville. Je veux quitter la France après avoir vu madame d'Albémar; nous nous séparerons sans amertume; je pourrai supporter mon sort; mes regrets ne finiront point, mais la plupart des hommes ne vivent-ils pas avec un sentiment pénible au fond du cœur?

Enfin ne me blâmez pas, j'ose vous le répéter, ne me blâmez pas; on doit permettre aux caractères passionnés, de chercher une situation d'âme quelconque, qui leur rende l'existence tolérable. Pensez-vous que je puisse vivre plus long-temps dans l'état où je suis depuis deux mois? Il me faut une autre impression, fût-ce une autre douleur, il me la faut! Vous me connoissez de la force, de la fermeté; je sais souffrir; eh bien! je vous le dis, je succombois, et ce cri de miséricorde ne m'échappe qu'après les combats les plus violens que le caractère et le sentiment, la raison et la souffrance, se soient jamais livrés.

LETTRE XIX.

M. de Serbellane à madame d'Albémar. (1)

Lisbonne, ce 4 septembre 1790.

JE viens vous demander, madame, le plus éminent service, le seul qui puisse détourner l'irréparable malheur dont je suis menacé.

Thérèse, après avoir assuré le sort de sa fille, en passant quelques mois dans ses terres près de Bordeaux, veut obtenir de la famille de son mari, la permission de vous confier l'éducation d'Isore, et tranquille alors sur le sort de cet enfant, elle est résolue à se faire religieuse dans un couvent, dont le père Antoine, son confesseur actuel, a la direction : ainsi mourroit au monde et à moi, la meilleure et la plus charmante créature que le ciel ait jamais formée. Le Dieu que Thérèse adore

---

(1) Cette lettre fut remise le 16 septembre au soir à madame d'Albémar.

seroit-il un Dieu de bonté, s'il lui commandoit un tel supplice !

Les coutumes barbares des sociétés civilisées ont fait de Thérèse, à quatorze ans, l'épouse d'un homme indigne d'elle ; la nature, en faisant naître M. d'Ervins vingt-cinq ans avant Thérèse, sembloit avoir pris soin de les séparer ; les indignes calculs d'une famille insensible les ont réunis, et Thérèse seroit coupable de m'avoir choisi pour le compagnon de sa vie !

Il est impossible, je le sens, qu'au milieu du monde elle porte le nom de mon épouse ; il faut respecter la morale publique qui le défend : elle est souvent inconséquente, cette morale, soit dans ses austérités, soit dans ses indulgences ; néanmoins telle qu'elle est, il ne faut pas la braver, car elle tient à quelques vertus dans l'opinion de ceux qui l'adoptent. Mais quel devoir, quel sentiment peut empêcher Thérèse de changer de nom, et d'aller en Amérique m'épouser et s'établir avec moi ? Vous trouverez ce projet bien romanesque pour le caractère que vous me connoissez ; il m'est inspiré par un sentiment honnête et réfléchi. J'ai fait imprudemment le malheur d'une innocente personne ; je dois lui consacrer ma vie, quand cette vie peut lui faire quelque bien. D'ailleurs si la disposition de mon âme me rend peu capable de passions très-vives, elle me rend aussi les sacrifices plus faciles. L'Europe, l'Amérique, tous les pays du monde me sont égaux. Quand une fois on connoît bien les hommes, aucune préférence vive n'est possible pour telle ou telle nation, et l'habitude qui supplée à la préférence n'existe pas en moi, puisque j'ai constamment voyagé; peut-être même est-il assez doux, lorsque l'on n'est point poursuivi par les remords, de rompre tous ces rapports que la durée de la vie vous a fait contracter avec les hommes, de s'affranchir ainsi de cette foule de souvenirs pénibles qui oppressent l'âme, et souvent arrètent ses élans les plus généreux; je me replacerai au milieu de la nature avec un être aimable qui partagera toutes mes impressions. J'essaierai sur cette terre ce qu'est peut-être la vie à venir, l'oubli de tout, hors le sentiment et la vertu.

Thérèse est beaucoup plus digne qu'aucune autre femme de la destinée que je lui propose; en s'enfermant dans un couvent pendant le reste de ses jours, elle exerce plus de courage pour le malheur, que je ne lui en demande pour le bonheur. Un principe de devoir fortifié par la religion, peut seul, j'en suis sûr, la déterminer à se sacrifier ainsi ; mais en quoi consiste-t-il donc ce devoir, à quelle expiation est-elle obligée ? Quel bien peut-il résulter pour les morts comme pour les vivans, du malheur qu'elle veut subir ? Si elle se croit des torts, ne vaut-il pas mieux les réparer par des vertus actives ? Nous emploierons en Amérique la fortune que je possède à des établissemens utiles, à une bienfaisance éclairée : Thérèse n'aura pas rempli, j'en conviens, les devoirs que les hommes lui avoient imposés ; mais ceux qu'elle a choisis, mais ceux que son cœur lui permettoit d'accomplir, elle y sera fidèle.

Il faut que je la voie ; c'est le seul moyen qui me reste pour la faire renoncer à sa cruelle résolution ; toute autre tentative seroit vaine : mes lettres n'ont rien produit, le spectacle seul de ma douleur peut la toucher. Obtenez-moi donc, madame, un sauf-conduit pour passer quinze jours en France. L'envoyé de Toscane le demandera, si vous le désirez ; je voulois arriver sans toutes ces précautions misérables, mais j'ai craint pour Thérèse l'éclat que pourroit avoir mon emprisonnement, si la famille de M. d'Ervins l'obtenoit. Je ne doute pas que l'intention de cette famille ne soit de persécuter Thérèse ; mais ce ne sont point de semblables motifs qui pourront l'engager à me croire; il n'y a que ma peine qui puisse agir sur elle, et jamais il n'en exista de plus profonde.

Depuis qu'une expérience rapide m'a donné de bonne heure les qualités des vieillards, en me décourageant, comme eux, de l'espérance, je ne fatiguois plus le ciel par la diversité des vœux d'un jeune homme; je ne lui demandois qu'une grâce, c'étoit de n'avoir jamais à me reprocher le malheur d'un autre; car le remords est la seule douleur de l'âme, que le temps et la réflexion n'adoucissent pas. Elle va me poursuivre, cette douleur; c'est en vain que j'avois émoussé la vivacité de tous mes sentimens; la raison aura détruit mon illusion sur les plaisirs, sans adoucir l'âpreté de mes chagrins.

L'image de cette douce, de cette angélique Thérèse, immolant sa jeunesse, ensevelissant elle-même sa destinée, cette image enveloppée des voiles de la mort, me poursuivra jusqu'au tombeau. Vous, madame, qui avez le génie de la bonté, la passion du bien, et tout l'esprit des anges, secourez-moi.

Je vous envoie un ami fidèle qui, après vous avoir remis cette lettre et reçu votre réponse, doit revenir sur les frontières de France, où je l'attendrai. C'est à lui seul que vous voudrez bien donner le sauf-conduit que je désire si ardemment : vous l'obtiendrez, car jamais rien n'a pu être refusé à vos prières, et vous sauverez Thérèse et moi d'un malheur, d'un supplice éternel. Adieu, madame ; je me confie à votre bonté, elle ne trompera point mon espoir.

Ch. de Serbellane.

P. S. Il importe que madame d'Ervins ne sache pas que mon intention est de revenir en France.

LETTRE XX.

Léonce à Delphine.

Paris, ce 17 septembre.

Les nouveaux devoirs que j'ai contractés doivent désormais me rendre étranger à votre avenir : cependant ne me refusez pas de le connoître ; permettez-moi de m'entretenir quelques instans seul avec vous, à l'heure que vous voudrez bien m'indiquer. Je pars pour l'Espagne après vous avoir vue : cette grâce que je vous demande, sera sans doute le dernier rapport que vous aurez jamais avec ma triste vie. Je ne devrois plus conserver aucun doute sur vos torts envers vous-même, comme envers moi ; cependant si vous aviez des chagrins, si je pouvois vous pardonner, je partirois plus calme, et peut-être moins malheureux.

LÉONCE.

LETTRE XXI.

Delphine à Léonce.

Ce 17 septembre.

ME *pardonner !* Je vous verrai, monsieur ; quoique votre billet ne mérite peut-être pas cette réponse, j'ai besoin, pour ma propre dignité, d'une explication avec vous. Je dois consacrer ce jour tout entier à des devoirs d'amitié que vous ne m'apprendrez point à négliger ; mais demain, choisissez l'instant que vous préférerez ; je vous forcerai, je l'espère, à me rendre toute l'estime que vous me devez ; c'est dans ce but seul que je consens à vous entretenir. Je ne puis concevoir ce que vous voulez me demander sur mon avenir, il vous est facile de le deviner ; je vais passer le reste de mes jours avec ma belle-sœur, et je n'ai plus dans ce monde, où ma confiance a été trompée, ni un intérêt, ni un espoir de bonheur.

Delphine.

LETTRE XXII.

Delphine à mademoiselle d'Albémar.

Ce 17 septembre au soir.

Léonce m'a écrit pour me demander de me voir, je n'ai point hésité à y consentir ; je dirai plus, j'ai regardé comme une faveur du ciel l'occasion qui m'étoit offerte de connoître enfin les torts dont il m'accuse, et d'y répondre avec vérité, peut-être avec hauteur.

Ne vous livrez, ma sœur, à aucune inquiétude, en apprenant que je n'ai pas cédé à vos conseils ; Léonce n'est point à craindre pour moi, quels que soient les sentimens qu'il m'exprime ; s'il vouloit faire renaître dans mon âme la passion qui m'attachoit à lui ; s'il vouloit me rendre méprisable par cet amour même dont il auroit pu faire ma gloire et son bonheur....

— Non, Léonce, non, celle que vous n'avez pas jugée digne d'être votre femme n'accepteroit pas vos regrets, si vous en éprouviez ; je ne suis pas comme vous, impitoyable envers des torts de convenance, des fautes apparentes, des actions condamnées par la société, mais que le cœur justifie; je vous montrerai que la véritable vertu a d'autant plus de force sur mon âme, que j'abjure tout autre empire. Cette Delphine que vous croyez si foible, si entraînée, sera courageuse et ferme contre l'affection la plus passionnée de son cœur, contre vous; — oui, je le serai, ma sœur, quoique je donnasse ma vie pour obtenir encore une heure, pendant laquelle je pusse me persuader qu'il m'aime, et qu'il n'est pas l'époux de Matilde.

C'est demain que Léonce doit venir! j'ai eu la force de m'occuper encore aujourd'hui de faire avoir à M. de Serbellane un sauf-conduit pour rentrer en France; il m'avoit écrit pour m'en conjurer, et j'ai trouvé son désir bon et raisonnable; car je crois comme lui qu'il n'existe aucun autre moyen d'empêcher Thérèse de se faire religieuse. Elle ne m'a point encore confié cette funeste résolution; mais M. de Serbellane m'a mandé qu'il la sait d'elle, et toutes mes observations me confirment ce qu'il m'écrit. J'ai donc été à Paris ce matin pour voir l'envoyé de Toscane; il étoit absent, mais comme il doit passer la soirée chez madame de Vernon, je l'ai priée de lui remettre une lettre de moi qui contient ma demande pour M. de Serbellane, et de l'appuyer en la lui donnant. Madame de Vernon réussira tout aussi bien que moi dans cette affaire; et troublée comme je le suis, il m'étoit impossible de paroître au milieu du monde.

Je suis donc revenue ce soir même à Bellerive; il est déjà tard, le jour qui précède demain va finir; l'agitation de mon cœur est violente, et cependant je n'ai pas d'incertitude; il ne peut m'arriver rien de nouveau que plus ou moins de douleur dans un adieu sans espoir. Ma sœur, du haut du ciel, votre frère, mon protecteur, veille sur moi; il ne souffrira pas que Delphine infortunée, mais pure, mais irréprochable, déshonore ses soins, ses bontés, son affection, en se permettant des sentimens coupables! Je ne sais ce que j'éprouve maintenant dans cette émotion de l'attente, qui suspend toutes les puissances de l'âme; mais quand Léonce sera venu, mon âme se relèvera, et dût la vertu m'ordonner de le voir demain pour la dernière fois de ma vie, Louise, j'obéirai.

LETTRE XXIII.

Delphine à mademoiselle d'Albémar.

Ce 18 septembre, à minuit.

J'avois tort, ma sœur, véritablement tort de m'occuper de la conduite que je tiendrois avec M. de Mondoville ; il se préparoit à m'en épargner le soin ; il ne vouloit sans doute que m'éprouver, savoir si je serois assez foible pour consentir à le revoir ; il se jouoit de mon cœur avec insulte : il est parti la nuit dernière pour l'Espagne ; la nuit dernière, et c'étoit aujourd'hui.... Ah ! c'en est trop, toute mon âme est changée ; je vous parlerai de lui avec sang-froid, avec dédain ; ce départ est mille fois plus coupable que son mariage ! aucune erreur, de quelque nature qu'elle soit, ne peut l'expliquer ! c'est de la barbarie froide, légère ; je ne retrouve pas même ses défauts dans cette conduite ; je me suis trompée, j'ai mis une illusion, la plus noble, la plus séduisante de toutes, à la place de son caractère ; eh bien ! renonçons à cette illusion comme à toutes celles dont le cœur est avide ; il faut, tant qu'il est ordonné de vivre, repousser les affections qui rattachent à l'idée du bonheur : dès qu'elles le promettent, elles trompent. Adieu, Louise; je n'ai que des sentimens amers, je répugne à les exprimer; adieu.

LETTRE XXIV.

Delphine à mademoiselle d'Albémar.

Ce 21 septembre.

Je n'ai pas eu depuis deux jours la force de vous écrire; je craindrois cependant qu'un plus long silence ne vous inquiétât, je ne veux pas le prolonger; mais que puis-je dire maintenant? rien, plus rien du tout; il n'y a pas même dans ma vie de la douleur à confier. J'ai du dégoût de moi puisque je ne peux plus penser à lui; il n'y a rien dans mon âme, rien dans mon esprit qui m'intéresse. Je ne pars pas immédiatement, parce que Thérèse reste encore quelque temps chez moi, et que madame de Vernon est malade, peut-être ruinée; je veux la consoler et réparer ainsi mes injustes soupçons contre elle. J'ai encore en ma puissance de la fortune et des soins, je veux faire de ce qui me reste du bien à quelqu'un, et, s'il se peut, surtout à madame de Vernon. Je m'étonne que je puisse servir à quoi que ce soit dans ce monde, mais enfin si je le puis, je le dois.

Je veux tâcher d'engager madame de Vernon à venir avec moi dans les provinces méridionales; ce voyage est nécessaire à l'état menaçant de sa poitrine. Si elle a dérangé sa fortune, je lui offrirai les services que je peux lui rendre, mais je ne lui donnerai point de conseils sur la conduite qu'elle doit tenir désormais; hélas! sais-je juger, sais-je découvrir la vérité! sur quoi pourroit-on s'en rapporter à moi, quand je ne puis me guider moi-même! ma tête est exaltée; je n'observe point, je crois voir ce que j'imagine; mon cœur est sensible, mais il se donne à qui veut le déchirer. Je vous le dis, Louise, je ne suis plus rien qu'un être assez bon, mais qu'il faut diriger, et dont surtout il ne faut jamais parler à personne au monde, comme d'une femme distinguée sous quelque rapport que ce soit.

J'ai pourtant encore une sorte de besoin de vous raconter les dernières heures dont je gardai l'idée, celles qui ont terminé l'histoire de ma vie; je ne veux pas que vous ignoriez ce que j'ai encore éprouvé pendant que j'existois : seulement ne me répondez pas sur ce sujet, ne me parlez que de vous, et de ce que je peux faire pour vous; ne me dites rien de moi : il n'y a plus de Delphine, puisqu'il n'y a plus de Léonce! crainte, espoir, tout s'est évanoui avec mon estime pour lui; le monde et mon cœur sont vides.

Il faut l'avouer pour m'en punir, le jour où je l'attendois, il m'étoit plus cher que dans aucun autre moment de ma vie. Depuis l'instant où le soleil se leva, quel intérêt je mis à chaque heure qui s'écouloit! de combien de manières je calculai quand il étoit vraisemblable qu'il viendroit! d'abord il me parut qu'il devoit arriver à l'heure qu'il supposoit celle de mon réveil, afin d'être certain de me trouver seule. Quand cette heure fut passée, je pensai que j'avois eu tort d'imaginer qu'il la choisiroit, et je comptai sur lui entre midi et trois heures; à chaque bruit que j'entendois, je combinois par mille raisons minutieuses s'il viendroit à cheval ou en voiture. Je n'allai pas chez Thérèse, je n'ouvris pas un livre, je ne me promenai pas, je restai à la place d'où l'on voyoit le chemin. L'horloge du village de Bellerive ne sonne que toutes les demi-heures; j'avois ma montre devant moi, et je la regardois quand mes yeux pouvoient quitter la fenêtre. Quelquefois je me fixois à moi-même un espace de temps que je me promettois de consacrer à me distraire; ce temps étoit précisément celui pendant lequel mon âme étoit le plus violemment agitée.

Ce que j'éprouvai peut-être de plus pénible dans cette attente, ce fut l'instant où le soleil se coucha ; je l'avois vu se lever lorsque mon cœur étoit ému par la plus douce espérance ; il me sembloit qu'en disparoissant, il m'enlevoit tous les sentimens dont j'avois été remplie à son aspect. Cependant, à cette heure de découragement succéda bientôt une idée qui me ranima ; je m'étonnai de n'avoir pas songé que c'étoit le soir que Léonce choisiroit pour s'entretenir plus long-temps avec moi, et je retombai dans cet état, le plus cruel de tous, où l'espoir même fait presque autant de mal que l'inquiétude. L'obscurité ne me permettoit plus de distinguer de loin les objets ; j'en étois réduite à quelques bruits rares dans la campagne, et plus la nuit approchoit, plus ma souffrance étoit uniforme et pesante ; combien je regrettois le jour, ce jour même dont toutes les heures m'avoient été si pénibles !

Enfin, j'entends une voiture, elle s'approche, elle arrive, je ne doute plus ; j'entends monter mon escalier, je n'ose avancer ; mes gens ouvrent les deux battans, apportent des lumières, et je vois entrer madame de Mondoville et madame de Vernon ! Non, vous ne pouvez pas vous peindre ce qu'on éprouve, lorsque après le supplice de l'attente, on passe par toutes les sensations qui en font espérer la fin, et que, trompé tout à coup, on se voit rejeté en arrière, mille fois plus désespéré qu'avant le soulagement passager qu'on vient d'éprouver.

Je n'avois pas la force de me soutenir; l'idée me vint que Léonce alloit arriver, qu'il s'en iroit en apprenant que je n'étois pas seule, et que je ne retrouverois peut-être jamais l'occasion de lui parler. Je reçus madame de Mondoville et sa mère avec une distraction inouïe; je me levai, je me rassis, je me relevai pour sonner, je demandai du thé, et craignant tout à coup que cet établissement ne les retînt, je leur dis : — Mais vous voulez peut-être retourner à Paris ce soir? — Elles arrivoient, rien n'étoit plus absurde; mais je ne pouvois supporter la contrariété que leur présence me faisoit éprouver.

Madame de Vernon s'approchoit de moi pour me prendre à part avec l'attention la plus aimable, lorsque madame de Mondoville la prévint et me dit : — J'ai voulu accompagner ma mère ici ce soir; son intention étoit de venir seule, mais j'avois besoin de votre société, pour me distraire du chagrin que j'ai éprouvé ce matin, en apprenant que mon mari avoit été obligé de partir cette nuit pour l'Espagne. —A ces mots, un nuage couvrit mes yeux, et je ne vis plus rien autour de moi. Madame de Mondoville se seroit aperçue de mon état, si sa mère, avec cette promptitude et cette présence d'esprit qui n'appartiennent qu'à elle, ne se fût placée entre sa fille et moi, comme je retombois sur ma chaise, et ne l'eût priée très-instamment d'aller dire à un de ses gens de lui apporter une lettre qu'elle avoit oubliée dans sa voiture.

Pendant que Matilde étoit sortie, madame de Vernon me porta presque entre ses bras dans la chambre à côté, et me dit : — Attendez-moi, je vais vous rejoindre. — Elle alla conseiller à sa fille de monter dans la chambre qui lui étoit destinée, et lui dit que j'avois besoin de repos ; sa fille ne demanda pas mieux que de se retirer, et ne conçut pas le moindre soupçon de ce qui se passoit. Madame de Vernon revint ; j'avois à peine repris mes sens, et lorsqu'elle s'approcha de moi, oubliant entièrement les soupçons que j'avois conçus, je me jetai dans ses bras avec la confiance la plus absolue ; ah ! j'avois tant de besoin d'une amie ! je l'aurois forcée à l'être, quand son cœur n'y auroit pas été disposé.

Combien de fois lui répétai-je avec déchirement : — Il est parti, Sophie, quand il devoit me voir, aujourd'hui même ; quelle insulte ! quel mépris ! — J'avouai tout à madame de Vernon, elle avoit tout deviné ; elle me fit sentir avec une grande délicatesse, quoique avec une parfaite évidence, à quel point j'avois eu tort de me défier d'elle. — Ne voyez-vous pas, me dit-elle, combien un homme qui se conduit ainsi avoit de préventions contre vous ! vous avez cru qu'il étoit jaloux de M. de Serbellane ; pouvoit-il l'être après la confidence que je lui avois faite de votre part ? le dernier billet même que vous lui avez écrit, où vous lui annoncez, me dites-vous, votre résolution de rester en Languedoc, ce billet ne détruisoit-il pas tout ce qu'on a répandu sur votre prétendu voyage en Portugal ? non, je vous le dis, c'est un homme qui a conservé du goût pour vous, ce qui est bien naturel, mais qui ne veut pas s'y livrer, parce que votre caractère ne lui convient pas ; et quand son goût l'entraîne, il prend des partis décisifs pour s'y arracher. Il n'y a rien de plus violent que Léonce ; vous le savez, sa conduite le prouve ; il s'en est allé cette nuit sans me prévenir ; il a instruit seulement sa femme par un billet assez froid, qu'une lettre de sa mère le forçoit à partir à l'instant, et j'ai su positivement par ses gens qu'il n'avoit point reçu de lettres d'Espagne; c'étoit donc vous qu'il évitoit : cette crainte même est une preuve qu'il redoute votre ascendant, mais jamais il ne s'y soumettra, quand votre délicatesse pourroit vous permettre à présent de le désirer.

— Je voulus me justifier auprès de madame de Vernon de la moindre pensée qui pût offenser Matilde; mais cette généreuse amie s'indigna que je crusse cette explication nécessaire; elle me témoigna la plus parfaite estime; l'embarras que je remarque quelquefois en elle étoit entièrement dissipé, et du moins, à travers ma douleur, j'acquis plus de certitude que jamais, qu'elle m'aimoit avec tendresse. Hélas! sa santé est bien mauvaise, les veilles ont abîmé sa poitrine. J'ai voulu l'engager à parler d'elle, de ses affaires, de ses projets, mais elle ramenoit sans cesse la conversation sur moi, avec cette grâce qui lui est propre; ne se lassant pas de m'interroger, cherchant, découvrant toutes les nuances de mes sentimens, réussissant quelquefois à me soulager, et n'oubliant rien de tout ce que l'on pouvoit dire sur mes peines : enfin sans elle, je ne sais si j'aurois supporté cette dernière douleur. Ce que je ressentois étoit amer et humiliant ; Sophie m'a relevée à mes propres yeux ; elle a su adoucir mes impressions, et me préserver du moins d'une irritation, d'un ressentiment qui auroit dénaturé mon caractère.

Louise, vous n'étiez pas auprès de moi, il a bien fallu qu'une autre me secourût ; mais dès que Thérèse m'aura quittée, dans un mois, je viendrai, je m'abandonnerai à vous, et si je ne puis vivre, vous me le pardonnerez.

LETTRE XXV.
Léonce à M. Barton.

Bordeaux, 23 septembre.

L'AURIEZ-VOUS cru, que ce seroit de cette ville que vous recevriez ma première lettre ? Je devois la voir, et je suis parti ; je suis venu sans m'arrêter jusqu'ici ; je comptois aller de même, jusqu'à ce que j'eusse rencontré cet homme insolemment heureux, que l'on fait revenir en France ; la fièvre m'a pris avec tant de violence, qu'il faut bien suspendre mon voyage ; mais M. de Serbellane passe par ici, je le sais ; il a mandé qu'il y viendroit, il est peut-être plus sûr de l'y attendre.

Oui, je suis parti, lorsqu'elle avoit consenti à me voir, lorsqu'elle avoit, sans doute, préparé quelques ruses pour me tromper; je suis parti sans regrets, mais avec un sentiment d'indignation qui a changé totalement ma disposition pour elle. Mon ami, lisez bien ces mots qui m'étonnent plus que vous-même en les traçant : *Madame d'Albémar n'a mérité ni votre estime ni mon amour.*

Quand elle me répondit qu'elle me recevroit, je n'osai pas vous l'écrire, mon cher maître; mais je ne pouvois contenir dans mon sein la joie que je ressentois; je me promenois dans ma chambre avec des transports dont je n'étois plus le maître : quelquefois cette vive émotion de bonheur m'oppressoit tellement, que je voulois la calmer en me rappelant tout ce qu'il y avoit de cruel dans ma situation, dans mes liens; mais il est des momens où l'âme repousse toute espèce de peines, et ces idées tristes qui, la veille, me pénétroient si profondément, glissoient alors sur mon cœur, comme s'il avoit été invulnérable.

Je m'étois enfermé ; un de mes gens frappa à ma porte; je tressaillis à ce bruit; tout évènement inattendu me faisoit peur; je redoutois même une lettre de madame d'Albémar; je craignois une émotion, fût-elle douce! On me remit un billet de madame de Vernon, qui me demandoit de venir la voir à l'instant, pour une affaire de famille importante; il fallut y aller; madame de Vernon me dit d'abord ce dont il s'agissoit, et je regrettai, je l'avoue, d'être venu pour un si foible intérêt; l'instant d'après elle prit à part l'envoyé de Toscane qui étoit chez elle, et me pria d'attendre un moment pour qu'elle pût me parler encore.

Je l'entendis qui lui disoit : — Voici la lettre de madame d'Albémar; appuyez auprès du ministre sa demande en faveur de M. de Serbellane. — A ce nom, je me levai, je m'approchai de madame de Vernon, malgré l'inconvenance de cette brusque interruption; elle continua de parler devant moi, et j'appris, juste ciel! j'appris que madame d'Albémar avoit été le matin même chez l'envoyé de Toscane, pour obtenir, par son crédit, un sauf-conduit qui permît à M. de Serbellane de revenir en France, malgré son duel. N'ayant point trouvé l'envoyé de Toscane, elle lui écrivoit pour lui renouveler cette demande; elle en chargeoit madame de Vernon. J'ai vu l'écriture de madame d'Albémar; elle a obtenu ce qu'elle désiroit, et dans quinze jours M. de Serbellane doit être en France; oui, il y sera ; mais il m'y trouvera ; je le forcerai bien à me donner un prétexte de vengeance.

Mon parti fut pris tout à coup; je résolus d'aller au-devant de M. de Serbellane, et de partir sans délai. Si j'étois resté un seul jour, je n'aurois pu résister au besoin de voir madame d'Albémar, pour l'accabler des reproches les plus insultans, et c'étoit encore lui accorder une sorte de triomphe ; mais ce départ, à l'instant même où son billet foible et trompeur me donne la permission de la voir, ce départ, sans un mot d'excuse ni de souvenir, l'aura, je l'espère, offensée.

J'ai écrit à madame de Mondoville, pour lui donner un prétexte quelconque de mon voyage ; je n'ai voulu dire adieu à personne ; mes gens, en recevant mes ordres pour mon départ, me regardoient avec étonnement ; je me croyois calme, et sans doute quelque chose trahissoit en moi l'état où j'étois. Si j'avois vu quelqu'un, mon agitation eût été remarquée; peut-être Delphine l'auroit-elle apprise ! il faut qu'elle me croye dédaigneux et tranquille, c'est tout ce que je désire : si je mourois du mal qui me consume, mon ami, jamais vous ne lui diriez que c'est elle qui me tue ; j'en exige votre serment ; je me sentirois une sorte de rage contre ma fièvre, si je pensois qu'elle pût l'attribuer à l'amour.

J'ai voulu m'éloigner aussi de madame de Vernon ; je la hais ; c'est injuste, je le sais ; mais enfin, toutes les peines que j'ai éprouvées, c'est elle qui me les a annoncées ; depuis mon mariage même, chaque fois qu'une idée, une circonstance me faisoit du bien, le hasard amenoit de quelque manière cette femme pour me découvrir la vérité, j'en conviens, la vérité, mais celle qu'on ne peut entendre sans détester qui vous la dit. Ne combattez pas cette prévention, je la condamne ; mais que ne condamné-je pas en moi ! et je ne puis me vaincre sur rien ! Ah ! qu'il seroit heureux que je mourusse ! cependant ne craignez pas que M. de Serbellane me tue ; non, il n'est pas juste que tout lui réussisse ; il me semble que c'est assez des prospérités dont il a joui ; s'il met le pied en France, il en trouvera le terme.

LETTRE XXVI.

Delphine à mademoiselle d'Albémar.

Bellerive, 2 octobre.

Hé bien! Thérèse est inflexible ; hé bien ! celle à qui j'ai sacrifié tout le bonheur de ma vie, ne jouira pas un seul jour du funeste dévouement de ma trop facile amitié. Louise, le récit que je vais vous faire vous inspirera de la pitié pour Thérèse ; il m'en faut aussi pour moi. Ah! que de douleurs sur la terre ! où sont-ils les heureux ? en est-il parmi ceux qui seroient dignes du bonheur?

Depuis quelque temps, je voyois madame d'Ervins plus rarement; un prêtre d'un couvent voisin, d'un extérieur simple et respectable, passoit beaucoup d'heures seul avec elle ; moi-même, accablée de douleur, et craignant, si je confiois mes peines à Thérèse, de ne pouvoir lui cacher qu'elle en étoit la cause involontaire, je me résignois à son goût pour la retraite, et je ne voulois pas lui parler des projets que je lui connoissois. Je comptois sur l'arrivée de M. de Serbellane et sur ses prières pour l'y faire renoncer; mais le frère de M. d'Ervins étant venu à Paris, Thérèse eut hier matin un long entretien avec lui, et je me hâtai d'aller chez elle, quand il fut parti, pour en savoir le résultat.

J'ai retenu toutes les paroles de Thérèse, et je vous les transmettrai fidèlement. Qui pourroit oublier un langage si plein d'amour et de repentir? — J'ai apaisé le frère de M. d'Ervins, me dit-elle; maintenant qu'il sait ma résolution, il n'a plus de haine contre moi; cette résolution met la paix entre les ennemis; Dieu qui l'inspire la rend efficace; mais vous à qui je dois tant, vous qui avez peut-être fait pour moi plus de sacrifices que vous ne m'en avez avoué vous avez failli me perdre dans un mouvement de bonté; vous aviez encouragé M. de Serbellane à revenir; je l'ai appris à temps, j'ai pu le lui défendre; il sera instruit que s'il me voyoit, il ne pourroit me faire changer de dessein, mais qu'il renouvelleroit, par son retour, le courroux des parens de M. d'Ervins, et qu'il perdroit ma fille en déshonorant sa mère.

Je voulus l'interrompre, elle m'arrêta. — Demain, me dit-elle, venez me chercher en vous levant, nous nous promenerons ensemble; je vous dirai tout ce qui se passe en moi; je n'en ai pas la force ce soir; il me semble que quand la nuit est venue, la présence d'un Dieu protecteur se fait moins sentir, et j'ai besoin de son appui pour vous annoncer avec courage mes résolutions. A demain donc, avec le jour, avec le soleil.

Quand elle m'eut quittée, je réfléchis douloureusement sur les obstacles que sa ferveur religieuse opposeroit à mes efforts, et je plaignis le triste destin de deux nobles créatures, Thérèse et son ami. C'étoit moi, moi si malheureuse, qui devois essayer de soutenir le courage de madame d'Ervins, et mon cœur au désespoir étoit chargé de la consoler! Ah! combien souvent dans la vie cet exemple s'est présenté, et que d'infortunés ont encore trouvé l'art de secourir des infortunés comme eux !

J'entrai chez Thérèse de très-bonne heure, et je la trouvai tout habillée, priant dans son cabinet devant un crucifix qu'elle y a placé, et aux pieds duquel elle a déjà répandu bien des larmes. Elle se leva en me voyant, ouvrit son bureau, et me dit : — Tenez, voilà toutes les lettres de M. de Serbellane, que j'ai reçues depuis deux mois, je vous les remets avec son portrait; il ne vous est point ordonné à vous de les brûler, conservez-les pour qu'elles me survivent et que rien de lui ne périsse avant moi. — J'insistai pour qu'elle connût la lettre que m'avoit écrite M. de Serbellane; en la lisant, elle rougit et pâlit plusieurs fois. — Il m'a fait dans ses lettres, reprit-elle, l'offre dont il vous parle; il me l'a faite avec une expression bien plus vive, bien plus sensible encore, et cependant ma résolution est restée inébranlable. Descendons dans le jardin, je ne suis pas bien ici; l'air me donnera des forces, il m'en faut pour vous ouvrir encore une fois ce cœur qui doit se refermer pour toujours. — Je la suivis; ses cheveux noirs, son teint pâle, ses regards qui exprimoient alternativement l'amour et la dévotion, donnoient à son visage un caractère de beauté que je ne lui avois jamais vu. Nous nous assîmes sous quelques arbres encore verds; Thérèse alors, tournant vers l'horizon des regards vraiment inspirés, me dit:

« Ma chère Delphine, je vous le confie, en présence de ce soleil qui semble nous écouter au nom de son divin maître, l'objet de mon malheureux amour n'est point encore effacé de mon cœur. Avant qu'un prêtre vénérable eût accepté le serment que j'ai fait de me consacrer à Dieu, je lui ai demandé si, parmi les devoirs que j'allois m'imposer, il en étoit un qui m'interdît les souvenirs que je ne puis étouffer; il m'a répondu que le sacrifice de ma vie étoit le seul qui fût en ma puissance;

il m'a permis de mêler aux pleurs que je verserois sur mes fautes, le regret de n'avoir pas été la femme de celui qui me fut cher, et de n'avoir pu concilier ainsi l'amour et la vertu. Je ne craignois, dans l'état que je vais embrasser, que des luttes intérieures contre ma pensée ; dès qu'on n'exige que mes actions, je me voue avec bonheur à l'expiation de la mort de M. d'Ervins.

» M. de Serbellane m'offre de m'épouser et de passer le reste de sa vie en Amérique avec moi ; juste ciel ! avec quel transport je l'accepterois ! quel sentiment presque idolâtre n'éprouverois-je pas pour lui ! Mais le sang, la mort nous sépare, un spectre défend ma main de la sienne, et l'enfer s'est ouvert entre nous deux. Si je succombois, j'entraînerois ce que j'aime dans mon crime ; le malheureux ! il partageroit mon supplice éternel, et je n'obtiendrois pas de la Providence, comme des hommes, de ne condamner que moi seule. Mes pleurs et mon sacrifice serviront peut-être aussi sa cause dans le ciel. — Oui, s'écria-t-elle, d'une voix plus élevée ; oui, je prierai sans cesse ; et si mes prières touchent l'Être suprême, ô mon ami ! c'est toi qu'il sauvera. — Delphine, me dit-elle en m'embrassant, pardonnez, je ne puis parler de lui sans m'égarer, et je confonds ensemble et l'amour et le sentiment qui m'ordonne d'immoler l'amour. Mais ils m'ont dit que dans le temple, après de longs exercices de piété, mes idées deviendroient plus calmes; je les crois, ces bons prêtres, qui ont fait entendre à mon âme le seul langage qui l'ait consolée.

» Il m'eût été beaucoup plus difficile de vivre au milieu du monde, en renonçant à M. de Serbellane, que de lui prouver encore par la résolution que je prends, combien mon âme est profondément atteinte. Ce motif n'est pas digne de l'auguste état que j'embrasse; mais ne faut-il pas aider de toutes les manières la foiblesse de notre nature? et si je me sens plus de force pour revêtir les habits de la mort, en pensant que ce sacrifice obtiendra de lui des larmes plus tendres, pourquoi m'interdirois-je les idées qui me soutiennent, dans ce grand combat du cœur?

» Un seul devoir, un seul, pouvoit me retenir dans le monde; c'étoit l'éducation d'Isore. Ma chère Delphine, c'est vous qui m'avez tranquillisée sur cette inquiétude; je vous remettrai ma fille, la fille du malheureux dont j'ai causé la mort; vous êtes bien plus digne que moi de former son esprit et son âme; mon éducation négligée ne me permet pas de contribuer à son instruction, et mon cœur est trop troublé pour être jamais capable de fortifier son caractère contre le malheur. Elle a dix ans, et j'en ai vingt-six ; le spectacle de ma douleur agit déjà trop sur ses jeunes organes. Hélas! ma chère Delphine, vous n'êtes pas heureuse vous-même ; j'ai peut-être à jamais perdu votre destinée ; mais votre âme, plus habituée que la mienne à la réflexion, sait mieux contenir aux regards d'un enfant les sentimens qu'il faut lui laisser ignorer. L'étendue de votre esprit, la variété de vos connoissances vous permettent de vous occuper et d'occuper les autres de diverses idées. Pour moi, je vis et je meurs d'amour. Dans cette religion à laquelle je me livre, je ne comprends rien que son empire sur les peines du cœur, et je n'ai pas, dans ma foible et pauvre tête, une seule pensée qui ne soit née de l'amour.

» Hélas! le parti que je vais prendre affligera sans doute M. de Serbellane; peut-être auroit-il goûté quelque bonheur avec moi : ce sanglant hyménée ne lui inspiroit point d'horreur; et pendant quelques années du moins, il n'auroit point été troublé par l'attente d'une autre vie. Oh ! Delphine, il m'en acoûté long-temps pour lui causer cette peine; il me sembloit qu'un jour de la douleur d'un tel homme comptoit plus que toutes mes larmes : cependant une idée que l'orgueil auroit repoussée m'a soulagée enfin de la plus accablante de mes craintes. Je lui suis chère, il est vrai, mais c'est moi qui l'aime mille fois plus qu'il ne m'a jamais aimée ; une carrière, un but à venir lui reste ; il ne donnera jamais à personne, je le crois, cette tendresse première dont je faisois ma gloire, alors même qu'elle me coûtoit l'honneur et la vertu ; l'amour finit avec moi pour lui ; mais une existence forte, énergique, peut le remplir encore de généreuses espérances.

» Quant à moi, ma chère Delphine, puisqu'un devoir impérieux me sépare de lui, qu'est-ce donc que je sacrifie en me faisant religieuse? J'ai éprouvé la vie, elle m'a tout dit ; il ne me reste plus que de nouvelles larmes à joindre à celles que j'ai déjà répandues. Si je conservois ma liberté, je ne pourrois écarter de moi l'idée vague de la possibilité d'aller le rejoindre. J'aurois besoin chaque jour de lutter contre cette idée, avec toutes les forces de ma volonté ; jamais je n'obtiendrois le repos. Mon amie, croyez-moi, il n'est pour les femmes sur cette terre que deux asiles, l'amour et la religion ; je ne puis reposer ma tête dans les bras de l'homme que j'aime, j'appelle à mon secours un autre protecteur qui me soutiendra, quand je penche vers la terre, quand je voudrois déjà qu'elle me reçût dans son sein.

» Le malheur a ses ressources ; depuis un mois, je l'ai appris ; j'ai trouvé dans les impressions qu'autrefois je laissois échapper sans les recueillir, dans les merveilles de la nature, que je ne regardois pas, des secours, des consolations qui me feront trouver du calme dans l'état que je vais embrasser. Enfin, il me sera permis de rêver et de prier ; ce sont les jouissances les plus douces qui restent sur la terre aux âmes exilées de l'amour.

» Peut-être que, par une faveur spéciale, les femmes éprouvent d'avance les sentimens qui doivent être un jour le partage des élus du ciel ; mais si j'en crois mon cœur, elles ne peuvent exister de cette vie active, soutenue, occupée, qui fait aller le monde et les intérêts du monde ; il leur faut quelque chose d'exalté, d'enthousiaste, de surnaturel, qui porte déjà leur esprit dans les régions éthérées.

» J'ai confondu dans mon cœur l'amour avec la vertu, et ce sentiment étoit le seul qui pût me conduire au crime par une suite de mouvemens nobles et généreux; mais que le réveil de cette illusion est terrible! il a fallu, pour la faire cesser, que je devinsse l'assassin de l'homme que j'avois juré d'aimer. Oh! quel affreux souvenir! et quel seroit mon désespoir, si la religion ne m'avoit pas offert un sacrifice assez grand, pour me réconcilier avec moi-même!

» Il est fait, ce sacrifice, et Dieu m'a pardonné, je le sais, je le sens; mes remords sont apaisés, la mélancolie des âmes tendres et douces est rentrée dans mon cœur; je communique encore par elle avec l'Être suprême; et si dans un autre monde mon malheureux époux a perdu son irritable orgueil, s'il lit au fond des cœurs, lui-même aussi, lui-même aura pitié de moi. »

— Thérèse s'arrêta en prononçant ces dernières paroles, et retint quelques larmes qui remplissoient ses yeux. J'étois aussi profondément émue, et je rassemblois toutes mes pensées pour combattre le dessein de Thérèse; mais au fond de mon cœur, je vous l'avouerai, je ne le désapprouvois pas; je n'ai point les mêmes opinions qu'elle sur la religion; mais j'aimerois cette vie solitaire, enchaînée, régulière, qui doit calmer enfin les mouvemens désordonnés du cœur. Je voulus cependant épouvanter Thérèse, en lui peignant les regrets auxquels elle s'exposoit; mais elle m'arrêta tout à coup.

« Oh! que me direz-vous, mon amie, s'écria-t-elle, qu'il ne m'ait pas écrit! que mon amour, plus éloquent encore que lui, n'ait pas plaidé pour sa cause dans mon cœur! Ne parlons plus sur l'irrévocable, dit-elle en m'imposant doucement silence; mes sermens sont déjà déposés aux pieds du Tout-Puissant; il me reste à les faire entendre aux hommes; mais le lien éternel m'enchaîne déjà sans retour.

» Je ne vous ai point dit que je serois heureuse; il n'y avoit de bonheur sur la terre que quand je le voyois, quand il me parloit; sa voix seule ranimoit dans mon sein les jouissances vives de l'existence; mais je n'ai plus à craindre ces peines violentes où la vengeance divine imprime son redoutable pouvoir. Désormais étrangère à la vie, je la regarderai couler comme ce ruisseau qui passe devant nous, et dont le mouvement égal finit par nous communiquer une sorte de calme. Le souvenir de ma destinée agitera peut-être encore quelque temps ma solitude; mais enfin ils me l'ont promis, ce souvenir s'affoiblira, le retentissement lointain ne se fera plus entendre que confusément; c'est ainsi que je commencerai à mourir, et que je m'endormirai, bénie d'un Dieu clément, et chère peut-être encore à ceux qui m'ont aimée.

» Je pars aujourd'hui pour Bordeaux avec mon beau-frère, continua Thérèse, j'y resterai quelques mois. Je reviendrai chez vous, avant de prendre le voile, pour vous ramener Isore, et vous remettre tous mes droits sur elle. Je vous en conjure, ma chère Delphine, ne nous abandonnons plus à notre émotion ; je n'ai pu contenir mon âme en vous parlant aujourd'hui ; vous avez dû voir que Thérèse n'étoit pas encore devenue insensible, jamais elle ne le sera ; mais je dois tâcher de le paroître, pour recueillir quelque bien de la résolution que j'ai prise. Il faut se dominer, il faut ne plus exprimer ce qu'on éprouve, c'est ainsi qu'on peut étouffer, m'a-t-on dit, les sentimens dont la religion doit triompher. Ma chère Delphine, ma généreuse amie, retenez ce dernier accent, ce sont les adieux qui précèdent la mort, vous n'entendrez plus la voix qui sort du cœur ; adieu ! »

— Thérèse me quitta, je ne la suivis point ; je restai quelque temps seule, pour me livrer à mes larmes. Je sentis d'ailleurs que ce n'étoit pas au moment de son départ, que je pourrois produire aucune impression sur elle ;

et j'espérai davantage de mes lettres pendant son absence. Quand je rentrai, le frère de M. d'Ervins étoit arrivé; Thérèse fit les préparatifs de son voyage avec une singulière fermeté; Isore pleura beaucoup en me quittant; sa mère en descendant pour partir, détourna la tête plusieurs fois, afin de ne pas voir l'émotion de cette pauvre petite. Thérèse monta en voiture sans me dire un mot; mais en prenant sa main, je reconnus à son tremblement quelle douleur elle éprouvoit.

Thérèse! être si tendre et si doux, me répétai-je souvent quand elle fut partie, cette force que vous ne tenez pas de vous-même, vous soutiendra-t-elle constamment? ne sentirez-vous pas se refroidir en vous l'exaltation d'une religion qui a tant besoin d'enthousiasme? et ne perdrez-vous pas un jour cette foi du cœur, qui vous aveugle sur tout le reste?—Hélas! et moi qui me crois plus éclairée, que deviendrai-je? l'espérance d'une vie à venir, les principes qui m'ont été donnés par un être parfaitement bon, les idées religieuses, raisonnables et sensibles, ne me rendront-elles donc pas à moi-même? et l'amour ne peut-il être combattu que par des fantômes superstitieux qui remplissent notre âme de terreur? Louise, la douleur remet tout en doute, et l'on n'est contente d'aucune de ses facultés, d'aucune de ses opinions, quand on n'a pu s'en servir contre les peines de la vie.

LETTRE XXVII.

Delphine à mademoiselle d'Albémar.

Bellerive, ce 14 octobre.

Je vous prie, ma chère Louise, de remettre à M. de Clarimin ce billet, par lequel je me rends caution de soixante mille livres que madame de Vernon lui doit : obtenez de lui, je vous en conjure, qu'il cesse de la calomnier. Il est dans sa terre, à quelques lieues de vous, il vous sera facile de l'engager à venir vous parler. Dès que j'aurai reçu votre réponse, et que je pourrai tranquilliser madame de Vernon, les affaires qui la retiennent ici seront terminées, et nous partirons ensemble pour le Languedoc; moi, pour vous rejoindre; elle, pour m'accompagner, et pour passer l'hiver dans les pays chauds. Les médecins disent que sa poitrine est très-affectée, elle paroît elle-même se croire en danger, mais elle s'en occupe singulièrement peu; ah! si j'étois condamnée à la perdre, cette amère douleur m'ôteroit le reste de mes forces.

Je n'ai point appris par madame de Vernon l'embarras dans lequel elle se trouvoit ; le hasard me l'a fait découvrir, et je le savois seulement de la veille, lorsque madame de Mondoville et madame de Vernon vinrent avant-hier chez moi. Je pris madame de Mondoville à part, et je lui demandai si ce que l'on m'avoit dit des plaintes de M. de Clarimin contre sa mère étoit vrai. — Oui, me répondit-elle, ma mère vouloit que je m'engageasse pour les soixante mille livres qu'elle lui doit, pendant l'absence de M. de Mondoville ; je l'ai refusé, car je n'ai le droit de disposer de rien sans le consentement de mon mari, et ma mère ne veut pas que je le demande. Vous savez que je mets fort peu d'importance à la fortune ; mais je prétends être stricte dans l'accomplissement de mes devoirs. — Elle disoit vrai, Louise, elle ne met point d'importance à l'argent ; mais sa mère seroit mourante, qu'elle ne sacrifieroit pas une seule de ses idées sur la conduite qu'elle croit devoir tenir.

— Je ne sais pas bien, lui dis-je vivement, quel est le devoir au monde qui peut empêcher d'être utile à sa mère ; mais enfin.... — Elle m'interrompit à ces mots avec humeur, car les attaques directes l'irritent d'autant plus qu'elle n'aperçoit jamais que celles-là. — Vous croyez apparemment, ma cousine, me dit-elle, qu'il n'y a de principes fixes sur rien ; et que seroit donc la vertu, si l'on se laissoit aller à tous ses mouvemens ?—Et la vertu, lui dis-je, est-elle autre chose que la continuité des mouvemens généreux ? Enfin, laissons ce sujet, c'est moi qu'il regarde, et moi seule.

Madame de Vernon, s'approchant de nous, interrompit notre entretien ; en la voyant au grand jour, je fus douloureusement frappée de sa maigreur et de son abattement ; jamais je n'avois senti pour elle une amitié plus tendre. Madame de Mondoville retourna à Paris ; je gardai madame de Vernon chez moi, et le lendemain matin, à son réveil, je lui portai une assignation de soixante mille livres sur mon banquier, en la suppliant de l'accepter. — Non, me dit-elle, je ne le puis ; c'étoit à ma fille, à ma fille pour qui j'ai tout fait, de me tirer de l'embarras où je suis ; elle ne le veut pas, c'est peut-être juste ; je ne l'ai pas assez formée pour moi, j'ai remis son éducation à d'autres ; nous ne pouvons ni nous entendre, ni nous convenir ; mais ce n'est pas vous, non, ce n'est pas vous, en vérité, ma chère Delphine, qui devez me rendre un tel service.

— Pourquoi donc me refusez-vous ce bonheur? lui dis-je; il y a deux ans que vous y aviez consenti : nouvellement encore, dans le mariage de votre fille.... — Ah! s'écria-t-elle, le mariage de ma fille.... — Et puis tout à coup s'arrêtant, elle reprit : — Depuis quelque temps j'ai du malheur en tout, peut-être des torts; mais enfin, dans l'état où je suis, tout cela ne sera pas long. — Ne voulez-vous pas empêcher que M. de Clarimin ne vous accuse? — Je le croyois mon ami, me dit-elle en soupirant; se peut-il que je me sois fait des illusions! je n'y étois pas cependant disposée. Enfin il veut me perdre dans le monde, et me ruiner en saisissant ce que je possède; il a tort, car je dois mourir bientôt, et il est dur de m'ôter à présent l'existence à laquelle j'ai sacrifié toute ma vie. — Au nom de Dieu, lui dis-je en versant des larmes, repoussez ces horribles idées, et ne refusez pas le service que je vous conjure d'accepter: j'ai des peines, de cruelles peines, vous le savez; voulez-vous me ravir le seul bonheur que je puisse tirer de mon inutile fortune? — Eh bien! me répondit madame de Vernon, je vous crois généreuse : quand je mourrai, quoi qu'il arrive après moi, vous ne vous repentirez point de m'avoir rendu un dernier service. Il n'est pas nécessaire que vous me prêtiez ce que je dois ; votre caution suffit, et je l'accepte.

Il y avoit dans l'accent de madame de Vernon quelque chose de triste et de sombre qui me fit beaucoup de peine. Pauvre femme ! les injustices des hommes ont peut-être aigri ce caractère si doux, troublé cette âme si tranquille. Ah ! que les cœurs durs font de mal ! Je lui dis quelques mots sur son goût pour le jeu. — Hélas ! reprit-elle, vous ne savez pas combien il est difficile d'être femme, sans fortune, sans jeunesse, et sans enfans qui nous entourent ; on essaie de tout pour oublier cette pénible destinée. — Je ne voulus pas insister sur les pertes qu'elle s'exposoit à faire, dans un moment où je venois de lui rendre service, et je cherchai à la ramener sur d'autres sujets de conversation.

Le soir il vint assez de monde me voir : on savoit que madame d'Ervins, pour qui j'avois dit que je quittois la société, n'étoit plus à Bellerive : mon départ annoncé avoit attiré chez moi plusieurs personnes, qui croient toutes qu'elles me regrettent, et dont la bienveillance s'est singulièrement ranimée en ma faveur, par l'idée de ma prochaine absence.

Pendant que ce cercle étoit réuni dans le salon de Bellerive, madame de Lebensei y

arriva avec son mari, qu'elle m'avoit promis de
m'amener. Quand elle vit cette société nombreuse, elle fut entièrement déconcertée, et
descendit dans le jardin, sous le prétexte de
prendre l'air ; il me fut impossible de la retenir, et peut-être valoit-il mieux en effet qu'elle
s'éloignât, car tous les visages de femmes s'étoient déjà composés pour cette circonstance.
M. de Lebensei ne s'en alla point : je remarquai même que c'étoit avec intention qu'il
restoit ; il vouloit trouver l'occasion de témoigner son indifférence pour les malveillantes
dispositions de la société ; il avoit raison, car
sous la proscription de l'opinion, une femme
s'affoiblit, mais un homme se relève ; il semble qu'ayant fait les lois, les hommes sont les
maîtres de les interpréter ou de les braver.

L'esprit de M. de Lebensei me frappa beaucoup ; il n'eut pas l'air de se douter du froid
accueil qu'on destinoit à sa femme : il parla
sur des objets sérieux avec une grande supériorité, n'adressa la parole à personne, excepté à moi, et trouva l'art d'indiquer son
dédain pour la censure dont il pouvoit être
l'objet, sans jamais l'exprimer ; un air insouciant, un ton calme, des manières nobles,
remettoient chacun à sa place ; il ne changeoit
peut-être rien à la manière de penser, mais il

forçoit du moins au silence, et c'est beaucoup ; car, dans ce genre, l'on s'exalte par ce qu'on se permet de dire, et l'homme qui oblige à des égards en sa présence, est encore ménagé lorsqu'il est absent.

Quand madame de Lebensei fut revenue près de nous, après le départ de la société, M. de Lebensei continua à montrer l'indépendance de caractère et d'opinion qui le distingue, et je sentis que sa conversation, en fortifiant mon esprit, me faisoit du bien : du bien ! ah ! de quel mot je me suis servie ! Hélas ! si vous saviez dans quel état est mon âme... Mais puisque je me suis promis de me contraindre, il faut en avoir la force, même avec vous.

LETTRE XXVIII.

Delphine à mademoiselle d'Albémar.

Paris, ce 16 octobre.

Avant de nous réunir pour toujours, ma chère sœur, il faut que je m'explique avec vous sur un sujet que j'avois négligé, mais que vous développez trop clairement dans votre dernière lettre (1) pour que je puisse me dispen-

---

(1) Cette lettre est supprimée.

ser d'y répondre. Vous me dites que M. de Valorbe a toujours conservé le même sentiment pour moi, qu'il n'a pu quitter depuis un an sa mère qui est mourante, mais qu'il vous a constamment écrit pour vous parler de son désir de me voir, et de son besoin de me plaire : vous me rappelez aussi ce que je ne puis jamais oublier, c'est qu'il a sauvé la vie à M. d'Albémar, il y a dix ans, et que votre frère conservoit pour lui la plus vive reconnoissance. Vous ajoutez à tout cela quelques éloges sur le caractère et l'esprit de M. de Valorbe : je pourrois bien n'être pas, à cet égard, de votre avis, mais ce n'est pas de cela dont il s'agit. Si vous aviez connu Léonce, vous ne croiriez pas possible que jamais je devinsse la femme d'un autre ; je serois très-affligée, je l'avoue, si les obligations que nous avons à M. de Valorbe vous imposoient le devoir de l'admettre souvent chez vous. Je ne pense pas, vous le croyez bien, à revoir Léonce de ma vie ; mais s'il apprenoit que je permets à quelqu'un de me rechercher, il croiroit que je me console ; il n'auroit pas l'idée qui peut lui venir une fois de plaindre mon sort ; et tous les hommages de l'univers ne me dédommageroient pas de la pitié de Léonce. C'en est assez : maintenant que vous connoissez les craintes que j'éprouve, je suis bien sûre que vous chercherez à me les épargner.

Dès que vous m'aurez mandé si M. de Clarimin accepte ma caution, nous partirons : madame de Vernon désire que je vous prie de l'accueillir avec amitié; ma chère sœur, je vous en conjure, ne soyez pas injuste pour elle; si je ne puis vaincre les préventions que vous m'exprimez encore dans votre dernière lettre, au moins soyez touchée des soins infinis qu'elle a eus pour moi; ces soins supposent beaucoup de bonté. Depuis le départ de Léonce pour l'Espagne, je suis presque méconnoissable. Une femme d'esprit a dit que *la perte de l'espérance changeoit entièrement le caractère.* Je l'éprouve : j'avois, vous le savez, beaucoup de gaîté dans l'esprit; je m'intéressois aux événemens, aux idées; maintenant rien ne me plaît, rien ne m'attire, et j'ai perdu avec le bonheur tout ce qui me rendoit aimable. Quel état cependant pour une personne dont l'âme étoit si vivement accessible à toutes les jouissances de l'esprit et de la sensibilité ! J'aimois la société presque trop, elle m'étoit souvent nécessaire et toujours agréable; à présent je n'en puis supporter qu'une seule, celle de madame de Vernon. Louise, récompensez-la donc par votre bienveillance des consolations qu'elle m'a données.

Jamais on n'a mis dans l'intimité tant de désir de plaire! Jamais on n'a consacré un esprit si fait pour le monde au soulagement de la douleur solitaire! Je vous le dis, ma sœur, et vous finirez par l'éprouver; madame de Vernon est une personne d'un agrément irrésistible. J'ai connu des femmes piquantes et spirituelles; je comprenois facilement, quand elles parloient, comment on étoit aimable comme elles, et si je l'avois voulu, j'aurois réussi par les mêmes moyens; mais chaque mot de madame de Vernon est inattendu, et vous ne pouvez suivre les traces de son esprit, ni pour l'imiter, ni pour le prévoir. Si elle vous aime, elle vous l'exprime avec une sorte de négligence qui porte la conviction dans votre âme. Il semble que c'est à elle-même qu'elle parle, quand des mots sensibles lui échappent, et vous les recueillez quand elle les laisse tomber.

Ma vie n'appartient plus qu'à vous et à madame de Vernon; de grâce, que je ne vous voie pas désunies! elle m'est devenue plus nécessaire encore qu'elle ne me l'étoit; c'est un dernier sentiment que j'ai saisi plus fortement que jamais, dans le naufrage de mon bonheur; mais je n'ai pas besoin d'insister davantage; vous la trouverez, hélas! assez triste et bien malade; votre bon cœur s'intéressera sûrement pour elle.

LETTRE XXIX.

Léonce à M. Barton.

Bordeaux, ce 20 octobre.

Une fièvre violente m'a forcé de rester ici près d'un mois; je l'ai caché à ma famille à Paris, ma mère seule l'a su; je ne voulois pas que personne, excepté elle, se mêlât de s'intéresser à moi. Le premier jour de cette fièvre, je vous ai écrit je ne sais quelle lettre insensée, qui contenoit, je crois, des expressions insultantes pour madame d'Albémar; je vous prie de la brûler, j'étois dans le délire; ce n'est pas que rien justifie Delphine des torts dont je l'accuse; mais pour tout autre que moi, elle est, elle doit être un ange. Si vous saviez comme on parle d'elle ici! Elle n'y a demeuré que deux mois; mais n'est-ce pas assez pour qu'on ne puisse pas l'oublier!

J'essaierai demain de pénétrer jusqu'à madame d'Ervins; elle ne veut voir personne:

elle est résolue, m'a-t-on appris, à se faire religieuse; elle doit remettre sa fille à madame d'Albémar : cet enfant parle de Delphine avec transport ; je verrai au moins cet enfant. Ne trouvez-vous pas qu'il y a un mystère singulier dans tout?

Il me semble que dans votre dernière lettre vous vous exprimez moins bien sur madame d'Albémar : vous avez eu tort de recevoir aucune impression par ce que je vous ai écrit; je n'en dois faire sur personne. Conservez votre admiration pour madame d'Albémar; je serois malheureux de penser que je l'ai diminuée. Il circule des bruits sur madame d'Ervins ; mais c'est impossible : la première fois qu'on me les a dits, j'ai tressailli ; depuis, on les a démentis, tout-à-fait démentis. Adieu, mon cher maître, j'irai voir madame d'Ervins. D'où vient que cette idée me bouleverse? elle est l'amie de Delphine. M. de Serbellane est allé en Toscane par mer; il ne vouloit donc pas venir en France.... je ne sais où j'en suis.

LETTRE XXX.

Léonce à Delphine.

Bordeaux, ce 22 octobre.

Delphine, oh! femme autrefois tant aimée! un enfant m'a-t-il révélé ce que la perfidie la plus noire auroit trouvé l'art de me cacher? La voix des hommes vous avoit accusée; la voix d'un enfant, cette voix du ciel vous auroit-elle justifiée? Écoutez-moi : voici l'instant le plus solennel de votre vie. Je suis lié pour toujours, je le sais; il n'est plus de bonheur pour moi; mais si j'étois seul coupable, et que Delphine fût innocente, mon cœur auroit encore du courage pour souffrir.

Hier j'ai été chez madame d'Ervins : quelque irrité que je fusse, je voulois entendre parler de vous par ceux qui vous aiment. Madame d'Ervins, toujours livrée aux exercices de piété, a refusé de me voir. Isore, sa fille, jouoit dans le jardin; je me suis approché d'elle; on m'avoit dit qu'elle vous aimoit à la folie; je l'ai fait parler de vous, et j'ai vu que l'impression que vous produisez étoit déjà sentie, même à cet âge. Vous l'avouerai-je, enfin? j'ai osé interroger Isore sur vos sentimens : des circonstances inouïes avoient plusieurs fois ranimé et détruit mon espoir ; j'en accusois quelquefois confusément l'adresse d'une femme, j'espérai que la candeur d'un enfant déconcerteroit les calculs les plus habiles.

— Madame d'Albémar doit se charger de vous, ai-je dit à Isore ; elle vous emmenera sûrement en Toscane. — En Toscane ! pourquoi ? répondit-elle ; je serois bien fâchée d'aller en Italie : c'est lorsque maman a tant aimé ce pays-là que nous avons été si malheureux. — Mais votre mère, lui dis-je, n'a-t-elle pas toujours aimé l'Italie ? elle y est née. — Oh ! reprit Isore, elle l'avoit quittée si enfant qu'elle ne s'en souvenoit plus ; mais M. de Serbellane lui a tout rappelé. — M. de Serbellane vous déplaît-il ? continuai-je. — Non, il ne me déplaît pas, répondit Isore ; mais depuis qu'il est venu chez maman, elle a toujours pleuré. — Toujours pleuré ! répétai-je avec une vive émotion. Et madame d'Albémar, que faisoit-elle alors ? — Elle consoloit maman : elle est si bonne ! — Oh ! sans doute, elle l'est ! m'écriai-je. — Et dans ce moment, Delphine, je sentis mon cœur revenir à vous. — Mais cependant, ajoutai-je, elle épousera M. de Serbellane ? — M. de Serbellane ! interrompit

Isore avec la vivacité qu'ont les enfans quand ils croient avoir raison; M. de Serbellane! oh! c'est maman qui l'aimoit, ce n'est pas madame d'Albémar; et puisque maman veut se faire religieuse, elle n'épousera pas M. de Serbellane, et madame d'Albémar n'ira sûrement pas en Italie. — A ces mots, la gouvernante d'Isore la prit brusquement par la main, et l'emmena en lui faisant une sévère réprimande. Je ne prévoyois pas que j'entraînois cet enfant à faire du tort à sa mère; mais ce mot qu'elle m'a dit, grand Dieu! que signifie-t-il? Ce seroit madame d'Ervins qui auroit aimé M. de Serbellane! ce seroit pour la sauver que vous auriez pris aux yeux du monde l'apparence de tous les torts! vous seriez une créature sublime, quand je vous accusois de parjure! et moi, je mériterois.... Non, je ne mériterois pas ce que j'ai souffert.

Cependant comment puis-je le croire? n'ai-je pas une lettre de vous que je tiens de madame de Vernon, dans laquelle vous me dites de m'en rapporter à ce qu'elle me confiera de votre part? N'a-t-elle pas gardé le silence? ne s'est-elle pas embarrassée, comme une amie confuse de vos torts envers moi, lorsque je l'ai interrogée sur les détails que j'avois appris en arrivant à Paris, et qui se répandoient dans la société, à l'occasion de la mort de M. d'Ervins ? Ces détails, qui me causoient tous une douleur nouvelle, c'étoient votre attachement pour M. de Serbellane, vos engagemens pris à Bordeaux avec lui, l'instant d'incertitude que mes sentimens pour vous avoient fait naître dans votre âme, la délicatesse qui vous avoit ramenée à votre premier amour, l'obligation où vous étiez de suivre M. de Serbellane, après qu'il s'étoit battu pour vous, et lorsque le séjour de la France lui étoit interdit. Ne m'avez-vous pas dit vous-même qu'il étoit parti, quand il ne l'étoit pas? n'a-t-il pas passé vingt-quatre heures enfermé chez vous?.... Oh! je reprends, en écrivant ces mots, tous les mouvemens que je croyois calmés ! M. de Serbellane, à l'instant même où il avoit tué M. d'Ervins, ne vous a-t-il pas nommée ? Vos gens, au tribunal, ne vous ont-ils pas citée seule? n'avez-vous pas été chercher le portrait de M, de Serbellane ? ne receviez-vous pas sans cesse de ses lettres ? avez-vous nié à personne que vous dussiez l'épouser? n'avez-vous pas demandé un sauf-conduit pour lui ? Mais si toute cette conduite n'étoit qu'un dévouement continuel à l'amitié, vous seriez bien imprudente, je serois bien malheureux !

Mais vous n'auriez pas cessé de m'aimer, et il vaudroit encore la peine de vivre.

Si vous n'avez pas été coupable, si madame de Vernon a su la vérité, si vous l'aviez chargée de me la dire, jamais la fausseté n'a employé des moyens plus infâmes, plus artificieux, mieux combinés. Je serai vengé, si son cœur insensible peut recevoir une blessure, si.... Mais ce n'est pas de son sort que je dois vous occuper.

Qui pourra jamais comprendre ce génie du mal, qui a disposé de moi ! Madame de Vernon me remit une lettre de ma mère, qui me conjuroit de tenir la promesse qu'elle avoit donnée de me marier avec Matilde ; elle me parloit de vous avec amertume : dans un autre temps, rien de ce qu'elle auroit pu me dire n'auroit fait impression sur moi ; mais il me sembloit que sa voix étoit prophétique, et me prédisoit l'événement qui venoit d'anéantir mon sort. Ma mère m'adjuroit, au nom du repos de sa vie, d'accomplir sa promesse ; il ne suffisoit pas de mon devoir envers elle pour me condamner au malheur que j'ai subi ; il falloit que madame de Vernon s'emparât de mon caractère, avec une habileté que je ne sentis pas alors, mais qui depuis, en souvenir, m'a quelquefois saisi d'un insurmontable effroi.

Il n'y avoit pas un défaut en moi qu'elle n'irritât. Elle vous défendoit avec chaleur, et me blessoit jusqu'au fond de l'âme par sa manière de vous justifier ; elle m'exagéroit le tort que vous vous étiez fait dans le monde, en passant pour la cause du duel de M. d'Ervins avec M. de Serbellane, et me proposoit en même temps de vous engager, au nom de mon désespoir, à m'accorder votre main ; c'est ainsi qu'elle révoltoit ma fierté. En me rappelant aujourd'hui tous ses discours, il se peut qu'elle ne m'ait pas dit précisément que vous aimiez M. de Serbellane ; mais elle a mis, si cela n'est pas, plus de ruse à me le faire croire, qu'il n'en falloit pour le dire. J'éprouvois, en l'écoutant, une contraction inouïe ; j'avois le front couvert de sueur, je me promenois à grands pas dans sa chambre, je m'écartois et je me rapprochois d'elle, avide de ses discours, et redoutant leur effet ; mon âme étoit fatiguée de cette conversation, comme par une suite de sensations amères, par une longue vie de peines ; et cette fatigue cependant ne lassoit point mon agitation ; elle me rendoit seulement tous les mouvemens plus douloureux.

Cette femme, je ne sais par quelle puissance, agitoit mes passions comme un instrument qui s'ébranloit à sa volonté ; toutes les pensées que je fuyois, elle me les offroit en face ; tous les mots qui me faisoient mal, elle les répétoit ; et cependant ce n'étoit pas contre elle que j'étois irrité ; car il me sembloit toujours qu'elle vouloit me consoler, et que la peine que j'éprouvois n'étoit causée que par des vérités qui lui échappoient, ou qu'elle ne pouvoit réussir à me cacher.

Elle alloit chercher en moi tout ce que je peux avoir d'irritabilité sur tout ce qui tient à l'opinion et à l'honneur, pour me convaincre, sans me le prononcer, que je serois avili, si je montrois encore mon attachement pour une femme publiquement livrée à un autre, ou si seulement je paroissois indifférent au scandale qu'avoit causé la mort de M. d'Ervins. Ce qu'elle disoit pouvoit convenir également aux torts de légèreté (si je ne vous avois crue coupable que de ceux-là), ou aux torts du sentiment ; mais je saisissois surtout ce qui aigrissoit ma jalousie. Madame de Vernon a fait de moi ce qu'elle a voulu, non par l'empire des affections, mais en excitant tous les mouvemens amers que le ressentiment peut inspirer. Quel art ! si c'est de l'art.

Je n'ai rien encore entrevu que confusément ; mais les plus généreuses vertus et les plus vils des crimes ne pourroient-ils pas s'être réunis pour me perdre ? Delphine, si cette espérance que je saisis m'a déçu, si l'enfant n'a pas dit la vérité, ne me répondez pas, j'entendrai votre silence, et je retomberai dans l'état dont je suis un moment sorti. Que signifioit une lettre de votre propre main ? Comment falloit-il la comprendre ? et tous les mystères du jour fatal, des jours qui l'ont précédé, de ceux qui l'ont suivi ? Ah ! ne me cachez rien, le secret fait tant de mal !

Depuis mon mariage même, depuis bientôt cinq mois, madame de Vernon se seroit-elle encore servie de sa fatale connoissance de mon caractère, pour irriter en moi la jalousie par la fierté, la fierté par la jalousie ; pour empoisonner les peines de l'amour par l'orgueil, et me déchirer à la fois par tous les bons et les mauvais mouvemens de mon âme ? Delphine, le cœur de Léonce est resté le même ; si le vôtre n'a point été coupable, souvenez-vous du temps où vous vous confiiez à lui ; hélas ! hélas ! depuis ce temps, un lien funeste..... et ce seroit la fausseté la plus insigne qui..... Ne craignez rien pour madame de Vernon, ni pour sa fille ; qu'une bonté cruelle ne vous inspire pas encore de me sacrifier à des ménagemens pour les autres !

Je voulois, après avoir vu Isore, retourner à l'instant même à Paris ; mais j'ai reçu une lettre de ma mère, qui s'inquiétant de mon séjour à Bordeaux, et me croyant fort malade, vouloit, malgré l'état de sa santé, se mettre en route pour me rejoindre ; j'ai dû la prévenir, et je pars. Si c'est vous dont l'image doit régner sur ma vie, je pars pour accomplir envers ma mère les devoirs que vous me recommanderiez ; s'il faut vous perdre, c'est en Espagne que reposent les cendres de mon père, c'est en Espagne qu'il faut aller mourir.

Delphine, songez avec quelle émotion je vais passer les jours qui me séparent de votre réponse. Je serai à Madrid le premier de novembre ; si vous êtes à Bellerive, ma lettre aura pu retarder de quelques jours ; jusqu'au vingt-cinq, pendant un mois, j'attendrai ; j'ai fixé ce terme à mon espérance. Jusqu'au vingt-cinq, mon anxiété sera sans doute cruelle ; mais que serviroit-il de vous la peindre ? elle ne vous impose qu'un devoir, la vérité.

LETTRE XXXI.

Delphine à mademoiselle d'Albémar.

Paris, ce 26 octobre.

Louise, quelle lettre Léonce vient de m'écrire ! tout est révélé, tout est éclairci ; madame de Vernon ! vous-même, vous n'auriez jamais pensé qu'elle pût en être capable ! elle a profité de tous les prétextes que lui fournissoit ma confiance, pour induire Léonce à croire que j'aimois M. de Serbellane, que je l'avois reçu chez moi pendant vingt-quatre heures, et que je partois pour l'épouser. Juste ciel ! vous croyez que c'est à moi que je pense, et que je goûterai quelque joie en apprenant que Léonce m'aime encore ! non, je ne sens qu'une douleur, je n'ai qu'une idée ; c'est l'amitié trahie, l'amitié la plus tendre, la plus fidèle : on s'attend peut-être, sans se l'avouer, que le temps amenera des changemens dans les sentimens passionnés ; mais tout l'avenir repose sur les affections qui s'entretiennent par la certitude et la confiance.

Mon amie, si vous me trompiez, croyez-vous que je pusse supporter un tel malheur ? Eh bien ! j'aimois madame de Vernon autant que vous, peut-être plus encore : je m'en accuse, je m'humilie ; mais son esprit séducteur avoit un empire inconcevable sur moi. J'ai eu des momens de doute sur elle depuis le mariage de Léonce, mais elle en avoit triomphé, mais mon cœur lui étoit plus livré que jamais.

Je suis troublée, tremblante, irritée comme s'il s'agissoit de Léonce. Ah ! quand on a consacré tant de soins, tant de services, tant d'années à conquérir une amitié pour le reste de ses jours, quelle douleur on éprouve en considérant tout ce temps, tous ces efforts comme perdus ! Loin de vous, qui trouverai-je jamais que j'aie aimé depuis mon enfance avec cette confiance, avec cette candeur ? Une autre amie que j'aurois après madame de Vernon, je la jugerois, je l'examinerois, je serois susceptible de crainte, de soupçon ; mais Sophie, je l'ai aimée dans une époque de ma vie où j'étois si tendre et si vraie ! Je ne puis plus offrir à personne ce cœur qui se livroit sans réserve, et dont elle a possédé les premières affections. J'aimerai si l'on m'aime, je serai reconnoissante des marques d'intérêt que l'on pourra me donner ; mais cette tendresse vive, involontaire, que des agrémens nouveaux pour moi m'avoient inspirée, je ne l'éprouverai plus. Je regrette Sophie et moi-même ; car je ne vaudrai jamais pour personne ce que je valois pour elle.

Se peut-il qu'elle ait pu accepter tant de preuves d'amitié, si elle ne sentoit pas qu'elle m'aimoit, qu'elle m'aimoit pour la vie ! De tous les vices humains, l'ingratitude n'est-il pas le plus dur, celui qui suppose le plus de sécheresse dans l'âme, le plus d'oubli du passé, de ce temps qui ébranle si profondément les âmes sensibles ? et moi-même aussi, faut-il que je ne conserve plus aucune trace de ce passé qu'elle a trahi ? Si je cède à mon cœur, si je confirme tous les soupçons de Léonce, ne vais-je pas l'irriter mortellement contre la mère de sa femme ? Je connois sa véhémence, sa généreuse indignation, il défendra à Matilde de voir sa mère ; je ne veux pas perdre madame de Vernon, je le dois à mes souvenirs ; je veux respecter en elle l'amitié qu'elle m'avoit inspirée : cependant, rester coupable aux yeux de Léonce est un sacrifice au-dessus de mes forces ! Que faire donc, que devenir ? J'écrirai à M. Barton, je lui demanderai de se charger d'éclairer Léonce, en modérant les effets de son premier mouvement.

Eh quoi ! je me refuserois au bonheur d'écrire cette simple ligne : *Delphine n'a jamais aimé que Léonce.* Il l'espère, il l'attend ; ah ! quelle affreuse perplexité ! Je vais aller chez madame de Vernon ; je lui parlerai, je n'épargnerai pas son cœur, s'il peut encore être ému ; vous saurez, en finissant cette lettre, ce qu'elle m'aura dit ; mais que peut-elle me dire ? Je veux que du moins une fois elle entende les plaintes amères qu'elle ne pourra jamais se rappeler sans rougir.

Minuit.

Non, je ne conçois point ce qu'est devenue l'idée que je m'étois faite de madame de Vernon ; je viens de passer deux heures avec elle sans avoir pu lui arracher un seul mot qui rappelât en rien cette sensibilité naturelle et aimable que je lui ai trouvée tant de fois ; il semble que dès qu'elle a vu son caractère dévoilé, elle ne s'est plus embarrassée de feindre, et si elle s'étoit jamais montrée à moi comme aujourd'hui, mon cœur ne s'y seroit point trompé.

Après avoir reçu la lettre de Léonce, après m'être livrée, en vous écrivant, à toutes les impressions douces et cruelles qu'elle faisoit naître en moi, j'allai chez madame de Vernon. Je ne vous peindrai point avec quel serrement de cœur je faisois cette même route, j'entrois dans cette même maison que je croyois hier plus à moi que la mienne ; le spectacle des lieux toujours invariables, quand notre cœur est si changé, produit une impression amère et triste ; je m'arrêtai néanmoins dans l'antichambre de madame de Vernon, pour demander de ses nouvelles avant d'entrer chez elle ; je sentois que si elle avoit été malade, je serois retournée chez moi. On me dit qu'elle se portoit beaucoup mieux, et qu'elle avoit dormi jusqu'à midi ; alors je hâtai mes pas et j'ouvris brusquement sa porte ; elle étoit seule, et vint à moi avec cet air d'empressement qui avoit coutume de me charmer. J'en fus irritée, et par un mouvement très-vif, je jetai sur une table, devant elle, la lettre de Léonce, et je lui dis de la lire.

Elle la prit, rougit d'abord d'une manière très-marquée, mais prolongeant à dessein la lecture pour se remettre ; quand elle se sentit enfin tout-à-fait calme, elle me dit assez froidement : — Vous êtes la maîtresse de semer la haine dans une famille unie ; mais vous auriez dû penser plus tôt qu'il étoit juste que je fisse tous les efforts qui dépendoient de moi pour bien marier ma fille, et vous empêcher de lui enlever l'époux qui lui étoit promis. — Grand Dieu ! m'écriai-je, il étoit juste que vous abusassiez de mon amitié pour vous, de la confiance absolue qu'elle m'inspiroit....—Et vous, interrompit-elle, n'abusiez-vous pas de ce que je vous recevois tous les jours chez moi, pour venir, dans ma maison même, ravir à ma fille l'affection de Léonce?—Vous ai-je rien caché? répondis-je avec chaleur; ne vous ai-je pas chargée vous-même d'expliquer ma conduite et mes sentimens à Léonce? — En vérité, interrompit madame de Vernon, si vous me permettez de vous le dire, il falloit être trop naïve pour me choisir, moi, pour engager Léonce à vous épouser. —Trop naïve! répétai-je avec indignation, trop naïve! est-ce vous, madame, qui parlez avec dérision des sentimens généreux? Ah! j'en atteste le ciel, dans ce moment où j'apprends que mon estime pour votre caractère a détruit tout le bonheur de ma vie, je jouis encore de vous avoir offert une dupe si facile; je jouis avec orgueil d'avoir un esprit incapable de deviner la perfidie, et dont vous avez pu vous jouer comme d'un enfant.

—Léonce lui-même vous avoue, me répondit-elle, que ce n'est pas moi qui lui ai appris ce que l'on répandoit dans le monde; je me suis contentée de ne pas le nier; c'étoit bien le moins dans ma situation. Quant à tout l'esprit que fait Léonce, à propos du prétendu pouvoir que j'ai exercé sur lui, c'est une excuse qu'il veut vous donner ; on ne gouverne jamais personne que dans le sens de son caractère ; l'éclat de votre aventure lui déplaisoit ; l'imprudence de votre conduite, l'indépendance de vos opinions blessoient extrêmement sa manière de voir, voilà tout. — Non, repris-je vivement, ce n'est pas tout ; vous voulez, par des paroles légères, confondre le bien avec le mal, et cacher vos actions dans le nuage de vos discours ; préparez pour le monde ces habiles moyens, un cœur blessé ne peut s'y méprendre. Écoutez chaque mot de la lettre de Léonce. — Comme je voulois la reprendre pour la relire, madame de Vernon la retint, et me dit négligemment : — Ne voulez-vous pas occuper tout Paris de nos querelles de famille, et montrer à vos amis cette lettre de Léonce ? — En prononçant ces paroles, elle la jeta dans le feu. Cette action m'indigna ; mais plus mon impression étoit vive, plus je voulus la réprimer, et je me levai pour sortir. Madame de Vernon reprit la parole assez vîte ; elle recommença l'entretien, afin qu'il ne se terminât pas par l'action qu'elle venoit de se permettre. — J'avois de l'amitié pour vous, me dit-elle ; mais les intérêts de ma fille devoient m'être encore plus chers. — Eh quoi! répondis-je, ne les avois-je pas assurés, ces intérêts, lorsque je lui donnai la terre d'Andelys, lorsque je vous ai préservée deux fois de la ruine? — Delphine, interrompit madame de Vernon, il n'y a rien de plus indélicat que de reprocher les services qu'on a rendus. — Vous savez mieux que personne, madame, continuai-je froidement, combien j'attache peu de prix à ce que je puis faire pour les autres; quand il m'est arrivé de rendre des services à ceux que je n'aimois pas, je n'en ai jamais gardé le moindre souvenir; mais c'est avec confiance, avec tendresse, que je me suis vouée à vous être utile: les preuves d'amitié que je vous ai données, c'est aux sentimens que je croyois vous avoir inspirés qu'elles s'adressoient; si vous n'aviez pas ces sentimens, pourquoi donc avez-vous disposé de moi? pourquoi vous exposiez-vous au reproche le plus humiliant, le plus cruel, à celui de l'ingratitude? — L'ingratitude! me dit madame de Vernon, c'est un grand mot, dont on abuse beaucoup; on se sert parce que l'on s'aime, et quand on ne s'aime plus, l'on est quitte; on ne fait rien dans la vie que par calcul ou par goût; je ne vois pas ce que la reconnoissance peut avoir à faire dans l'un ou dans l'autre. — Je ne daigne pas répondre, lui dis-je, à ce détestable sophisme ; mais vous n'aviez donc pas d'amitié pour moi, quand vous me montriez tant d'intérêt et d'affection ? l'attachement que j'avois pour vous ne vous avoit donc pas touchée ? est-il donc vrai que depuis six ans nos conversations, nos lettres, notre intimité, tout fût mensonge de votre part ? En me retraçant les années heureuses que j'ai passées avec vous, j'éprouve l'insupportable peine de ne pouvoir me flatter qu'il ait existé un temps où vous m'aimiez sincèrement : quand donc avez-vous commencé à me tromper ? dites-le moi, je vous en conjure, pour que du moins je puisse conserver quelques souvenirs doux de tous les jours qui ont précédé cette funeste époque. — En parlant ainsi, j'étois inondée de larmes, et je souffrois extrêmement de n'avoir pu les retenir, car madame de Vernon me paroissoit avoir conservé le plus grand sang-froid ; cependant, quand elle reprit la parole, sa voix étoit altérée.

— Tout est fini entre nous, me dit-elle en se levant ; avec votre caractère, vous n'entendriez raison sur rien ; vous êtes trop exaltée pour qu'on puisse vous faire comprendre le réel de la vie. Si je meurs de la maladie qui me

menace, peut-être vous expliquerai-je ma conduite; mais tant que je vivrai, il me convient de soutenir mon existence, ma manière d'être dans le monde, telle qu'elle est ; je veux aussi éviter les émotions pénibles que votre présence et les scènes douloureuses qu'elle entraîne me causeroient; il vaut donc mieux ne plus nous revoir. — Vous le dirai-je, ma chère Louise? je frémis à ces derniers mots ; j'étois bien décidée à ne plus être liée avec madame de Vernon ; je sentois que je ne pouvois répéter des reproches de cette nature, et qu'il me seroit impossible de la revoir sans les renouveler ; mais je ne m'étois pas dit que ce jour finiroit tout entre nous, et la rapidité de cette décision, quelque inévitable qu'elle fût, me faisoit peur. — Quoi! lui dis-je, vous ne pouvez pas trouver quelques excuses qui puissent affoiblir mon ressentiment? — Le prestige de tout ce que j'étois pour vous est détruit, me dit madame de Vernon ; je suis trop fière pour essayer de le faire renaître. — Trop fière! m'écriai-je, vous qui avez pu me tromper!.....
—Laissons ces reproches, reprit-elle impatiemment, je vaux peut-être mieux que je ne parois ; mais, quoi qu'il en soit, je ne veux pas m'entendre dire le mal que l'on peut penser de moi.

Vous êtes la maîtresse, ajouta-t-elle, de rendre les derniers jours de vie qui me restent horriblement malheureux, en révélant tout à Léonce ; vous pouvez user de cette puissance, je n'essaierai point de vous en détourner. — Ah ! m'écriai-je, vous ne savez pas encore ce que vous pourriez sur moi, si le repentir.... — Du repentir, interrompit-elle avec l'accent le plus ironique ; voilà bien une idée dans votre genre ! — A cette réponse, à cet air, je repris toute mon indignation, et m'avançai vers la porte pour m'en aller ; mais tout à coup je m'arrêtai, je regardai cette chambre dans laquelle j'avois passé des heures si douces, et je songeai que j'allois en sortir pour n'y plus rentrer jamais.

— Hélas ! lui dis-je alors avec douceur, combien vous avez mal connu la route de votre bonheur ! vous avez rencontré au milieu de votre carrière une personne jeune, qui vous aimoit de sa première amitié, sentiment presque aussi profond que le premier amour ; une personne singulièrement captivée par le charme de votre esprit et de vos manières, et qui ne concevoit pas le moindre doute sur la moralité de votre caractère : vous le savez, autour de moi j'avois souvent entendu dire du mal de vous ; mais en vous justifiant toujours, je m'étois plus attachée aux qualités que je vous attribuois, que si je n'avois jamais eu besoin de vous défendre : vous avez brisé ce cœur qui vous étoit acquis, sans que même une telle dureté fût nécessaire à aucun de vos intérêts; vous auriez obtenu de moi d'immoler mon bonheur à mon attachement pour vous; vous m'avez trompée par goût pour la dissimulation, car la vérité eût atteint le même but, et vous avez voulu dérober, par la fausseté, ce que l'amitié généreuse s'offroit à vous sacrifier. Je souhaite néanmoins, oui, je souhaite du fond du cœur que vous soyez heureuse; mais je vous prédis que vous ne serez plus aimée comme je vous ai prouvé qu'on aime : on ne forme pas deux fois des liaisons telles que la nôtre, et quelque aimable que vous soyez, vous ne retrouverez pas l'amitié, le dévouement, l'illusion de Delphine; je vous quitte dans cet instant pour ne plus vous revoir, et c'est moi qui suis émue, moi seule. Ah! n'essaierez-vous donc pas d'adoucir le sentiment que je vais emporter avec moi! ce talent de feindre, dont vous avez si cruellement abusé, vous manque-t-il donc seulement alors qu'il pourroit rendre nos derniers momens moins cruels? — Je ne le puis, me dit-elle, je ne le puis; il faut éloigner de soi les sentimens pénibles, et ne point recommencer des liens qui désormais ne seroient que douloureux; il n'est plus en votre puissance de ne pas troubler mon repos; adieu donc, c'est du repos que je veux, si je dois vivre encore; si non... — Elle s'arrêta, comme si elle avoit eu l'idée de me parler, mais changeant de résolution : Adieu, Delphine, me dit-elle d'une voix assez précipitée, et elle rentra dans son cabinet.

Je restai quelque temps à la même place; mais enfin, honteuse de mon émotion, de cette foiblesse de cœur qui avoit entièrement changé nos rôles, et fait de celle qui étoit mortellement offensée celle qui étoit prête à supplier l'autre, je quittai cette maison pour toujours, et je revins impatiente de vous apprendre ce qui s'étoit passé. S'il ne se mêloit pas à votre affection pour moi des vertus maternelles, si vous ne m'inspiriez pas ces sentimens qui appartiennent à l'amour filial, et que la mort prématurée de mes parens ne m'a permis de connoître que pour vous, j'aurois quelque embarras à vous peindre la douleur que m'a causée ma rupture avec madame de Vernon; mais votre cœur n'est point accessible même à la plus noble des jalousies. Vous avez de l'indulgence pour votre enfant; vous lui pardonnez cette amitié vive que les premiers goûts de l'esprit et les premiers plaisirs de la société avoient fait naître; elle existoit à côté de l'amour le plus passionné, cette amitié funeste; elle ne portoit donc pas atteinte à la tendresse reconnoissante que je ne puis éprouver que pour vous seule.

Maintenant quel parti prendre? Ma conversation avec madame de Vernon m'a bien prouvé qu'elle redoutoit extrêmement, pour le repos de sa famille, que Léonce ne connût la vérité; mais que dois-je à madame de Vernon? mais quelle puissance sur la terre pourroit obtenir de moi que je consentisse une seconde fois à être méconnue de Léonce? Eh! que parlé-je de puissance? il n'en est qu'une à craindre, c'est la voix de mon propre cœur! mais est-il vrai qu'elle me le demande? Non, il faut aussi que je compte mon sort pour quelque chose, que la bonté m'inspire quelque compassion pour moi-même. J'ai le temps encore de consulter M. Barton, d'avoir sa réponse; la vôtre aussi peut me parvenir; il faut quatorze jours pour que les lettres arrivent à Madrid. Léonce, jusqu'au vingt-cinq novembre, attendra sans me condamner. Ah! ma sœur, que m'écrirez-vous? dans le combat qui me déchire, à quel sentiment prêterez-vous votre appui?

LETTRE XXXII.

Delphine à mademoiselle d'Albémar.

Paris, ce 2 novembre 1790.

J'attends impatiemment votre réponse et celle de M. Barton ; je compte les jours, et je les redoute ; je consume mes heures dans des réflexions qui me déchirent, en se combattant mutuellement ; quelquefois je trouve de la douceur à penser que si l'on n'avoit pas excité la jalousie de Léonce, toute autre prévention ne l'eût jamais assez éloigné de moi pour qu'il consentît à devenir l'époux de Matilde ; et l'instant d'après je me livre au désespoir, en songeant que le plus simple hasard pouvoit tout éclaircir, et que si j'avois eu le courage d'aller vers lui, peut-être encore au dernier moment, un mot, un seul mot faisoit de la plus misérable des femmes, la plus heureuse.

Quel sentiment éprouvera-t-il, quand il saura mon innocence ! Oui, sans doute il la saura ; l'on n'exigera pas de moi que je renonce à me justifier auprès de lui. Cependant quel trouble je vais porter dans ses affections, dans ses devoirs, si je l'instruis positivement de la vérité ! Ne vaut-il pas mieux que le temps et ma conduite l'éclairent ? Mais si je garde le silence, il m'annonce qu'il me croira coupable, il croira que dans le moment même où je paroissois l'aimer, je le trompois ; non, cette pensée est intolérable : si j'étois mourante, n'obtiendrois-je pas le droit de tout révéler après moi ? hélas ! l'aurois-je même alors ? le bonheur des autres ne doit-il pas nous être sacré, tant qu'il peut dépendre de notre volonté !

Cruelle femme ! c'est encore pour vous que j'éprouve ces affreuses incertitudes ; c'est votre repos, c'est votre bonheur qui lutte encore dans mon cœur contre un désir inexprimable ! Et Matilde aussi, ne souffrira-t-elle pas de ce que je dirai ? puis-je écrire à Léonce ce qui doit lui faire haïr sa belle-mère, et l'éloigner encore plus de sa femme ? Ah ! jamais, jamais personne ne s'est trouvé dans une situation où les deux partis à prendre paroissent tous deux également impossibles.

Enfin il le faut, je le dois ; attendons les conseils qui peuvent m'éclairer.

Mon voyage près de vous est forcément retardé de quelques jours, parce que je ne vais plus avec madame de Vernon. J'avois remis toutes mes affaires entre les mains d'un homme à elle ; il faut tout séparer, après avoir cru que tout étoit en commun pour la vie. J'ai honte de vous avouer combien je suis foible ! encore ce matin, je suis montée en voiture pour aller chez mon notaire ; mais comme il falloit, pour arriver à sa maison, passer devant la porte de madame de Vernon, je n'en ai pas eu le courage ; j'ai tiré le cordon de ma voiture au milieu de la rue, et j'ai donné l'ordre de retourner chez moi. J'ai voulu ranger mes papiers avant mon départ ; je trouvois partout des lettres et des billets de madame de Vernon : il a fallu ôter son portrait de mon salon, lui renvoyer une foule de livres qu'elle m'avoit prêtés ; c'est beaucoup plus cruel que les adieux au moment de mourir, car les affections qui restent alors répandent encore de la douceur sur les dernières volontés ; mais dans une rupture, tous les détails de la séparation déchirent, et rien de sensible ne s'y mêle, et ne fait trouver du plaisir à pleurer.

Je n'ai plus personne à consulter sur les circonstances journalières de la vie ; je me sens indécise sur tout. Je pense avec une sorte de plaisir que, par délicatesse pour madame de Vernon, je m'étois isolée de la plupart des femmes qui me témoignoient de l'amitié ; je ne voulois confier à aucune autre ce que je lui disois ; j'étois jalouse de moi pour elle.

Au milieu de ces pensées, plus douces mille fois qu'une amie si coupable ne devoit les attendre de moi, madame de Lebensei a trouvé le secret, hier, de me faire parler très-amèrement de madame de Vernon ; elle étoit arrivée de la campagne exprès pour me questionner ; madame de Vernon l'avoit vue, et avoit su la captiver entièrement, soit par l'empire de son charme, soit que, dans la situation de madame de Lebensei, l'on ne veuille se brouiller avec personne, et que l'on devienne même très-aisément favorable à tous ceux qui vous traitent bien.

Je trouvai d'abord mauvais que madame de Vernon eût confié, sans mon aveu, à madame de Lebensei, mon sentiment pour Léonce ; mais la justification de madame de Vernon, que me rapporta madame de Lebensei assez maladroitement, m'irrita bien plus encore. Elle se fondoit entièrement sur les dispositions que madame de Vernon supposoit à Léonce, son éloignement pour les femmes qui ne respectoient pas l'opinion, l'irrésolution de ses projets relativement à moi, le peu de convenance qui existoit entre nos manières de penser. Madame de Vernon se représentoit enfin, me dit madame de Lebensei, comme n'ayant fait que conseiller Léonce selon son bonheur, et peut-être son penchant : c'étoit me blesser jusqu'au fond du cœur, que se servir d'un tel prétexte. Si quelqu'un avoit senti fortement les torts de madame de Vernon envers moi, peut-être aurois-je adouci moi-même les coups qu'on vouloit lui porter; mais les formes tranchantes de madame de Lebensei, son parti pris d'avance, les petits mots qu'elle me disoit, et qui m'annonçoient que madame de Vernon l'avoit prévenue que j'étois très-exagérée dans mon ressentiment; tout cet appareil d'impartialité, quand il s'agissoit de décider entre la générosité et la perfidie, m'offensa tellement, que je perdis, je le crois, toute mesure; et faisant à madame de Lebensei, avec beaucoup de chaleur, le tableau de ma conduite et de celle de madame de Vernon, je lui déclarai que je ne voulois point écouter ceux qui me parleroient pour elle, et que je la priois seulement de raconter à madame de Vernon ce que j'avois dit, et les propres termes dont je m'étois servie.

Quand madame de Lebensei fut partie, je sentis que j'avois eu tort; je ne me repentis ni d'avoir excité le ressentiment de madame de Vernon, ni d'avoir attaché plus vivement madame de Lebensei à ses intérêts : il est assez doux de se faire du mal à soi-même, en attaquant une personne qui nous fut chère; on aime à briser tous les calculs, en se livrant à ce douloureux mouvement; mais je me repentis d'avoir dénaturé ce que j'éprouvois, et de m'être donné des torts de paroles, quand mes sentimens et mes actions n'en avoient aucun. J'étois aussi, je l'avoue, vivement irritée, en apprenant que madame de Vernon cherchoit encore à me nuire, dans le moment même où j'hésitois si je ne sacrifierois pas le bonheur de toute ma vie à son repos.

Cependant que deviendrai-je, tant que Léonce me soupçonnera? la solitude et le temps ne feront rien à cette douleur; elle renaîtra chaque jour, car chaque jour j'essaierai de raisonner avec moi-même, pour me prouver que je dois répondre à Léonce. Mais pourquoi donc supposer que ma conscience me le défende? Ah! je l'espère, vous et M. Barton, vous penserez que Léonce aura assez de calme, assez de vertu, pour apprendre la vérité sans punir celle qui fut coupable; ah! s'il sait pardonner, ne puis-je pas tout lui dire!

P. S. Vous ne m'avez pas répondu sur l'affaire de M. de Clarimin: je suis bien sûre que vous sentez comme moi que je dois mettre plus d'importance que jamais à lui faire accepter ma caution. Si par hasard vous ne l'aviez pas encore offerte, ce qui vient de se passer vous inspirera, j'en suis sûre, le désir de vous hâter.

LETTRE XXXIII.

Mademoiselle d'Albémar à Delphine.

Montpellier, ce 4 novembre.

Ma chère Delphine, mon élève chérie, dans quel monde êtes-vous tombée? pourquoi faut-il que madame de Vernon, cette femme perfide que mon pauvre frère détestoit avec tant de raison, vous ait captivée par son esprit séducteur? Pourquoi n'ai-je pas su réunir à mon affection pour vous cet art d'être aimable, qui pouvoit satisfaire votre imagination? vous n'auriez eu besoin d'aucun autre sentiment, et votre cœur n'eût jamais été trompé.

Vous me demandez un conseil sur la conduite que vous devez tenir avec Léonce: comment oserois-je vous le donner? Je ne pense pas que vous deviez en rien vous sacrifier pour l'indigne madame de Vernon; mais quand Léonce saura que vous n'avez jamais cessé de l'aimer, pourra-t-il supporter Matilde? pourra-t-il se résoudre à ne pas vous revoir? aurez-vous la force de le lui défendre? Cependant faut-il que, pouvant vous justifier, vous vous donniez l'air coupable? Supporterez-vous une telle douleur? Non, l'amitié ne sauroit s'arroger le droit de conseiller une action héroïque. Si vous répondez à Léonce, si vous l'instruisez de la vérité, vous ne ferez peut-être rien de vraiment mal, rien que personne surtout pût se permettre de condamner; mais si, pour mieux assurer son repos domestique, si, pour l'éloigner plus sûrement de vous, vous vous taisez, vous aurez surpassé de beaucoup ce que l'on pourroit attendre de la vertu la plus sévère.

LETTRE XXXIV.

M. Barton à Madame d'Albémar.

Mondoville, 6 novembre.

J'ai été quelques jours, madame, sans pouvoir me déterminer à vous écrire; ce que je devois vous conseiller me sembloit trop pénible pour vous : cependant je me suis résolu à vous donner la plus grande preuve de mon estime, en répondant avec une sévère franchise à la généreuse question que vous daignez me faire.

M. de Mondoville, indignement trompé sur vos sentimens, a épousé mademoiselle de Vernon; il a repoussé le bonheur que j'espérois pour lui; il a gâté sa vie, mais il faut au moins qu'il respecte ses devoirs; il lui restera toujours une destinée supportable, tant qu'il n'aura pas perdu l'estime de lui-même.

Sans pouvoir deviner le secret habilement conduit dont vous avez été la victime, je n'ai jamais cru que vous fussiez capable de tromper, mais j'ai toujours refusé de m'expliquer avec Léonce sur ce sujet. J'ai reçu une lettre de lui, deux jours avant la vôtre, dans laquelle il m'apprend qu'il vous a écrit, et qu'il vous demande de lui dévoiler ce qu'il commence enfin à entrevoir, les criminelles ruses de madame de Vernon. Il se contient avec vous, me dit-il; mais il s'exprime, dans sa confiance en moi, avec une telle fureur, que je frémis du parti qu'il prendra, quand il saura la conduite de madame de Vernon envers lui.

Il est résolu d'abord de défendre à madame de Mondoville de voir sa mère, et, si elle lui désobéit, il veut se séparer d'elle. Il forme encore mille autres projets extravagans de vengeance contre madame de Vernon. Je ne doute pas qu'il ne renonce à ce qui seroit indigne de lui; mais tel que je le connois, je suis sûr qu'il suivra le dessein qu'il m'annonce, de forcer madame de Mondoville à rompre avec sa mère. Quel trouble cependant ne va-t-il pas en résulter!

Quelque coupable que soit madame de Vernon, vous la plaindriez d'être condamnée à ne jamais revoir sa fille; et si, comme je n'en doute pas, madame de Mondoville croit de son devoir de s'y refuser, quel scandale que la séparation de Léonce avec sa femme pour une telle cause! C'est vous seule, madame, qui pouvez encore être l'ange sauveur de cette famille, l'ange sauveur de celle même qui vous a cruellement persécutée.

Je ne me permettrai pas de vous dicter la conduite que vous devez tenir; j'ai dû seulement vous instruire des dispositions de Léonce. Il est impossible, quand il saura tout, de se flatter de l'apaiser; il est malheureusement très-emporté, et jamais, il faut en convenir, jamais un homme n'a été offensé à ce point dans son amour et dans son caractère. Jugez vous-même, madame, de ce qu'il importe de cacher à Léonce, jugez des sacrifices que votre âme généreuse est capable de faire! Je ne vous demande point de me pardonner, car je crois vous honorer par ma sincérité autant que vous méritez de l'être, et mon admiration respectueuse donne beaucoup de force à cette expression.

P. Barton.

LETTRE XXXV.

Réponse de Delphine à M. Barton.

Paris, ce 8 novembre.

Vous ne savez pas quelle douleur vous m'avez causée ! je croyois pouvoir le détromper, je croyois toucher au moment de recouvrer toute son estime ; vous m'avez montré mon devoir, le véritable devoir, celui qui a pour but d'épargner des souffrances aux autres : je l'ai reconnu, je m'y soumets, je n'écrirai point : mais souffrez que je le dise, pour la première fois j'ai senti que je m'élevois jusqu'à la vertu : oui, c'est de la vertu qu'un tel sacrifice, et ce qu'il me coûte mérite le suffrage d'un honnête homme et la pitié du ciel.

Il attend ma réponse pour un jour fixe, pour le vingt-cinq novembre. Mon silence, dit-il, sera pour lui l'aveu de la perfidie dont on m'avoit accusée ; ne pouvez-vous lui écrire que ce silence est un mystère que je ne veux jamais éclaircir, mais qu'il ne doit lui donner aucune interprétation décisive ? ne pouvez-vous pas lui dire au moins que je pars pour le Languedoc, d'où je ne sortirai jamais ? Est-ce trop demander, et ne défais-je pas ainsi, foiblesse après foiblesse, l'action que je nommois généreuse ?

Je vous laisse l'arbitre de ce que vous pouvez dire; vous comprenez ce que je souffre, ce que je souffrirai toujours, tant qu'il me croira coupable. Si le ciel vous inspire un moyen de me secourir, sans porter atteinte au bonheur des autres, vous le saisirez, j'ose en être sûre; s'il faut me sacrifier, je vous en donne le pouvoir, je saurai vous en estimer. Je dépose entre vos mains la promesse de m'éloigner, de ne point écrire, de ne rien me permettre enfin pour moi-même, que de vous demander quelquefois si vous avez affoibli dans le cœur de Léonce la juste haine qu'il va de nouveau ressentir contre moi.

LETTRE XXXVI.

Madame d'Artenas à Delphine.

Paris, 10 novembre.

J'AI passé hier chez vous, ma chère Delphine, mais en vain; votre porte est toujours fermée. Je suis obligée de partir pour ma terre, près de

Fontainebleau; mais je ne veux pas différer à vous demander de m'apprendre les causes d'un événement qui occupe toute la société de Paris. Vous êtes brouillée avec madame de Vernon; vous ne vous voyez plus ; je crois bien aisément qu'elle a tort, et que vous avez raison ; mais pourquoi vous brouiller avec elle ? pourquoi vous brouiller avec personne ? Cela peut avoir les plus graves inconvéniens.

Vous avez découvert qu'elle vous trompoit : il y a long-temps que je m'en serois doutée, à votre place ; mais c'est précisément parce qu'elle a un caractère adroit et dissimulé, qu'il étoit sage de la ménager : votre conduite a été le contraire de ce qu'elle devoit être ; il falloit ne pas l'aimer avec tant d'aveuglement avant la découverte, et ne pas rompre depuis avec tant de véhémence. Madame de Vernon est établie à Paris depuis beaucoup plus long-temps que vous; elle y a beaucoup plus de relations ; et vous savez qu'on est toujours ici soutenu par ses parens, non parce qu'ils vous aiment, mais parce qu'ils regardent comme un devoir de vous justifier. Il y a si peu de véritable amitié dans le grand monde, qu'encore vaut-il mieux compter sur ceux qui se croient obligés à vous défendre, que sur ceux qui le font volontairement. Vous allez vous trouver nécessairement mal avec votre famille, si vous ne voyez plus madame de Vernon ; car madame de Mondoville, dans cette circonstance, ne se séparera sûrement pas de sa mère. Il faut tâcher de vous raccommoder avec tout cela : pensez-en ce que j'en pense ; mais soyez avec madame de Vernon dans une bonne mesure, quoique sans fausseté.

Les hommes peuvent se brouiller avec qui ils veulent, un duel brillant répond à tout ; cette magie reste encore au courage, il affranchit honorablement des liens qu'impose la société ; ces liens sont les plus subtils, et cependant les plus difficiles à briser. Une jeune femme sans père ou sans mari, quelque distinguée qu'elle soit, n'a point de force réelle ni de place marquée au milieu du monde. Il faut donc se tirer d'affaire habilement, gouverner les bons sentimens avec encore plus de soin que les mauvais, renoncer à cette exaltation romanesque qui ne convient qu'à la vie solitaire, et se préserver surtout de ce naturel inconsidéré, la première des grâces en conversation, la plus dangereuse des qualités en fait de conduite.

Vous aimez, quoi que vous en puissiez dire, le mouvement et la variété de la société de Paris ; sachez donc vous maintenir dans cette société, sans donner prise sur vous à personne. Avant les chagrins que vous avez éprouvés, vous aimiez aussi, et cela devoit être, les succès sans exemple que vous obteniez toujours quand on vous voyoit et quand on vous entendoit. Défiez-vous de ces succès ; qu'ils vous rendent d'autant plus prudente ; car en excitant l'envie, ils vous obligent à craindre madame de Vernon. Je pourrois, moi, me brouiller avec elle ; nous sommes à force égale, vieille et oubliée que je suis ; mais vous, la plus belle, la plus jeune, la plus aimable des femmes, on croira tout ce que madame de Vernon dira contre vous, et, pour ne vous rien cacher, on le croit déjà.

J'avois commencé ma lettre avec l'intention de vous laisser ignorer ce que madame de Vernon allègue en sa faveur ; mais je réfléchis qu'il faut que vous connoissiez tous les motifs qui doivent diriger votre conduite. Elle prétend que vous l'aviez chargée d'engager Léonce à vous épouser, que, depuis l'esclandre du duel de M. de Serbellane, il ne l'a pas voulu, et que vous ne lui avez jamais pardonné son infructueuse négociation. Elle affirme que vous avez dit à tout le monde un mal abominable d'elle, et que vous lui avez reproché de prétendus services avec indélicatesse et amertume. Jugez combien les ingrats et ceux qui auroient envie de l'être trouvent mauvais qu'on se souvienne des services qu'on a rendus ! Elle assure enfin que c'est elle qui n'a plus voulu vous voir, parce que vous ne veniez dans sa maison que pour vous faire aimer du mari de sa fille, et cette dernière accusation lui rallie toutes les dévotes. Vous voyez qu'elle sait se concilier les bons et les méchans, et de plus, cette nombreuse classe d'indifférens paisibles, qui, ayant beaucoup plus entendu parler de madame d'Albémar que de madame de Vernon, croient qu'il est de leur dignité de gens médiocres de blâmer celle qui a le plus d'éclat.

Ne vous exagérez pas cependant l'effet des discours de madame de Vernon, nous sommes en état de nous en défendre ; mais il est indispensable que vous commenciez par vous raccommoder avec elle, et je vous réponds qu'elle ne demanderoit pas mieux ; car dans toutes ces querelles, en présence du tribunal de l'opinion, chacun a peur de l'autre. Retournez à ses soupers, cessez de lui faire aucun reproche, n'en dites plus aucun mal ; et si elle continue à chercher à vous nuire, je me charge, moi, de lui jouer quelques tours de vieille guerre. Je connois les ruses de madame de Vernon, je ne m'en sers pas, mais j'en sais assez pour les dévoiler; et elle vous ménagera, quand elle apprendra que vos qualités vives et brillantes sont sous la protection de ma prudence et de mon sang-froid. Adieu, ma chère Delphine; suivez mes conseils, et tout ira bien.

LETTRE XXXVII.

Delphine à madame d'Artenas.

Paris, 14 novembre.

Je suis touchée, madame, de l'intérêt que vous voulez bien me témoigner, mais je ne puis suivre le conseil que vous avez la bonté de me donner. J'ai aimé tendrement madame de Vernon; comment me seroit-il possible de renouer avec elle par des motifs tirés de mon intérêt personnel? je suis bien peu capable de cette conduite, même avec les indifférens; mais j'aurois une répugnance invincible à dégrader les sentimens que j'ai éprouvés, en les soumettant à des calculs. Comment pourrois-je revoir avec calme, dans les rapports communs du monde, une personne qui a été l'objet de ma plus tendre amitié, et qui s'est montrée ma plus cruelle ennemie? Non, la société ne vaut pas ce qu'il en coûteroit pour **torturer** à ce point son caractère naturel ; de tels efforts feroient plus que contraindre les mouvemens vrais du cœur ; ils finiroient par le dépraver.

Je suis singulièrement blessée, je l'avoue, des discours que madame de Vernon tient sur moi ; mais c'est précisément parce que ces discours sont écoutés, que je ne veux pas me rapprocher d'elle. J'aurois peut-être été assez foible pour le désirer, s'il étoit arrivé ce qui, je crois, étoit juste, si on n'eût blâmé qu'elle seule ; mais puisqu'elle m'accuse et qu'on la soutient, puisque j'ai quelque chose encore à craindre d'elle, je ne la reverrai jamais.

C'est auprès de vous, madame, que je voudrois me justifier. Madame de Vernon m'a reproché *d'avoir dit du mal d'elle*, et vous me conseillez *de la ménager ;* tous ces mots me paroissent bien étranges, dans un sentiment de la nature de celui que j'avois pour madame de Vernon. Une seule fois j'ai parlé d'elle avec amertume, en m'adressant à une personne qui l'aime beaucoup, et que je rattachois à elle, au lieu de l'en détacher, par la vivacité même qui me donnoit l'air d'avoir tort. Vous n'aimez pas madame de Vernon, et je m'interdis de vous en parler, à vous que je désirerois si vivement éclairer sur les absurdes calomnies dont je suis l'objet.

J'ai reproché à madame de Vernon les services que je lui ai rendus ; *et tous les services du monde*, dit-elle, *sont effacés par les reproches*. Vous sentez aisément, madame, combien il seroit facile de se dégager ainsi de la reconnoissance. On blesseroit le cœur d'une personne qui se seroit conduite généreusement envers nous ; elle s'en plaindroit, et l'on diroit ensuite que *toutes ses actions sont effacées par ses paroles*. Mais ce n'est pas de cela qu'il s'agit entre madame de Vernon et moi ; si je lui ai reproché son ingratitude, c'est celle du cœur dont je l'ai accusée, et c'est en confondant ensemble, en plaçant sur la même ligne le jour où je lui ai serré la main avec tendresse, et celui où j'aurois engagé la moitié de ma fortune pour elle, que j'ai eu le droit de lui rappeler tout ce qui lui a prouvé que je l'aimois.

Je rougis jusqu'au fond de l'âme des autres torts qu'elle m'impute ; mais si je les repoussois, ce seroit alors que je serois vraiment blâmable ; je nuirois à madame de Vernon, et jusqu'à présent vous voyez que j'ai trouvé le secret de ne nuire qu'à moi-même ; je m'en applaudis. Je ne veux pas *ménager* madame de Vernon par les motifs que vous me présentez ; je ne veux point la désarmer, mais je craindrois encore de lui faire du mal. Hélas ! elle apprendra bientôt à quel point je l'ai craint !

Mes plaintes contre elle, quand je m'en permets, ont toutes un caractère de sensibilité romanesque qui, vous le savez, n'associera pas les salons de Paris à mon ressentiment. Je ne suis pas indifférente au blâme de la société; mais je ne ferai, pour m'y soustraire, que ce que je ferois pour la satisfaction de ma conscience; la vérité doit nous valoir le suffrage des autres, ou nous apprendre à nous en passer.

Je mettrois peut-être plus de prix à l'opinion, si j'étois unie à la destinée d'un homme qui me fût cher; mais condamnée à vivre seule, à supporter seule mon sort, je n'ai point d'intérêt à me défendre; qui jouiroit de mon triomphe, si je le remportois ? et n'est-il pas assez sage de ne point lutter contre la méchanceté des hommes, quand l'on n'a d'autre bien à espérer de ses efforts que quelques douleurs de moins? Cette indifférence sur ce qu'on peut dire de moi m'est beaucoup plus facile maintenant, que je suis résolue à quitter Paris. Je vais m'enfermer pour toujours dans la retraite où vit ma belle-sœur; j'y emporterai le souvenir le plus tendre de vos bontés,

et le regret de n'en avoir pas joui plus long-temps.
Delphine d'Albémar.

LETTRE XXXVIII.

Réponse de madame d'Artenas à Delphine.

Fontainebleau, ce 19 novembre.

Vous prenez beaucoup trop vivement, ma chère Delphine, les peines passagères de la vie. Que de candeur, de noblesse et de bonté dans votre lettre! mais que vous êtes encore jeune! Je ne me souviens pas, en vérité, d'avoir eu cette bonne foi dans mon enfance, et je ne suis pourtant, Dieu merci! ni méchante, ni fausse; mais j'ai vécu au milieu du monde, et je suis détrompée du plaisir d'être dupe.

Quoi qu'il en soit, je ne veux pas exiger de vous ce qui seroit trop opposé à votre caractère, et nous atteindrons au même but par une conduite négative. Dans la société de Paris, ce qu'on ne fait pas vaut presque toujours autant que ce qu'on pourroit faire. Vous ne passerez point votre vie dans le Languedoc, mais vous y resterez six mois; pendant ce temps tout sera oublié. On vous a accueillie avec transport à votre arrivée à Paris, c'est à présent le tour de l'envie; quand vous reviendrez, on sera las de l'envie même, et curieux de vous revoir; et comme rien de ce qu'on a dit n'a pu laisser de trace, on ne s'en souviendra plus; ce n'est pas pour de telles causes que la réputation se perd: si vous éprouviez ce malheur, quelque injuste qu'il pût être, votre philosophie ne tiendroit pas contre lui; il a des pointes trop acérées; mais il n'en est pas question, et je vous réponds de réparer cet hiver, et ce que le duel de M. de Serbellane a fait dire, et ce que madame de Vernon y a ajouté.

Je vous demande seulement de vous arrêter dans ma terre, qui est sur votre route en allant à Montpellier. Ma nièce, pour qui vous avez été si bonne, et que vous avez rendue raisonnable, vous en prie instamment; j'ose l'exiger de vous.

LETTRE XXXIX.

Delphine à mademoiselle d'Albémar.

Fontainebleau, ce 25 novembre.

J'AI déjà fait vingt lieues pour me rapprocher de vous, ma chère Louise; mon voyage est commencé, je suis partie de Paris, je ne reverrai plus les lieux où j'ai connu Léonce ; je les ai quittés le jour même où, rempli de mon souvenir, il attendoit à deux cents lieues de moi la réponse qui devoit me justifier ; et je ne l'ai pas faite cette réponse. Ah! d'où vient qu'un sacrifice si grand ne me donne point le repos que l'on doit attendre de la satisfaction de sa conscience? Hélas! les peines de l'amour étouffent toutes les jouissances attachées à l'accomplissement du devoir, et le bonheur succombe alors même que la vertu résiste. N'importe, ce n'est pas pour notre propre avantage que tant de nobles facultés nous ont été données, c'est pour seconder la pensée de l'Être suprême, en épargnant du mal, en faisant du bien sur la terre à tous les êtres qu'il a créés.

J'ai regretté M. de Lebensei en quittant Paris ; je l'avois vu tous les jours qui ont précédé mon départ : il craignoit que ma dernière conversation avec sa femme ne m'eût éloigné d'elle, et il paroissoit mettre du prix à nous rapprocher. J'ai promis de rester en correspondance avec lui ; c'est un homme d'un esprit si étendu, il a réfléchi si profondément sur les sentimens et les idées, que peut-être il calmera mon cœur en m'accoutumant à considérer la vie sous un point de vue plus général.

Madame d'Artenas veut que je passe huit jours ici dans sa terre, qui est agréablement située au milieu de la forêt de Fontainebleau: j'ai cédé à ses instances, et surtout à celles de sa nièce, madame de R.... Elle a mis beaucoup de délicatesse à ne jamais me rechercher à Paris, et semble attacher un grand prix à ces jours passés avec elle : je ne continuerai donc mon voyage vers vous que dans huit jours. Madame de Mondoville est venue me voir à Paris un soir que j'étois à Bellerive; je lui ai rendu le lendemain sa visite, mais en m'assurant auparavant qu'elle n'y étoit pas. Je craignois d'y trouver sa mère, et j'avois raison d'avoir peur de l'émotion que j'éprouverois, si j'en juge par celle que m'a causée le seul moment où, depuis notre rupture, j'aie entrevu madame de Vernon.

Je sortois de Paris, ce matin, avec ma voiture chargée pour le voyage, et conduite par des chevaux de poste; les postillons, en tournant, accrochèrent assez violemment un carrosse à deux chevaux ; inquiète, je m'avançai pour voir s'il n'étoit pas renversé ; j'aperçus dans ce carrosse madame de Vernon seule, et la tête appuyée contre un des côtés de la voiture. Je ne sais si c'étoit l'imagination ou la vérité, mais je la trouvai singulièrement pâle et défaite; un cri d'étonnement m'échappa en la voyant : elle me regarda d'un air qui me parut triste et doux. Vous l'avouerai-je? un mouvement involontaire me fit porter ma main au cordon de la voiture pour l'arrêter; il n'y en avoit point, et les chevaux m'avoient déjà emportée à cent pas d'elle; mais je sentis, par cette épreuve et par l'émotion qu'elle me causa le reste du jour, combien j'avois eu raison en évitant de revoir madame de Vernon.

Les souvenirs d'une longue et tendre amitié se renouvellent toujours, quand on se représente celle que l'on a aimée comme souffrante ou malheureuse; mais je sais trop bien que madame de Vernon ne me regrette point, n'a pas besoin de moi, et je m'éloigne d'elle sans avoir, à cet égard, le moindre doute.

LETTRE XL.

Delphine à mademoiselle d'Albémar.

Fontainebleau, ce 27 novembre.

Ah! mon Dieu! que j'étois loin de prévoir l'événement qui me rappelle à l'instant même à Paris! La pauvre madame de Vernon! il ne me reste plus de traces de mon ressentiment contre elle ; je me reproche même.... Je ne sais ce que je me reproche ; mais je serai bien malheureuse d'avoir été brouillée avec elle, si je ne puis la revoir encore, la soigner, lui prouver que j'ai tout oublié. Je crains de perdre un moment, même avec vous, ma chère Louise ; je vous envoie la lettre de madame de Mondoville, et je pars.

Madame de Mondoville à madame d'Albémar.

Paris, ce 26 novembre.

J'AI à vous annoncer, ma chère cousine, un cruel malheur : cette nuit, ma mère a pris un vomissement de sang qui ne s'est point arrêté pendant plusieurs heures, et que les médecins regardent comme mortel ; sa poitrine est déjà très-attaquée depuis plusieurs mois, par des veilles continuelles : l'on croit ce dernier accident sans remède dans son état, et le péril même en paroît extrêmement prochain. Elle avoit tout-à-fait perdu connoissance vers la fin de la nuit ; en revenant à elle, elle a fait quelques questions à son médecin ; et comprenant parfaitement sa situation, elle lui a dit, avec l'air le plus calme et le plus doux : — J'aurois besoin, monsieur, de trois ou quatre jours pour régler divers intérêts; donnez-moi les remèdes qui peuvent me soutenir : peu importe, comme vous le sentez bien, s'ils conviennent au fond de la maladie; elle est jugée, elle est sans ressources; mais indiquez-moi ce qu'il faut faire pour avoir un peu de force jusqu'à la fin de ma vie, je vous en serai sensiblement obligée.—Alors se retournant vers moi, elle me dit : — C'est pour voir madame d'Albémar, que je souhaite encore de vivre quelques jours; je l'ai rencontrée hier matin partant pour Montpellier; je crois qu'un courrier peut la rejoindre, faites-le partir à l'instant; je connois son cœur, je suis sûre qu'elle n'hésitera pas à revenir; dites-lui seulement mon désir et mon état. — Je crois, comme ma mère, ma chère cousine, que vous êtes trop bonne pour hésiter à satisfaire les vœux d'une femme mourante, quand même, ce que j'ai toujours voulu ignorer, vous croiriez avoir à vous plaindre d'elle. Vous n'avez pas un moment à perdre pour lui donner la satisfaction de vous revoir, et pour contribuer au salut de son âme; car je ne doute pas que, malgré nos différences d'opinion, vous ne vous joigniez à moi pour l'engager à remplir les devoirs sacrés dont dépend son bonheur à venir : c'est le premier intérêt dont je veux vous parler;

vous lui ferez plus d'impression que moi, si vous vous joignez à mes instances; vous ne voulez pas, j'en suis sûre, exposer ma pauvre mère à mourir sans avoir reçu les secours de la religion. Je retourne auprès d'elle, et je vous attends impatiemment; sans ma confiance en Dieu, la douleur que je ressens me paroîtroit bien pénible à supporter. Adieu, ma chère cousine; je viens de demander qu'on fît dans mon couvent des prières pour ma mère; je les ai obtenues, j'y joins les miennes; j'espère que vous rendrez les vôtres efficaces, en vous réunissant à moi dans les pieux efforts qui me sont commandés.

LETTRE XLI.

Delphine à mademoiselle d'Albémar.

Paris, ce 29 novembre.

Elle vit encore! ma chère Louise, et c'est tout ce que je puis vous dire; je n'ai point d'espérance, et jamais je n'aurois eu plus besoin d'en concevoir. Je me suis rattachée à madame de Vernon par des sentimens qui ne sont pas en tout semblables à ceux que j'éprouvois pour elle, mais la pitié les rend aussi tendres. Que ne puis-je prolonger ses jours!

Si elle revenoit de son état maintenant, elle se corrigeroit de ses défauts, parce qu'elle seroit éclairée sur ses erreurs; mais, hélas! il semble que la nature ne donne sa plus terrible leçon que la dernière, et ne permet pas de faire servir à la vie les sentimens qu'ont inspirés les approches de la mort.

Je puis vous écrire pendant que madame de Vernon essaie de se reposer; on lui a expressément défendu de parler, ce qui m'oblige à m'éloigner souvent d'elle. Votre intérêt sera douloureusement captivé par le récit de la conduite qu'elle tient; vous serez aussi, je le crois, frappée de la singulière lettre qu'elle m'a écrite : je vous l'envoie, en vous priant de me la conserver : oh! que le cœur humain est inattendu dans ses développemens! les moralistes méditent sans cesse sur les passions et les caractères, et tous les jours il s'en découvre que la réflexion n'avoit pas prévus, et contre lesquels ni l'âme ni l'esprit n'ont été mis en garde.

Je suis arrivée hier chez madame de Vernon, et j'éprouvois, en entrant chez elle, tous les genres d'émotion réunis; l'embarras mêlé à la plus profonde pitié, un intérêt véritable, joint à de l'incertitude sur les témoignages que j'en devois donner. J'avois su, par un courrier que j'envoyai à l'avance, que madame de Vernon étoit un peu mieux, mais toujours dans un grand danger : je montai les escaliers en tremblant; madame de Mondoville vint au-devant de moi : — Ma mère étoit bien impatiente de vous voir, me dit-elle; elle vous a écrit hier tout le jour, quoiqu'on lui eût interdit cette occupation; elle a mis en ordre ses affaires; venez, vous la trouverez plus touchante que jamais elle ne l'a été; mais jusqu'à présent je n'ai pu lui faire encore entendre qu'elle est assez dangereusement malade pour se confesser. Les médecins disent que l'effrayer sur son état pourroit lui faire mal; mais qui, juste ciel! oseroit prendre sur soi de ménager son corps aux dépens de son âme? Je vous en avertis, je lui parlerai, si vous ne vous en chargez pas. — Attendez de grâce, répondis-je à madame de Mondoville, que je me sois entretenue avec madame votre mère.

— Matilde me conduisit enfin chez la pauvre malade; la chambre étoit obscure : à travers le jour sombre qui l'éclairoit, j'aperçus madame de Vernon couchée sur un canapé, les cheveux détachés, vêtue de blanc, et d'une pâleur effrayante. Elle vit l'émotion que j'éprouvois : Remettez-vous, ma chère Delphine, me dit-elle; c'est bon à vous d'être si troublée.

— Je pris sa main et je la baisai tendrement ; elle me fit signe de m'asseoir, et m'adressa d'abord des questions indifférentes sur mon voyage, sur le lieu où le courrier m'avoit rencontrée, sur la santé de madame d'Artenas, etc. Je répondis à tout par des monosyllabes, n'osant commencer moi-même à lui parler de son état, et souffrant cruellement néanmoins de prendre part à des conversations si étrangères au sentiment qui m'occupoit. Sa fille se leva et nous laissa seules ; je crus qu'elle alloit me parler avec confiance, mais continuant à l'éviter, elle me raconta son accident, les suites qu'il devoit avoir, la certitude qu'elle avoit de mourir dans trois ou quatre jours, avec une simplicité et un calme tout-à-fait semblables à sa manière habituelle, à cette manière qui lui donnoit toujours, soit dans le sérieux, soit dans la plaisanterie, de la grâce et de la dignité.

Elle prit son mouchoir en me parlant, l'approcha de sa bouche, et le reposa, sans s'interrompre, sur la table ; je le vis plein de sang, je tressaillis ; et penchant ma tête sur sa main, je fondis en larmes, en l'appelant plusieurs fois du nom que j'aimois à lui donner, Sophie, ma chère Sophie! — Généreuse Delphine, me dit-elle, vous m'aimez encore : ah! cela vaut mieux que vivre! Je vous ai écrit, ajouta-t-elle, afin d'éviter une conversation trop pénible pour nous deux; ma lettre contient tout ce que je pourrois dire; je n'ai pas prétendu me justifier, mais vous expliquer ma conduite par mon caractère et ma manière de voir. Vous ne trouverez pas peut-être mes sentimens meilleurs après cette explication, mais vous comprendrez comment ils sont dans la nature; et si je vous montre les causes des plus grands torts, vous serez un peu plus disposée à les pardonner. Ce que je vous demande instamment, c'est, après avoir lu cette lettre, de n'en pas causer avec moi; j'ai toujours craint les fortes émotions; je ne suis pas assez contente de moi, pour aimer à m'abandonner à mes mouvemens, ni à ceux des autres. Le repentir seul convient à ma situation, et je ne veux pas m'y livrer; je suis mieux en tout quand je me contiens, et l'entraînement me fait mal. Écrivez-moi seulement deux lignes, qui me disent que vous conserverez un souvenir encore doux de votre ancienne amie; je les mettrai, ces deux lignes, sur ma poitrine déjà mortellement atteinte, et ce remède me fera peut-être mourir sans douleur. — En disant ces derniers mots, elle sonna, comme si elle eût redouté les pleurs que je répandois, et la prolongation de sa propre émotion.

Ses femmes entrèrent; elle me renvoya doucement chez moi. Je montai dans une chambre que je m'étois fait donner pour ne pas sortir de la maison, et je lus avec un serrement de cœur continuel la lettre que voici :

Madame de Vernon à madame d'Albémar.

Je n'ai été aimée dans ma vie que par vous; beaucoup de gens m'ont trouvée aimable, ont recherché ma société; mais vous êtes la seule personne qui m'ayez rendu service sans intérêt personnel, sans autre objet que de satisfaire votre générosité et votre amitié; et cependant vous êtes l'être du monde envers lequel j'ai eu les torts les plus graves; peut-être même n'y a-t-il que vous qui ayez véritablement le droit de me faire des reproches; comment vous expliquer, comment m'expliquer à moi-même une telle conduite? Au moins, je n'en adoucis pas les couleurs; je m'interdis, pour la première fois de ma vie, tout autre secours que celui de la vérité. C'est à votre esprit seul que je m'adresserai, dans cette peinture fidèle de mon caractère, et je n'abuserai point de ma situation, pour obtenir mon pardon de l'attendrissement qu'elle pourroit vous causer.

Les circonstances qui présidèrent à mon éducation ont altéré mon naturel; il étoit doux et flexible; on auroit pu, je crois, le développer d'une manière plus heureuse. Personne ne s'est occupé de moi dans mon enfance, lorsqu'il eût été si facile de former mon cœur à la confiance et à l'affection. Mon père et ma mère sont morts que je n'avois pas trois ans, et ceux qui m'ont élevée ne méritoient point mon attachement. Un parent très-éloigné et très-insouciant fut mon tuteur; il me donnoit des maîtres en tout genre, sans prendre le moindre intérêt ni à ma santé, ni à mes qualités morales; il vouloit être bien pour moi; mais comme il n'étoit averti de rien par son cœur, sa conduite tenoit au hasard de sa mémoire, ou de sa disposition; il regardoit d'ailleurs les femmes comme des jouets, dans leur enfance, et, dans leur jeunesse, comme des maîtresses plus ou moins jolies, que l'on ne peut jamais écouter sur rien de raisonnable.

Je m'aperçus assez vite que les sentimens que j'exprimois étoient tournés en plaisanterie, et que l'on faisoit taire mon esprit, comme s'il ne convenoit pas à une femme d'en avoir. Je renfermai donc en moi-même tout ce que j'éprouvois; j'acquis de bonne heure ainsi l'art de la dissimulation, et j'étouffai la sensibilité que la nature m'avoit donnée. Une seule de mes qualités, la fierté, échappa à mes efforts pour les contraindre toutes; quand on me surprenoit dans un mensonge, je n'en donnois aucun motif, je ne cherchois point à m'excuser, je me taisois; mais je trouvois assez injuste que ceux qui comptoient les femmes pour rien, qui ne leur accordoient aucun droit et presque aucune faculté, que ceux-là même voulussent exiger d'elles les vertus de la force et de l'indépendance, la franchise et la sincérité.

Mon tuteur, assez fatigué de moi, parce que je n'avois point de fortune, vint me dire un matin qu'il falloit épouser M. de Vernon. Je l'avois vu pour la première fois la veille; il m'avoit souverainement déplu; je m'abandonnai au seul mouvement involontaire que je me sois permis de montrer en ma vie; je résistai avec assez de véhémence; mon tuteur me menaça de me faire enfermer pour le reste de mes jours dans un couvent, si je refusois M. de Vernon; et comme je ne possédois rien au monde, je n'avois point l'espoir de m'affranchir de son despotisme. J'examinai ma situation; je vis que j'étois sans force; une lutte inutile me parut la conduite d'un enfant; j'y renonçai, mais avec un sentiment de haine contre la société qui ne prenoit pas ma défense, et ne me laissoit d'autres ressources que la dissimulation. Depuis cette époque, mon parti fut irrévocablement pris d'y avoir recours, chaque fois que je le jugerois nécessaire. Je crus fermement que le sort des femmes les condamnoit à la fausseté ; je me confirmai dans l'idée conçue dès mon enfance, que j'étois, par mon sexe et par le peu de fortune que je possédois, une malheureuse esclave à qui toutes les ruses étoient permises avec son tyran. Je ne réfléchis point sur la morale, je ne pensois pas qu'elle pût regarder les opprimés. Je n'étouffai point ma conscience, car en vérité, jusqu'au jour où je vous ai trompée, elle ne m'a rien reproché.

M. de Vernon n'étoit point un caractère insouciant comme mon tuteur, mais il avoit, avant tout, la peur d'être gouverné, et néanmoins une si grande disposition à être dupe, qu'il donnoit toujours la tentation de le tromper : cela étoit si facile, et il y avoit tant d'inconvénient à lui dire la vérité la plus innocente, qu'il auroit fallu, je vous l'atteste, une sorte de chevalerie dans le caractère, pour parler avec sincérité à un tel homme. J'ai pris pendant quinze ans l'habitude de ne devoir aucun de mes plaisirs qu'à l'art de cacher mes goûts et mes penchans, et j'ai fini par me faire, pour ainsi dire, un principe de cet art même, parce que je le regardois comme le seul moyen de défense qui restât aux femmes, contre l'injustice de leurs maîtres.

J'engageai M. de Vernon avec tant d'adresse à passer plusieurs années à Paris, qu'il crut y aller malgré moi ; j'aimois le luxe, et je ne connois personne qui, par son caractère, ses fantaisies et sa prodigalité, ait plus besoin que moi d'une grande fortune. M. de Vernon s'étoit enrichi par l'économie; je sus cependant exciter si bien son amour-propre, qu'à sa mort il étoit presque ruiné, et avoit contracté, vous le savez, une dette assez forte avec la famille de Léonce. Je disposois de M. de Vernon, et cependant il me traitoit toujours avec une grande dureté ; il ne se doutoit pas que j'eusse de l'ascendant sur ses actions ; mais, pour mieux se prouver à lui-même qu'il étoit le maître, il me parloit toujours avec rudesse.

Ma fierté se révoltoit souvent en secret de tout ce que j'étois obligée de faire pour alléger ma servitude; mais si je m'étois séparée de M. de Vernon, je serois retombée dans la pauvreté, et j'étois convaincue que de toutes les humiliations, la plus difficile à supporter au milieu de la société, c'étoit le manque de fortune, et la dépendance, que cette privation entraîne.

Je ne voulus point avoir d'amans, quoique je fusse jolie et spirituelle; je craignois l'empire de l'amour; je sentois qu'il ne pouvoit s'allier avec la nécessité de la dissimulation; j'avois pris d'ailleurs tellement l'habitude de me contraindre, qu'aucune affection ne pouvoit naître malgré moi dans mon cœur; les inconvéniens de la galanterie me frappèrent très-vivement, et, ne me sentant pas les qualités qui peuvent excuser les torts d'entraînement, je résolus de conserver intacte ma considération au milieu de Paris. Je crois que personne n'a mieux jugé que moi le prix de cette considération, et les élémens dont elle se compose; mais les liens d'amour, tels qu'on peut les former dans le monde, valent-ils mieux qu'elle? je ne le pense pas.

J'avois eu d'abord l'idée d'élever ma fille d'après mes idées, et de lui inspirer mon caractère; mais j'éprouvai une sorte de dégoût de former une autre à l'art de feindre: j'avois de la répugnance à donner les leçons de ma doctrine ; ma fille montroit dans son enfance assez d'attachement pour moi ; je ne voulois ni lui dire le secret de mon caractère, ni la tromper. Cependant j'étois convaincue, et je le suis encore, que les femmes étant victimes de toutes les institutions de la société, elles sont dévouées au malheur, si elles s'abandonnent le moins du monde à leurs sentimens, si elles perdent de quelque manière l'empire d'elles-mêmes. Je me déterminai, après y avoir bien réfléchi, à donner à Matilde, dont le caractère, je vous l'ai dit, s'annonçoit de bonne heure comme très-âpre, le frein de la religion catholique ; et je m'applaudis d'avoir trouvé le moyen de soumettre ma fille à tous les jougs de la destinée de femme, sans altérer sa sincérité naturelle. Vous voyez, d'après cela, que je n'aimois pas ma manière d'être, quoique je fusse convaincue que je ne pouvois m'en passer.

M. de Vernon mourut : l'état de sa fortune me rendoit impossible de rester à Paris ; j'en fus très-affligée : j'aime la société, ou, pour mieux dire, je n'aime pas la solitude ; je n'ai pas pris l'habitude de m'occuper, et je n'ai pas assez d'imagination pour avoir dans la retraite aucun amusement, aucune variété par le secours de mes propres idées; j'aime le monde, le jeu, etc. Tout ce qui remue au dehors me plaît, tout ce qui agite au dedans m'est odieux; je suis incapable de vives jouissances, et, par cette raison même, je déteste la peine; je l'ai évitée avec un soin constant et une volonté inébranlable.

J'allai à Montpellier; c'est alors que je vous connus, il y a six ans: vous en aviez seize, et moi près de quarante. M. d'Albémar, qui vous avoit élevée, devoit, quoiqu'il eût déjà soixante ans, vous épouser l'année suivante: ce mariage me déplaisoit extrêmement; il m'ôtoit tout espoir d'obtenir une part quelconque dans l'héritage de M. d'Albémar, et de voir finir la gêne d'argent qui m'étoit singulièrement odieuse. J'avois d'abord assez de prévention contre vous; mais je vous l'atteste, et j'ai bien le droit d'être crue, après tant de pénibles aveux, vous me parûtes extrêmement aimable, et dans les trois années que j'ai passées à Montpellier, je trouvois dans votre entretien un plaisir toujours nouveau.

Cependant mon âme n'étoit plus accessible à des sentimens assez forts pour me changer; il falloit, pour être aimée d'une personne comme vous, que je cachasse mon véritable caractère, et j'étudiois le vôtre pour y conformer en apparence le mien. Cette feinte, quoiqu'elle eût pour but de vous plaire, dénaturoit extrêmement le charme de l'amitié. Votre mari mourut. Je vous avois dit que je désirois achever l'éducation de ma fille à Paris; vous m'offrites aussitôt d'y venir avec moi, et de me prêter quarante mille livres, qui m'étoient nécessaires pour m'y établir; j'acceptai ce service, et voilà ce qui a commencé à dépraver mon attachement pour vous.

Vous étiez si jeune et si vive, que je ne vous regardois absolument que comme un plaisir dans ma vie; de ce moment, je pensai que vous pouviez m'être utile, et j'examinai votre caractère sous ce rapport. J'aperçus bientôt que vous étiez dominée par vos qualités, la bonté, la générosité, la confiance, comme on l'est par des passions, et qu'il vous étoit presque aussi difficile de résister à vos vertus, peut-être inconsidérées, qu'à d'autres de combattre leurs vices. L'indépendance de vos opinions, la tournure romanesque de votre manière de voir et d'agir, me parurent en contraste avec la société dans laquelle vos goûts, vos succès, votre rang et vos richesses devoient vous placer. Je prévis aisément que vos agrémens et vos avantages inspireroient pour vous des sentimens passionnés, mais vous feroient des ennemis; et, dans la lutte que vous étiez destinée à soutenir contre l'envie et l'amour, je pensai que je pourrois aisément prendre un grand ascendant sur vous.

Je n'avois alors, je vous le jure, d'autre intention que de faire servir cet ascendant à notre bonheur réciproque. Mais le sentiment que vous inspirâtes à Léonce changea ma disposition. Je mettois une grande importance au mariage de ma fille avec lui, et je vous en ai, dans le temps, développé tous les motifs; ils étoient tels, que votre générosité même ne pouvoit diminuer leur influence sur mon sort : je ne pouvois, sans ce mariage, être dispensée de rendre compte de la fortune de M. de Vernon, ni donner une existence convenable à ma fille, ni conserver mon état à Paris.

Il y avoit quelques-unes de mes dettes que je ne vous avois pas avouées, entre autres celle à M. de Clarimin; je me croyois sûre de son silence; j'étois loin de penser qu'il fût capable de la conduite qu'il a tenue envers moi; je le connoissois depuis mon enfance; c'est le seul homme qui m'ait trompée : parce que, de tout temps, il s'est montré à moi comme très-immoral, et que j'ai cru par conséquent qu'il ne me cachoit rien. Une fois, malgré ma prudence accoutumée, je lui répondis une lettre un peu vive (1); elle l'a blessé. L'un des inconvéniens de l'habitude de la dissimulation, c'est qu'une seule faute peut détruire tout le fruit des plus grands efforts : le caractère naturel porte en lui-même de quoi réparer ses torts; le caractère qu'on s'est fait peut se soutenir, mais non se relever.

Je vous sus mauvais gré de vouloir enlever Léonce à ma fille, après que nous étions convenues ensemble de ce mariage. Si je vous avois parlé franchement, vous vous seriez sans doute justifiée; mais j'aiune aversion particulière pour les explications : décidée à ne pas faire connoître en entier ce que je pense, je déteste les momens que l'on destine à se tout dire ; je conservai donc mon ressentiment contre vous, et il devint plus amer, étant contenu.

Le jour de la mort de M. d'Ervins, au moment même du dénoûment de cette funeste histoire, lorsque j'avois tout préparé pour m'opposer à votre mariage, vous m'avez montré tant de confiance, que je fus prête à vous avouer ce qui se passoit en moi ; mais ce mouvement étoit si contraire à ma nature et à mes

---

(1) Cette lettre ne s'est pas trouvée.

habitudes, que j'éprouvai dans tout mon être comme une sorte de roideur qui s'y opposoit. Mille hasards se réunirent pour aider à mes desseins : une lettre de la mère de Léonce, qui s'opposoit de la manière la plus solennelle à son mariage avec vous, arriva la veille même du jour où je devois lui parler; le public étoit convaincu que c'étoit l'amour de M. de Serbellane pour vous, qui l'avoit si vivement irrité contre un mot blessant que vous avoit dit M. d'Ervins. Ce que vous écriviez à Léonce étoit assez vague pour s'accorder avec ce qu'on pouvoit insinuer ou taire; les soins que vous preniez pour sauver la réputation de madame d'Ervins vous compromettoient nécessairement dans l'opinion; je me vis environnée de ces facilités funestes, qui achèvent d'entraîner dans le combat de l'intérêt avec l'honnêteté.

J'hésitois encore cependant, je vous le jure, et deux fois j'ai demandé mes chevaux pour aller à Bellerive; mais enfin ma fille, dans une conversation que nous eûmes ensemble, le matin même du retour de Léonce, me dit qu'elle l'aimoit, et que le bonheur de sa vie étoit attaché à l'épouser. Alors je fus décidée : je me dis qu'en donnant à Matilde l'espérance d'être la femme de Léonce, en lui faisant voir tous les jours un jeune homme aussi remarquable, j'avois contracté l'obligation de l'unir à lui, et que je ne faisois qu'accomplir mon devoir de mère, en employant tous les moyens possibles pour déterminer Léonce à l'épouser.

A cet intérêt se joignit une opinion qui ne peut pas m'excuser à vos yeux, mais dont je conserve néanmoins encore la conviction intime : je ne crois pas que le caractère de Léonce eût jamais pu vous rendre heureuse. Je sais qu'il a de grandes qualités par lesquelles vous pouvez vous ressembler ; mais, je l'ai remarqué, dans cet entretien même où j'ai mérité tous mes malheurs en trahissant votre confiance, ce n'étoit point la jalousie seule qui agissoit sur lui : j'exerçois un grand empire sur les mouvemens de son âme, en lui disant que l'opinion générale vous étoit contraire, et qu'on le blâmeroit de rechercher une femme qui s'étoit publiquement compromise. Chaque fois que j'en appelois, pour le décider, à ce qu'il devoit à sa propre considération, je lui causois une rougeur, une agitation qui ne se seroit pas entièrement calmée, quand même on lui auroit prouvé que les apparences seules étoient contre vous.

Vous savez maintenant, non mon excuse, mais l'explication de ma conduite. Mon plus grand tort fut d'arracher à Léonce son consentement, et de l'entraîner à l'église avant que vous eussiez eu le temps de vous revoir : j'en ai été punie ; il n'est résulté pour moi que des peines de ce malheureux mariage : ma fille s'est éloignée de moi; elle n'a voulu se prêter à rien de ce que je souhaitois : je me suis jetée dans les distractions qui suspendent toutes les inquiétudes de l'âme ; j'ai joué, j'ai veillé toutes les nuits; je sentois qu'en me conduisant ainsi j'abrégeois ma vie, et cette idée m'étoit assez douce.

Je craignois à chaque instant que le hasard n'amenât un éclaircissement entre Léonce et vous : si j'ai mis alors tant d'intérêt à l'empêcher, c'étoit surtout dans l'espoir de conserver ou de dérober même votre amitié que je ne méritois plus : le mariage que je voulois étoit conclu, mais il falloit que l'absence de Léonce me laissât le temps de vous engager à l'oublier, et peut-être alors auriez-vous formé d'autres liens, qui vous auroient rendue plus indifférente aux moyens employés pour vous brouiller avec M. de Mondoville. Pendant deux mois qu'il a différé le voyage qu'il projetoit, j'ai su tout ce que vous faisiez l'un et l'autre, afin de prévenir l'explication que je redoutois mortellement. Votre caractère et celui de

Léonce rendoient cette entreprise plus facile ; vous vous occupiez de M. de Serbellane, à cause de madame d'Ervins, sans songer qu'à votre âge vous pouviez nuire ainsi très-sérieusement à votre réputation ; et Léonce a non-seulement de la jalousie dans le caractère, mais une sorte de susceptibilité sur les torts d'une femme envers lui, ou sur ceux qu'elle peut avoir aux yeux des autres, dont il est aisé de tirer avantage pour l'irriter même contre celle qu'il aime. Enfin Léonce partit pour l'Espagne : vous me proposâtes d'aller avec vous à Montpellier; et me croyant sûre, Léonce étant absent, de pouvoir conserver votre amitié, je revins à vous du fond de mon cœur, avec la tendresse la plus vive que j'aie jamais éprouvée pour personne. Quand j'acceptai de vous un nouveau service, j'étois digne de le recevoir ; je crus au bonheur plus que je n'y avois cru de ma vie : ma santé se rétablissoit, et l'espoir de passer le reste de mes jours avec vous rafraîchissoit mon âme flétrie : c'est alors qu'un enfant a découvert le secret le mieux caché ; c'est la punition d'une femme qui se croyoit habile en dissimulation, que d'être déjouée par un enfant, quand elle avoit réussi à tromper les hommes.

Cet événement m'a tuée; la maladie dont

je meurs vient de là. Vous avez été offensée, avec raison, de la manière dont je me suis conduite, lorsque tout vous fut révélé; mais notre liaison ne pouvant plus subsister, je voulois éviter des scènes douloureuses. Plus je me sentois coupable, plus je souffrois, plus je voulois vous le cacher. Vous pouviez me perdre auprès de Léonce; je ne cherchai point à vous adoucir; je pouvois, il est vrai, me confier en votre générosité; mais ne repoussez pas le peu de bien que je dis de moi-même; c'est, je vous le jure, parce que je vous aimois encore, qu'il me fut impossible de vous implorer.

Il ne me convenoit pas, tant que je continuois à vivre dans le monde, que l'on connût la véritable cause de notre brouillerie. Je me trouvois engagée à suivre mon caractère, à mettre de l'art dans ma défense; cependant ce caractère éprouvoit déjà beaucoup de changement dans le secret de moi-même; mais après quarante ans, les habitudes dirigent encore, alors même que les sentimens ne sont plus d'accord avec elles. Il faut de longues réflexions ou de fortes secousses, pour corriger les défauts de toute la vie; un repentir de quelques jours n'a pas ce pouvoir.

Quand je vous rencontrai avant-hier, au

moment de votre départ, quand je vis le regard doux et sensible que vous jetâtes sur moi, j'éprouvai une émotion si profonde et si vive qu'elle a beaucoup hâté la fin de ma vie. J'aurois voulu vous retenir à l'instant, pour vous révéler mes secrets; mais il falloit l'approche de la mort pour me donner la confiance de parler de moi-même. Je suis timide malgré la présence d'esprit que j'ai su toujours montrer; mon caractère est fier, quoique ma conduite ait été souple et dissimulée; il y a en moi je ne sais quel contraste qui m'a souvent empêchée de me livrer aux bons mouvemens que j'éprouvois.

Enfin je vais mourir, et toute cette vie d'efforts et de combinaisons est déjà finie; je jouis de ces derniers jours pendant lesquels mon esprit n'a plus rien à ménager. Je croyois, il y a quelque temps, que j'avois seule bien entendu la vie, et que tous ceux qui me parloient de sentimens dévoués et de vertus exaltées, étoient des charlatans ou des dupes; depuis que je vous connois, il m'est venu par intervalles d'autres idées; mais je ne sais encore si mon aride système étoit complétement erroné, et s'il n'est pas vrai qu'avec toute autre personne que vous, les seules relations raisonnables sont les relations calculées.

Quoi qu'il en soit, je ne crois pas avoir été méchante : j'avois mauvaise opinion des hommes, et je m'armois à l'avance contre leurs intentions malveillantes; mais je n'avois point d'amertume dans l'âme; j'ai rendu fort heureux tous mes inférieurs, tous ceux qui ont été dans ma dépendance; et lorsque j'ai usé de la dissimulation envers ceux qui avoient des droits sur moi, c'étoit encore en leur rendant la vie plus agréable. J'ai eu tort envers vous, Delphine, envers vous qui êtes, je vous le repète, ce que j'ai le plus aimé : inconcevable bizarrerie! que ne me suis-je livrée à l'impression que vous faisiez sur moi! Mais je la combattois comme une folie, comme une foiblesse qui dérangeoit une vie politiquement ordonnée, tandis que ce sentiment auroit aussi bien servi mes intérêts que mon bonheur.

J'ai tout dit dans cette lettre; je ne vous ai point exagéré les motifs qui pouvoient m'excuser. J'ai donné à mes sentimens pour ma fille, à mes calculs personnels, leur véritable part; croyez-moi donc sur le seul intérêt qui me reste, croyez que je meurs en vous aimant.

J'ai vécu pénétrée d'un profond mépris pour les hommes, d'une grande incrédulité sur toutes les vertus, comme sur toutes les affections. Vous êtes la seule personne au monde que j'aie trouvée tout à la fois supérieure et naturelle, simple dans ses manières, généreuse dans ses sacrifices, constante et passionnée, spirituelle comme les plus habiles, confiante comme les meilleurs; enfin, un être si bon et si tendre que, malgré tant d'aveux indignes de pardon, c'est en vous seule que j'espère pour verser des larmes sur ma tombe, et conserver un souvenir de moi qui tienne encore à quelque chose de sensible.

Sophie de Vernon.

Quelle lettre que celle que vous venez de lire, ma chère Louise! n'augmente-t-elle pas votre pitié pour la malheureuse Sophie? quelle vie froide et contrainte elle a menée! quelle honte, et quelle douleur qu'une dissimulation habituelle! comment pourrai-je lui inspirer quelques-uns de ces sentimens qui peuvent seuls soutenir dans la dernière scène de la vie! Oh! je lui pardonne, et du fond de mon cœur; mais je voudrois que son âme s'endormît dans des idées, dans des espérances qui pussent l'élever jusqu'à son Dieu. Je vais retourner vers elle, et demain je vous écrirai.

LETTRE XLII.

Delphine à mademoiselle d'Albémar.

Paris, ce 31 novembre.

Madame de Vernon a été aujourd'hui véritablement sublime; plus son danger augmente, plus son âme s'élève. Ah! que ne peut-elle vivre encore! elle donneroit, j'en suis sûre, pendant le reste de sa vie, l'exemple de toutes les vertus. Sa fille, qui avoit passé la nuit à la veiller, est montée chez moi ce matin; elle m'a dit que sa mère étoit plus mal que le jour précédent, et qu'il ne restoit plus aucun espoir. — Il faut donc, ajouta-t-elle, il faut absolument que vous lui parliez de la nécessité d'accomplir ses devoirs de religion : je vous en conjure, ayez ce courage; il aura plus de mérite avec vos opinions qu'avec les miennes, et vous m'éviterez le plus cruel des malheurs, en sauvant ma pauvre mère de la perdition qui la menace. Mon confesseur est ici, c'est un prêtre d'une dévotion exemplaire; il prie pour nous dans ma chambre, et m'a déjà dit la messe pour obtenir du ciel que ma mère meure dans le sein de notre Église : cependant que peuvent ses prières, si ma mère n'y réunit pas les siennes! Ma chère cousine, persuadez-la! quelle que soit sa réponse, je lui parlerai, c'est mon devoir; mais si elle étoit bien préparée, si elle savoit qu'une personne aussi philosophe.... Je ne le dis pas pour vous offenser, vous le croyez bien; mais enfin, si elle savoit qu'une personne du monde, comme vous, est d'avis qu'elle doit se conformer aux devoirs de sa religion, peut-être qu'elle ne seroit pas retenue par le faux amour-propre qui l'endurcit. Ma chère cousine, je vous en conjure.... — Et elle me serroit les mains en me suppliant, avec une ardeur que je ne lui avois jamais connue. Je m'engageai de nouveau à parler à madame de Vernon; je pensois en effet qu'on devoit du respect aux cérémonies de la religion qu'on professe; et d'ailleurs les scrupules même les moins fondés des personnes qui nous aiment, méritent des égards; je demandai toutefois instamment à Matilde, de se conduire dans cette occasion avec beaucoup de douceur, de remplir ce qu'elle croyoit son devoir, mais de ne point tourmenter sa mère. Je descendis chez madame de Vernon, j'y trouvai madame de Lebensei. Madame de Mondoville, en la voyant, recula brusquement, et ne voulut point entrer. Madame de Lebensei me laissa seule avec madame de

Vernon, en promettant de revenir le soir même passer la nuit auprès d'elle avec moi. — Eh bien! me dit madame de Vernon en me tendant la main quand nous fûmes seules, un mot de vous sur ma lettre, j'en ai besoin. — Sophie, lui répondis-je, je demande au ciel de vous rendre la vie, et je suis sûre de ramener votre cœur à tous les sentimens pour lesquels il étoit fait. — Ah! la vie, me dit-elle, il ne s'agit plus de cela; mais si votre amitié me reste, je me croirai moins coupable, et je mourrai tranquille. — Ah! sans doute, repris-je, elle vous reste, elle vous est rendue cette amitié si tendre; à la voix de ce qui nous fut cher, le souvenir du passé doit toujours renaître, rien ne peut l'anéantir; il se retire au fond de notre cœur, lors même qu'on croit l'avoir oublié : jugez ce que j'éprouve à présent que vous souffrez, que vous m'aimez, et que je vous vois prête à devenir ce que je vous croyois, ce que la nature avoit voulu que vous fussiez! — Douce personne! interrompit-elle, vos paroles me font du bien, et je meurs plus tranquillement que je ne l'ai mérité.

— Il me reste, lui dis-je, un pénible devoir à remplir auprès de vous; mais votre raison est si forte, que je ne crains point de vous présenter des idées qui pourroient effrayer toute autre femme. Votre fille désire avec ardeur que vous remplissiez les devoirs que la religion catholique prescrit aux personnes dangereusement malades; elle y attache le plus grand prix; il me semble que vous devez lui accorder cette satisfaction. D'ailleurs vous donnerez un bon exemple, en vous conformant, dans ce moment solennel, aux pratiques qui édifient les catholiques; le commun des hommes croit y voir une preuve de respect pour la morale et la Divinité. — Madame de Vernon réfléchit un moment, avant de me répondre; puis elle me dit: — Ma chère Delphine, je ne consentirai point à ce que vous me demandez; ce qui a souillé ma vie, c'est la dissimulation; je ne veux pas que le dernier acte de mon existence participe à ce caractère. J'ai toujours blâmé les cérémonies des catholiques auprès des mourans; elles ont quelque chose de sombre et de terrible, qui ne s'allie point avec l'idée que je me fais de la bonté de l'Être suprême. J'ai surtout une invincible répugnance pour ouvrir mon âme à un prêtre, peut-être même à toute autre personne qu'à vous; je sens qu'il me seroit impossible de parler avec confiance à un homme que je ne connois point, ni de recevoir aucune consolation de cette voix, jusqu'alors étrangère à mon cœur. Je crois que si l'on me contraignoit à voir un prêtre, je ne lui dirois pas une seule de mes pensées ni de mes actions secrètes; j'aurois l'air de me confesser, et je ne me confesserois sûrement pas; je me donnerois ainsi la fausse apparence de la foi que je n'aurois point. J'ai trop usé de la feinte; c'en est assez, je ne veux point interrompre la jouissance, hélas! trop nouvelle, que la sincérité me fait goûter, depuis que mon âme s'y est livrée. Ce n'est pas assurément que je repousse les idées religieuses; mon cœur les embrasse avec joie, et c'est en vous que j'espère, ma chère Delphine, pour me soutenir dans cette disposition; mais si je mêlois à ce que j'éprouve réellement des démonstrations forcées, je tarirois la source de l'émotion salutaire que vous avez fait naître en moi. Madame de Lebensei voulant me veiller cette nuit, ma fille choisira ce temps pour se reposer; restez avec moi, chère Delphine, consacrez ces momens, qui sont peut-être les derniers, à remplir mon âme de toutes les idées qui peuvent à la fois la fortifier et l'attendrir; mais ayez la bonté d'annoncer à ma fille mes refus; ils sont irrévocables. — Je connoissois le caractère positif de madame de Vernon; mon insistance eût été inutile; je lui promis donc ce qu'elle désiroit. — Suivez, ma chère Sophie, lui dis-je, suivez les impulsions de votre cœur; quand elles sont pures, elles élèvent toutes vers un Dieu qui se manifeste à nous, par chacun des bons mouvemens de notre âme.

— Je me suis occupée, ajouta madame de Vernon, de tous les intérêts qui pouvoient dépendre de moi; j'ai assuré autant qu'il m'étoit possible vos créances sur mon héritage; j'ai réglé avec le plus grand soin les intérêts de ma fille; enfin, et ce devoir étoit le plus impérieux de tous, j'ai écrit à Léonce une lettre qui contient dans les plus grands détails, l'histoire malheureuse des torts que j'ai eus envers vous deux. Cette lettre lui apprendra aussi les services que vous m'avez rendus; je lui dis positivement que c'est à votre générosité que ma fille doit la terre qu'elle lui a apportée en dot. Cette lettre sera remise par un de mes gens au courrier de l'ambassadeur d'Espagne, et dans huit jours vous serez justifiée auprès de Léonce. Je le renvoie à vous, pour savoir si j'ai mérité qu'il me pardonne. Je n'ai pu prendre sur moi de rien mettre dans cette lettre qui l'adoucît en ma faveur; ma fierté souffroit, je l'avoue, de faire des aveux si humilians à un homme qui ne m'a jamais aimée, et qui éprouvera sûrement, en lisant ma lettre, le dernier degré de l'indignation. Cette pensée, qui m'étoit toujours présente, m'a peut-être inspiré des expressions dont la sécheresse ne s'accorde pas avec ce que j'éprouve. Mais enfin, c'est à vous, à vous seule, que je pouvois confier mon repentir. Je n'ai pas dit à Léonce dans quel état de santé j'étois; ma mort le lui apprendra: je n'ai pu même me résoudre à lui recommander le bonheur de Matilde; une prière de moi ne peut que l'irriter : mais c'est entre vos mains, ma chère Delphine, que je remets le sort de ma fille. Je n'ai pas, assurément, le droit de donner des conseils à la vertu même; cependant, je vous en conjure, contentez-vous de reconquérir l'estime et l'admiration de Léonce, et ne rallumez pas un sentiment qui, j'en suis sûre, rendroit trois personnes très-malheureuses. — Nous irons ensemble, je l'espère, lui répondis-je, auprès de ma belle-sœur, comme nous en avions formé le projet, et je ne quitterai plus sa retraite.

— Nous irons! ce mot ne me convient plus; mais j'ose encore m'en flatter, s'écria madame de Vernon en joignant les mains avec ardeur, le ciel réparera le mal que j'ai fait, et vous

donnera de nouveaux moyens de bonheur.
Votre belle-sœur doit me haïr ; adoucissez ce
sentiment, afin qu'elle puisse, sans amertume,
vous entendre quelquefois parler avec bonté
de votre coupable amie. — Elle continua pendant assez long-temps encore à m'entretenir
avec la même douceur, le même calme, et la
même certitude de mourir. Il sembloit que
cette conviction eût dégagé son esprit de
toutes les fausses idées dont elle s'étoit fait
un système. Ses qualités naturelles reparoissoient, elle se plaisoit dans les bons sentimens auxquels elle se livroit ; et quoique la
retrouver ainsi dût augmenter mes regrets,
j'éprouvois une sorte de bien-être en revenant
à l'estimer. Je jouissois de ce qu'elle me rendoit
son image, et me permettoit de me souvenir
d'elle, sans rougir de l'avoir si tendrement
aimée. Quoiqu'il ne me restât plus l'espérance
de la conserver, il m'étoit cependant très-pénible de l'entendre parler si long-temps, malgré la défense des médecins. Je la lui rappelai
avec instance. — Quoi ! me dit-elle, ne voyez
vous pas qu'il me reste à peine vingt-quatre
heures à vivre ! il y a seulement trois jours,
ma chère Delphine, que je suis contente de
moi ; laissez-moi donc vous communiquer
toutes mes pensées, apprendre de vous si elles

sont bonnes, si elles sont dignes de ce Dieu protecteur que vous prierez pour moi, avec cette voix angélique qui doit pénétrer jusqu'à lui ; mais allez vous reposer, ajouta-t-elle; vous redescendrez dans quelques heures : j'entends madame de Lebensei qui revient ; elle me plaît, elle a l'air de m'aimer : et ma fille, hélas ! j'ai mérité ce que j'éprouve, jamais aucune confiance n'a existé entre nous. Adieu pour un moment, Delphine ; mon cher enfant, adieu. — Elle me dit ces derniers mots avec le même accent, le même geste que dans sa grâce et dans sa santé parfaites. Cet éclair de vie, à travers les ombres de la mort, m'émut profondément, et je m'éloignai pour lui cacher mes pleurs.

En remontant chez moi, je trouvai Matilde qui m'attendoit : il fallut lui dire le refus de sa mère ; elle en éprouva d'abord une douleur qui me toucha : mais bientôt, m'annonçant ce qu'elle appeloit son devoir, j'eus à combattre les projets les plus durs et les plus violens. Elle me répéta plusieurs fois qu'elle vouloit entrer chez sa mère, lui mener le prêtre quand il reviendroit, et la sauver enfin à tout prix. Elle accusoit madame de Lebensei de tout le mal, et se croyoit obligée de ne pas approcher du lit de sa mère mourante, tant qu'auprès de ce lit il y avoit une femme divorcée. Que sais-je! ses discours étoient un mélange de tout ce qu'un esprit borné et une superstition fanatique peuvent produire, dans une personne qui n'est pas méchante, mais dont le cœur n'est pas assez sensible pour l'emporter sur toutes ses erreurs. Ce ne sont point ses opinions seules qu'il faut en accuser : Thérèse en a de semblables ; mais son caractère doux et tendre puise à la même source des sentimens tout-à-fait opposés.

J'essayai vainement, pendant une heure, toutes les armes de la raison, pour arriver jusqu'à la conviction de Matilde ; on l'avoit munie d'une phrase contre tous les argumens possibles. Cette phrase ne répondoit à rien ; mais elle suffisoit pour l'entretenir dans son opiniâtreté. Je n'aurois rien obtenu d'elle, si j'avois continué à chercher à la persuader; mais j'eus heureusement l'idée de lui proposer un délai de vingt-quatre heures; elle saisit cette offre, qui, peut-être, la tiroit de son embarras intérieur. Hélas! qui sait si Sophie sera en vie dans vingt-quatre heures! je ne la quitterai plus, de peur que Matilde, revenant à ses premières idées, ne la tourmentât pendant que je n'y serois pas.

Quoique je sois vivement occupéé de l'état

de madame de Vernon, je ne puis repousser une idée qui me revient sans cesse. Il y a sept jours aujourd'hui que Léonce attendoit ma justification, et qu'il ne l'a pas reçue; dans huit jours, il apprendra tout par la lettre de madame de Vernon; quelle impression recevra-t-il alors? quel sentiment éprouvera-t-il pour moi? Ah! je ne le saurai pas, je ne dois pas le savoir. Adieu, ma sœur; hélas! mon voyage ne sera pas long-temps retardé, et la pauvre Sophie aura cessé de vivre, avant même que M. de Mondoville ait pu répondre à sa lettre.

LETTRE XLIII.

Madame de Lebensei à mademoiselle d'Albémar.

Paris, ce 2 décembre.

QUELLE cruelle scène, mademoiselle, je suis chargée de vous raconter! madame d'Albémar est dans son lit, avec une fièvre ardente, et j'ai moi-même à peine la force de remplir les devoirs que m'impose mon amitié pour vous et pour elle. Vous avez daigné, m'a-t-elle dit, vous souvenir de moi avec intérêt, et c'est peut-être à vous que je dois la bienveillance de cette créature parfaite : comment pourrai-je jamais reconnoître un tel service? quelle âme, quel caractère! et se peut-il que les plus funestes circonstances privent à jamais une telle femme de tout espoir de bonheur !

Madame de Vernon n'est plus ; hier, à onze heures du matin, elle expira dans les bras de Delphine : une fatalité malheureuse a rendu ses derniers momens terribles. Je vais mettre, si je le peux, de la suite dans le récit de ces douze heures, dont je ne perdrai jamais le souvenir ; pardonnez-moi mon trouble, si je ne parviens pas à le surmonter.

Avant-hier, à minuit, madame d'Albémar redescendit dans la chambre de madame de Vernon; elle la trouva sur une chaise longue, son oppression ne lui avoit pas permis de rester dans son lit; l'effrayante pâleur de son visage auroit fait douter de sa vie, si de temps en temps ses yeux ne s'étoient ranimés en regardant Delphine. Delphine chercha dans quelques moralistes, anciens et modernes, religieux et philosophes, ce qui étoit le plus propre à soutenir l'âme défaillante devant la terreur de la mort. La chambre étoit foiblement éclairée; madame d'Albémar se plaça à côté d'une lampe dont la lumière voilée répandoit sur son visage quelque chose de mystérieux. Elle s'animoit en lisant ces écrits, dans lesquels les âmes sensibles et les génies élevés ont déposé leurs pensées généreuses. Vous connoissez son enthousiasme pour tout ce qui est grand et noble : cette disposition habituelle étoit augmentée par le désir de faire une impression profonde sur le cœur de madame de Vernon ; sa voix si touchante avoit quelque chose de solennel, souvent elle élevoit vers l'Être suprême des regards dignes de l'implorer ; sa main prenoit le ciel à témoin de la vérité de ses paroles, et toute son attitude avoit une grâce et une majesté inexprimables.

Je ne sais où Delphine trouvoit ce qu'elle lisoit, ce qui peut-être lui étoit inspiré ; mais jamais on n'environna la mort d'images et d'idées plus calmes, jamais on n'a su mieux réveiller au fond du cœur ces impressions sensibles et religieuses, qui font passer doucement des dernières lueurs de la vie aux pâles lueurs du tombeau.

Tout à coup, à quelque distance de la maison de madame de Vernon, une fenêtre s'ouvrit, et nous entendîmes une musique brillante, dont le son parvenoit jusqu'à nous : dans le silence de la nuit, à cette heure, ce devoit être une fête qui duroit encore. Ma-

dame de Vernon, maîtresse d'elle-même jusqu'alors, fondit en larmes à cette idée; la même émotion nous saisit, Delphine et moi, mais elle se remit la première, et prenant la main de madame de Vernon avec tendresse :
— Oui, lui dit-elle, ma chère amie, à quelques pas de nous il y a des plaisirs, ici de la douleur; mais avant peu d'années, ceux qui se réjouissent pleureront, et l'âme, réconciliée avec son Dieu comme avec elle-même, dans ces temps-là, ne souffrira plus.— Madame de Vernon parut calmée par les paroles de Delphine, et presque au même instant tous les instrumens cessèrent.

Quel tableau cependant que celui dont j'étois témoin! un rapprochement singulièrement remarquable en augmentoit encore l'impression; je venois d'apprendre par madame de Vernon elle-même, qu'elle avoit les plus grands torts à se reprocher envers madame d'Albémar; et je réfléchissois sur l'enchaînement de circonstances qui donnoit à madame de Vernon, si accueillie, si recherchée dans le monde, pour unique appui, pour seule amie, la femme qu'elle avoit le plus cruellement offensée.

Quand madame de Vernon vouloit parler à Delphine de son repentir, elle repoussoit doucement cette conversation, l'entretenoit de son amitié pour elle, avec une sorte de mesure et de délicatesse qui écartoit le souvenir de la conduite de madame de Vernon, et ne rappeloit que ses qualités aimables. Delphine apportoit attentivement à son amie mourante les secours momentanés qui calmoient ses douleurs ; elle la replaçoit doucement et mieux sur son sopha, elle l'interrogeoit sur ses souffrances avec les ménagemens les plus délicats, et, sans montrer ses craintes, elle laissoit voir toute sa pitié ; enfin le génie de la bonté inspiroit Delphine, et sa figure, devenue plus enchanteresse encore par les mouvemens de son âme, donnoit une telle magie à toutes ses actions, que j'étois tentée de lui demander s'il ne s'opéroit point quelque miracle en elle ; mais il n'y en avoit point d'autre que l'étonnante réunion de la sensibilité, de la grâce, de l'esprit et de la beauté!

Pauvre madame de Vernon! elle a du moins joui de quelques heures très-douces, et pendant cette nuit, j'ai vu sur son visage une expression plus calme et plus pure, que dans les momens les plus brillans de sa vie. J'espère encore que son âme n'a pas perdu tout le fruit du noble enthousiasme que Delphine avoit su lui inspirer. Enfin le jour commença, c'étoit un des plus sombres et des plus glacés de l'hiver ; il neigeoit abondamment, et le froid intérieur qu'on ressentoit ajoutoit encore à tout ce que cette journée devoit avoir d'effroyable ; je voyois que madame de Vernon s'affoiblissoit toujours plus, et que ses vomissemens de sang devenoient plus fréquens et plus douloureux. Je suis convaincue que quand même elle eût évité les cruelles épreuves qu'elle a souffertes, elle n'auroit pu vivre un jour de plus.

Le médecin arriva, et bientôt après madame de Mondoville ; je dois lui rendre la justice que son visage étoit fort altéré, elle avoit l'air d'avoir beaucoup pleuré ; madame de Vernon le remarqua et lui fit un accueil très-tendre. Le médecin, après avoir examiné l'état de madame de Vernon, qui ne l'interrogea même pas, sortit avec madame de Mondoville ; il est probable qu'il lui annonça que sa mère n'avoit plus que quelques heures à vivre. Alors le confesseur de Matilde, qui n'a pas la modération et la bonté de quelques hommes de son état, décida l'aveugle personne dont il disposoit à le conduire chez sa mère, malgré le refus qu'elle avoit fait de le voir.

Au moment où nous vîmes Matilde entrer

dans la chambre, accompagnée de son prêtre, nous tressaillîmes, madame d'Albémar et moi; mais il n'étoit plus temps de rien empêcher. Matilde, avec d'autant plus de véhémence qu'il lui en coûtoit peut-être davantage, dit à madame de Vernon : — Ma mère, si vous ne voulez pas me faire mourir de douleur, ne vous refusez pas aux secours qui peuvent seuls vous sauver des peines éternelles, je vous en conjure au nom de Dieu et de Jésus-Christ. — En achevant ces mots, elle se jeta à genoux devant sa mère. — Insensée! s'écria Delphine, pensez-vous servir l'Être souverainement bon, en causant à votre mère l'émotion la plus douloureuse ? — Vous perdez ma mère, s'écria Matilde avec indignation, vous, Delphine, par vos ménagemens pusillanimes, vos incertitudes, et vos doutes ; et vous, madame, dit-elle en se retournant vers moi, par l'intérêt que vous avez à écarter la religion qui vous condamne. — J'entendois ces paroles sans aucune espèce de colère, tant la situation de madame de Vernon et l'anxiété de Delphine m'occupoient : je remarquai seulement dans le visage de madame de Vernon une expression très-vive, et bientôt après, elle prit la parole avec une force extraordinaire dans son état.

— Ma fille, dit-elle à Matilde, je pardonne à votre zèle inconsidéré; je dois tout vous pardonner, car j'ai eu le tort de ne point vous élever moi-même; je n'ai point éclairé votre esprit, et les rapports intimes de la confiance n'ont point existé entre nous; j'ai soigné vos intérêts, mais je n'ai point cultivé vos sentimens, et j'en reçois la punition, puisque dans cet instant même la mort ne sauroit rapprocher nos cœurs : la mère et la fille ne peuvent s'entendre au moins une fois, en se disant un dernier adieu. Mais vous, monsieur, continua-t-elle en s'adressant au prêtre, qui jusqu'alors s'étoit tenu dans le fond de la chambre, les yeux baissés, l'air grave, et ne prononçant pas un seul mot; mais vous, monsieur, pourquoi vous servez-vous de votre ascendant sur une tête foible, pour l'exposer à un grand malheur, celui d'affliger une mère mourante? J'ai beaucoup de respect pour la religion; mon cœur est rempli d'amour pour un Dieu bienfaisant, et sa bonté me pénètre de l'espoir d'une autre vie; mais ce seroit mal me présenter au juge de toute vérité, que de trahir ma pensée, par des témoignages extérieurs qui ne sont point d'accord avec mes opinions; j'aime mieux me confesser à Dieu dans mon cœur, qu'à vous, monsieur, que je ne connois point, ou qu'à tout autre prêtre avec lequel je n'aurois point contracté des liens d'amitié ou de confiance ; je suis plus sûre de la sincérité de mes regrets que de la franchise de mes aveux ; nul homme ne peut m'apprendre si Dieu m'a pardonné, la voix de ma conscience m'en instruira mieux que vous. Laissez-moi donc mourir en paix, entourée de mes amis, de ceux avec qui j'ai vécu, et sur le bonheur desquels ma vie n'a que trop exercé d'influence ; s'ils sont revenus à moi, s'ils ont été touchés de mon repentir, leurs prières imploreront la miséricorde divine en ma faveur, et leurs prières seront écoutées ; je n'en veux point d'autres : cet ange, ajouta-t-elle en montrant Delphine, cet ange que j'ai offensé, intercédera pour moi auprès de l'Être suprême ; retirez-vous maintenant, monsieur ; votre ministère est fini, quand vous n'avez pas convaincu ; si vous vouliez employer tout autre moyen pour parvenir à votre but, vous ne vous montreriez pas digne de la sainteté de votre mission.

— Dès que madame de Vernon eut fini de parler, le prêtre se mit à genoux, et, baisant la croix qu'il portoit sur sa poitrine, il dit avec un ton solennel, qui me parut dur et affecté :—Malheur à l'homme qui veut sonder les voies du Christ, et méconnoître son autorité ! malheur à lui, s'il meurt dans l'impénitence finale ! — Et faisant signe à Matilde de le suivre, ils s'éloignèrent tous les deux dans le plus profond silence.

Soit que madame de Mondoville voulût retenir le prêtre, pour le ramener auprès de sa mère, lorsqu'elle n'auroit plus la force de s'y opposer; soit qu'elle crût que le service divin qu'on feroit pour madame de Vernon, pendant qu'elle vivoit encore, seroit plus efficace; elle s'enferma dans son appartement pour dire des prières avec son confesseur, et quelques domestiques attachés aux mêmes opinions qu'elle : ainsi donc elle s'éloigna de sa mère dans ses derniers momens, et ne lui rendit point les soins qu'elle lui devoit. Un bizarre mélange de superstition, d'opiniâtreté, d'amour mal entendu du devoir, se combinoit dans son âme avec une véritable affection pour sa mère, mais une affection dont les preuves amères et cruelles faisoient souffrir toutes les deux. Quoi qu'il en soit, c'est à cette singulière absence de la chambre de madame de Vernon, que Matilde a dû de n'être pas témoin d'une scène qui l'auroit pour jamais privée du repos et du bonheur.

Lorsque madame de Mondoville et le confesseur furent éloignés, l'effort que madame de Vernon avoit fait, l'émotion qu'elle avoit éprouvée, lui causèrent un vomissement de sang si terrible, qu'elle perdit tout-à-fait connoissance dans les bras de madame d'Albémar. Nos soins la rappelèrent encore à la vie ; mais Delphine, profondément effrayée de cet accident que nous avions cru le dernier, étoit à genoux devant la chaise longue de madame de Vernon, le visage penché sur ses deux mains pour essayer de les réchauffer; ses beaux cheveux blonds, s'étant détachés, tomboient en désordre..... Dans ce moment, j'entendis ouvrir deux portes avec une violence remarquable, dans une maison où les plus grandes précautions étoient prises contre le moindre bruit qui pût agiter madame de Vernon. Un pas précipité frappe mon oreille, je me lève, et je vois entrer Léonce une lettre à la main (c'étoit celle de madame de Vernon qui contenoit l'aveu de sa conduite). Il étoit tremblant de colère, pâle de froid, tout son extérieur annonçoit qu'il venoit de faire un long voyage : en effet, depuis sept jours et sept nuits, par les glaces de l'hiver, il étoit venu de Madrid sans s'arrêter un moment; il étoit entré dans la maison de madame de Vernon sans parler à personne, et comme enivré d'agitations et de souffrances physiques et morales.

Delphine tourna la tête, jeta un cri en voyant Léonce, étendit les bras vers lui sans savoir ce qu'elle faisoit ; ce mouvement et l'altération des traits de Delphine achevèrent de déranger presque entièrement la raison de Léonce, et prenant vivement le bras de Delphine, comme pour l'entraîner : — Que faites-vous, s'écria-t-il en s'adressant à madame de Vernon (dont il ne pouvoit voir le visage, parce qu'un rideau à demi tiré devant sa chaise longue la cachoit), que faites-vous de cette pauvre infortunée ? quelle nouvelle perfidie employez-vous contre elle ? Cette lettre que vous m'avez adressée en Espagne, le courrier qui la portoit me l'a remise comme j'arrivois, comme je venois m'éclaircir enfin du doute affreux que le silence de Delphine et la lettre d'un ami faisoient peser sur moi : la voilà cette lettre, elle contient le récit de vos barbares mensonges. Je ne devois, disiez-vous, la recevoir qu'après le départ de Delphine ; étoit-ce encore une ruse pour empêcher mon retour ici, pour faire tomber dans quelque piége, en mon absence, la malheureuse Delphine? — Léonce, dit madame d'Albémar, que vous êtes injuste et cruel! madame de Vernon est mourante, ne le savez-vous donc pas? —

Mourante! répéta Léonce; non, je ne le crois pas; le feint-elle pour vous attendrir? vous laisserez-vous encore tromper par sa détestable adresse? Quoi, Delphine! vous m'aviez écrit que je devois en croire madame de Vernon, et elle s'est servie de cette preuve même de votre confiance pour me convaincre que vous aimiez M. de Serbellane, tandis que, victime généreuse, vous vous étiez sacrifiée à la réputation de madame d'Ervins! et vous, Delphine, et vous qui me jugiez instruit de la vérité, vous avez dû penser que j'étois le plus foible, le plus ingrat, le plus insensible des hommes; que je vous blâmois de vos vertus, que je vous abandonnois à cause de vos malheurs. J'ai des défauts; on s'en est servi pour donner quelque vraisemblance à la conduite la plus cruelle, envers l'être le plus aimable et le plus doux. Ce n'est pas tout encore; un obstacle de fortune me séparoit de Matilde; cet obstacle est levé par Delphine, l'exemple d'une générosité sans bornes, la victime d'une ingratitude sans pudeur. On me laisse ignorer ce service, on la punit de l'avoir rendu; tout est mystère autour de moi, je suis enlacé de mensonges, et quand j'apprends que je suis aimé, que je l'ai toujours été (dit-il avec un son de voix qui déchiroit le cœur), je suis lié, lié pour jamais! Je la vois, cet objet de mon amour, de mon éternel amour; elle tend les bras vers son malheureux ami; tout son visage porte l'empreinte de la douleur, et je ne puis rien pour elle! et je l'ai repoussée, quand elle se donnoit à moi, quand elle versoit peut-être des larmes amères sur ma perte! et c'est vous, répéta-t-il en interpellant madame de Vernon, c'est vous!.... —

L'inexprimable angoisse de cette malheureuse femme me faisoit une pitié profonde; Delphine, qui en souffroit plus encore que moi, s'écria : — Léonce, arrêtez! arrêtez! un accident funeste l'a mise au bord de la tombe; si vous saviez, depuis ce temps, par combien de regrets touchans et sincères elle a tâché de réparer la faute que l'amour maternel l'avoit entraînée à commettre! — Elle sera bien punie, s'écria Léonce, si c'est sa fille qu'elle a voulu servir; elle se reprochera son malheur comme le mien. Rompez, femme perfide, dit-il à madame de Vernon, rompez le lien que vous avez tissu de faussetés; rendez-moi ce jour, le matin de ce jour où je n'avois pas entendu votre langage trompeur, où j'étois libre encore d'épouser Delphine, rendez-le-moi. — Oh Léonce! répondit madame de Vernon, ne me poursuivez pas jusque dans la mort, acceptez mon repentir. — Revenez à vous-même, interrompit Delphine en s'adressant à Léonce; voyez l'état de cette infortunée; pourriez-vous être inaccessible à la pitié? — Pour qui, de la pitié? reprit-il avec un égarement farouche, pour qui? pour elle? ah! s'il est vrai qu'elle se meure, faites que le ciel m'accorde de changer de sort avec elle; que je sois sur ce lit de douleur, regretté par Delphine, et qu'elle porte à ma place les liens de fer dont elle m'a chargé; qu'elle acquitte cette longue destinée de peines à laquelle sa dissimulation profonde m'a condamné. — Barbare! s'écria Delphine, que faut-il pour vous attendrir, pour obtenir de vous une parole douce qui console les derniers momens de la pauvre Sophie? Et moi donc aussi, n'ai-je pas souffert? depuis que j'ai perdu l'espoir d'être unie à vous, un jour s'est-il passé sans que j'aie détesté la vie? je vous demande au nom de mes pleurs...... — Au nom de vos malheurs qu'elle a causés, interrompit Léonce, que me demandez-vous?

Delphine alloit répondre; madame de Vernon, se levant presque comme une ombre du fond du cercueil, et s'appuyant sur moi, fit signe à Delphine de la laisser parler. Comme elle s'avançoit soutenue de mon bras, elle sortit de l'enfoncement dans lequel étoit placée sa chaise longue; et le jour éclairant toute sa personne, Léonce fut frappé de son état, qu'il n'avoit pu juger encore : ce spectacle abattit tout à coup sa fureur; il soupira, baissa les yeux, et je vis, même avant que madame de Vernon se fût fait entendre, combien toute la disposition de son âme étoit changée.

— Delphine, dit alors madame de Vernon, ne demandez pas à Léonce un pardon qu'il ne peut m'accorder, puisque tout son cœur le désavoue; j'ai peut-être mérité le supplice qu'il me fait éprouver; vous aviez, chère Delphine, répandu trop de douceur sur la fin de ma vie, je n'étois pas assez punie; mais obtenez seulement qu'il me jure de ne pas faire le malheur de Matilde, que mes fautes soient ensevelies avec moi, que leurs suites funestes ne poursuivent pas ma mémoire; obtenez de lui qu'il cache à Matilde l'histoire de son mariage et de ses sentimens pour vous. — A qui voulez-vous, répondit Léonce, dont l'indignation avoit fait place au plus profond accablement, à qui voulez-vous que je promette du bonheur? hélas! je n'ai, je ne puis répandre autour de moi que de la douleur.

— Si vous me refusez aussi cette prière, répondit madame de Vernon, ce sera trop de dureté pour moi, oui, trop en vérité. — Je la sentis défaillir entre mes bras, et je me hâtai de la replacer sur son sopha.

Delphine, animée par un mouvement généreux, qui l'élevoit au-dessus même de son amour pour Léonce, s'approcha de madame de Vernon, et lui dit avec une voix solennelle, avec un accent inspiré : — Oui, c'est trop, pauvre créature ! et ce cruel, insensible à nos prières, n'est point auprès de toi l'interprète de la justice du ciel. Je te prends sous ma protection ; s'il t'injurie, c'est moi qu'il offensera ; s'il ne prononce pas à tes pieds les paroles qui font du bien à l'âme, c'est mon cœur qu'il aliénera : tu lui demandes de respecter le bonheur de ta fille, eh bien ! je réponds, moi, de ce bonheur ; il me sera sacré, je le jure à sa mère expirante ; et si Léonce veut conserver mon estime, et ce souvenir d'amour qui nous est cher encore au milieu de nos regrets, s'il le veut, il ne troublera point le repos de Matilde, il n'altérera jamais le respect qu'elle doit à la mémoire de sa mère. Femme trop malheureuse ! dont Léonce n'a point craint de déchirer le cœur, je me rends garant de l'accomplissement de vos souhaits, écoutez-moi de grâce, n'écoutez plus que moi seule. — Oui, dit madame de Vernon d'une voix à peine intelligible, je t'entends, Delphine, je te bénis ; la bénédiction des morts est toujours sainte, reçois-la, viens près de moi..... — Elle posa sa tête sur l'épaule de Delphine ; Léonce, en voyant ce spectacle, tombe à genoux au pied du lit de madame de Vernon, et s'écrie : — Oui, je suis un misérable furieux ; oui, Delphine est un ange ; pardonnez-moi, pour qu'elle me pardonne ; pardonnez-moi le mal que j'ai pu vous faire. — Entendez-vous, Sophie, dit madame d'Albémar à madame de Vernon, qui ne répondoit plus rien à Léonce ; entendez-vous ? son injustice est déjà passée, il revient à vous. — Oui, répondit Léonce, il revient à vous, et peut-être il va mourir.... — En effet, tant d'agitations, un voyage si long au milieu de l'hiver et sans aucun repos l'avoient jeté dans un tel état qu'il tomba sans connoissance devant nous.

Jugez de mon effroi, jugez de ce qu'éprouvoit Delphine ! les mains déjà glacées de madame de Vernon retenoient les siennes ; elle ne pouvoit s'en éloigner, et cependant elle voyoit devant elle Léonce étendu comme sans vie sur le plancher. Madame de Vernon, au milieu des convulsions de l'agonie, saisit encore une fois la main de Delphine avant que d'expirer. Delphine, dans un état impossible à dépeindre, soutenoit dans ses bras le corps de son amie, et me répétoit, les yeux fixés sur Léonce : — Madame de Lebensei, juste ciel ! vit-il encore ?..... dites-le moi..... — A mes cris madame de Mondoville arriva précipitamment; sa mère ne vivoit plus, et son mari, qu'elle croyoit en Espagne, étoit sans connoissance devant ses yeux : elle attribua son état au saisissement causé par la mort de sa mère, et profondément touchée de le voir ainsi, elle montra, pour le secourir, une présence d'esprit et une sensibilité qui pouvoient intéresser à elle.

On transporta Léonce dans une autre chambre; Delphine étoit restée pendant ce temps immobile, et dans l'égarement. Son amie, qui n'étoit plus, reposoit toujours sur son sein : elle m'interrogeoit des yeux sur ce que je pensois de l'état de Léonce; je l'assurai qu'il seroit bientôt rétabli, et que l'émotion et la fatigue avoient seules causé l'accident qu'il venoit d'éprouver. Madame de Mondoville rentra dans ce moment avec ses prêtres, et tout l'appareil de la mort; Delphine comprit alors que madame de Vernon avoit cessé de vivre, et plaçant doucement sur son lit cette femme à la fois intéressante et coupable, elle se mit à genoux devant elle, baisa sa main avec attendrissement et respect, et s'éloignant, elle se laissa ramener par moi, dans sa maison, sans rien dire.

Je l'ai fait mettre au lit parce qu'elle avoit une fièvre très-forte. Nous avons envoyé plusieurs fois savoir des nouvelles de Léonce : il est revenu de son évanouissement assez malade, mais sans danger. M. Barton qui, par un heureux hasard, étoit arrivé hier au soir, est venu pour voir Delphine ce matin ; elle étoit si agitée, qu'il n'eût pas été prudent de la laisser s'entretenir avec lui. Il m'a dit seulement qu'ayant obtenu de madame d'Albémar de ne pas écrire à Léonce, de peur de l'irriter contre sa belle-mère, il avoit cru cependant devoir dire quelques mots, pour le calmer, dans une lettre qu'il lui avoit adressée ; mais l'obscurité même de cette lettre et le silence de Delphine avoient jeté Léonce dans une si violente incertitude, qu'il étoit parti d'Espagne à l'instant même, se flattant d'arriver à Paris avant le départ de madame d'Albémar pour le Languedoc.

M. Barton ne m'a point caché qu'il étoit inquiet des résolutions de Léonce ; il reçoit les soins de madame de Mondoville avec douceur, mais quand il est seul avec M. Barton, il paroît invariablement décidé à passer sa vie avec madame d'Albémar : sa passion pour elle est maintenant portée à un tel excès, qu'il semble impossssible de la contenir. M. Barton n'espère que dans le courage et la vertu de madame d'Albémar. Il croit qu'elle doit se refuser à revoir Léonce, et suivre son projet de retourner vers vous : c'est aussi la détermination de Delphine ; je n'en puis douter, car je l'ai entendue répéter tout bas, quand elle se croyoit seule, *non je ne dois pas le revoir, je l'aime trop, il m'aime aussi, non je ne le dois pas ; il faut partir.*

Cependant, que vont devenir Léonce et Delphine ? avec leurs sentimens, et dans leur situation, comment vivre ni séparés ni réunis ? mon mari est venu me rejoindre, il m'a rendu le courage qui m'abandonnoit. Il dit qu'il veut essayer d'offrir des consolations à madame d'Albémar ; mais quel bien lui-même, le plus éclairé, le plus spirituel des hommes, quel bien peut-il lui faire ? Votre parfaite amitié, mademoiselle, vous fera-t-elle découvrir des consolations que je cherche en vain ? Je crois à l'énergie du caractère de madame d'Albémar, à la sévérité de ses principes ; mais ce qui n'est, hélas ! que trop certain, c'est qu'il n'existe aucune résolution qui puisse désormais concilier son bonheur et ses devoirs.

Agréez, mademoiselle, l'hommage de mes sentimens pour vous.

ÉLISE DE LEBENSEI.

FIN DU PREMIER VOLUME.

www.ingramcontent.com/pod-product-compliance
Lightning Source LLC
Chambersburg PA
CBHW070837230426
43667CB00011B/1830